轨道交通前沿技术丛书

钢轨超声导波检测技术与应用

许西宁　余祖俊　史红梅　朱力强　郭保青　著

电子工业出版社
Publishing House of Electronics Industry
北京·BEIJING

内 容 简 介

超声导波传播距离远且能覆盖介质的整个横截面，因此，超声导波技术被视为一种新型高效、快速的无损检测与健康状态监测技术。本书介绍了超声导波技术的国内外研究现状、钢轨中的超声导波、钢轨中超声导波的有限元仿真、钢轨中超声导波的模态分析方法、钢轨中超声导波的模态激励控制、超声导波检测系统研制、超声导波钢轨无损检测技术应用，以及机器学习算法在超声导波钢轨无损检测中的应用等。

本书可作为超声导波检测相关课程的研究生教材，也可供从事超声导波检测相关研究的专业人员参考。

未经许可，不得以任何方式复制或抄袭本书之部分或全部内容。
版权所有，侵权必究。

图书在版编目（CIP）数据

钢轨超声导波检测技术与应用 / 许西宁等著.
北京：电子工业出版社，2025.6. --（轨道交通前沿技术丛书）. -- ISBN 978-7-121-50249-1
Ⅰ. U213.4
中国国家版本馆 CIP 数据核字第 20253D8F05 号

责任编辑：张佳虹
印　　刷：中国电影出版社印刷厂
装　　订：中国电影出版社印刷厂
出版发行：电子工业出版社
　　　　　北京市海淀区万寿路 173 信箱　邮编 100036
开　　本：787×1 092　1/16　印张：14　字数：358.4 千字
版　　次：2025 年 6 月第 1 版
印　　次：2025 年 6 月第 1 次印刷
定　　价：89.00 元

凡所购买电子工业出版社图书有缺损问题，请向购买书店调换。若书店售缺，请与本社发行部联系，联系及邮购电话：（010）88254888，88258888。
质量投诉请发邮件至 zlts@phei.com.cn，盗版侵权举报请发邮件至 dbqq@phei.com.cn。
本书咨询联系方式：（010）88254493；zhangjh@phei.com.cn。

前 言

无缝钢轨是高速铁路的重要基础设施,其良好状态直接关系着列车的运行安全。通过监测无缝钢轨的完整性,可以实现钢轨内部缺陷的探测和定位,并在其部分断裂或者完全断裂前发出警报,避免安全事故的发生。

超声导波是声波在传播介质边界经过不断反射、折射和模态转换而形成的一种特殊的波,具有频散和多模态特性。超声导波传播距离远且在传播时能覆盖介质的整个横截面。因此,超声导波被视为一种新型高效、方便快速的无损检测与健康状态监测技术。

对于横截面形状规则的平板、管道等波导介质,超声导波已有比较成熟的应用。钢轨的横截面形状不规则,超声导波在钢轨不规则边界被反射、折射后的模态形成、传播、演化和转换规律更加复杂,相较于平板、管道而言,其内部的模态数量更多,模态种类也更复杂。在此背景下,基于超声导波进行钢轨无损检测,面临频散曲线求解、单一模态激励与控制、传播规律仿真分析、多模态分析、无损检测设备研制和缺陷信号特征提取等一系列技术难题。

由于超声导波无损检测技术具有广阔的应用前景,在"863"计划、国家自然科学基金重点项目和国家重点研发计划项目的支持下,本书对CHN(中国)60钢轨、75钢轨内部超声导波频散曲线进行求解,在超声导波模态激励、模态分析、装备研制、信号分析等方面开展了大量的研究工作,本书的大部分内容是对以上课题研究成果的总结与提炼。

本书共有8章,分别介绍了超声导波技术的国内外研究现状、钢轨中的超声导波、钢轨中超声导波的有限元仿真、钢轨中超声导波的模态分析方法、钢轨中超声导波的模态激励控制、超声导波检测系统研制、超声导波钢轨无损检测技术应用,以及机器学习算法在超声导波钢轨无损检测中的应用等。

第1章为绪论,介绍了目前钢轨无损检测的常用方法,以及超声导波技术在钢轨无损检测中的应用前景。针对超声导波多模态特性、超声导波模态激励与模态识别、超声导波缺陷检测等,阐述了相关技术的国内外研究现状。

第2章为钢轨中的超声导波,描述了基于半解析有限元法求解钢轨中超声导波频散曲线的具体方法和步骤。通过求解频散曲线,可以掌握不同频率下钢轨中超声导波模态的相速度和群速度,根据求解过程中得到的波结构矩阵可以分析超声导波模态的振形,最后讨论了钢轨无损检测中超声导波模态的选取原则。

第3章为钢轨中超声导波的有限元仿真,介绍了基于有限元分析软件仿真分析钢轨中超声导波的方法,通过钢轨建模、有限元仿真,以及ANSYS有限元软件对钢轨进行超声导波模态分析、谐响应分析;介绍了仿真结束后常用的后处理方法,以及怎样提取仿真数据进行分析和处理。

第4章为钢轨中超声导波的模态分析方法,根据通过仿真获得的数据绘制振形图,可以定性分析钢轨中存在的超声导波模态;对数据做小波变换,计算群速度来分析超声导波模态;介绍了 2D-FFT 分析、超声导波模态振形矩阵分解方法。

第 5 章为钢轨中超声导波的模态激励控制,首先,介绍了激励响应分析方法,一种通过解析求解的仿真分析方法;其次,介绍了根据超声导波模态间振形的耦合特性确定激励点和激励系数的方法;最后,介绍了基于相控延时技术的超声导波模态激励方法。

第 6 章为超声导波检测系统研制。主要基于压电式超声导波换能器,介绍了硬件和软件系统的设计方法。硬件部分包括超声导波激励波形的产生与高速同步采集,软件部分包括 FPGA 和 ARM 嵌入式系统软件设计。

第 7 章为超声导波钢轨无损检测技术应用,介绍了基于超声导波技术进行钢轨无损检测的现场应用情况,包括基于超声导波的无缝线路全截面断轨监测和道岔尖轨缺陷在线监测。

第 8 章为机器学习算法在超声导波钢轨无损检测中的应用。首先,介绍了基于奇异值分解(SVD)和独立成分分析(ICA)方法的钢轨裂纹信号提取方法;其次,介绍了基于传统分类器的钢轨裂纹识别方法;最后,介绍了基于深度学习的钢轨裂纹识别方法。

本书编写分工如下:第 1 章由余祖俊、史红梅、朱力强和郭保青编写,其余章节由许西宁编写。在本书编写过程中,得到了研究生邢博、王嵘、庄露、李祥、倪一、赵娴雅、苏超明、李文博、李卓、温子谕、马鑫雨、潘泽铖、杜祥富、毛辰通、邵勃淮等的大力协助,本书由先进轨道交通自主运行全国重点实验室项目(RA02023ZZ003)资助出版,在此一并表示感谢。

由于超声导波涉及的技术较多,发展迅速,选材编书难度大,因此,书中难免有疏漏和不足之处,希望读者提出宝贵意见。

目　　录

第1章　绪论 ·· 001
  1.1　钢轨无损检测技术 ·· 002
  1.2　超声导波技术 ··· 006
    1.2.1　频散与多模态特性 ·· 006
    1.2.2　超声导波缺陷检测 ·· 007
    1.2.3　超声导波模态激励 ·· 008
    1.2.4　超声导波模态识别 ·· 010
  1.3　超声导波钢轨无损检测 ·· 012
  1.4　超声导波检测装置 ·· 015

第2章　钢轨中的超声导波 ·· 019
  2.1　钢轨中超声导波的频散曲线 ·· 019
  2.2　钢轨中超声导波的模态与振型 ··· 027
  2.3　钢轨中超声导波模态的选取原则 ·· 030

第3章　钢轨中超声导波的有限元仿真 ·· 038
  3.1　钢轨建模 ··· 038
    3.1.1　几何体导入 ·· 039
    3.1.2　拆分模型 ··· 040
    3.1.3　移动模型 ··· 042
    3.1.4　划分 2D 网格 ··· 043
    3.1.5　拉伸 2D 网格生成 3D 网格 ··· 045
    3.1.6　删除 2D 网格 ··· 046
    3.1.7　镜像复制 ··· 047
    3.1.8　设置材料参数 ··· 051
    3.1.9　导出模型 ··· 054
  3.2　有限元仿真 ·· 054
  3.3　数据后处理 ·· 059
  3.4　扣件约束下的钢轨有限元仿真 ··· 066

第4章　钢轨中超声导波的模态分析方法 ·· 071
  4.1　时域分析 ··· 071

4.2 超声导波模态振型分析 ………………………………………………… 073
  4.2.1 利用差值验证相似 ……………………………………………… 077
  4.2.2 利用互相关验证相似 …………………………………………… 078
4.3 小波分析 ………………………………………………………………… 080
4.4 2D-FFT 分析 …………………………………………………………… 084
4.5 超声导波模态振型矩阵分析 …………………………………………… 089

第5章 钢轨中超声导波模态的激励控制 ………………………………… 096
5.1 激励响应分析方法 ……………………………………………………… 096
5.2 基于振型矩阵的超声导波模态激励方法 ……………………………… 099
  5.2.1 超声导波模态激励方向研究 …………………………………… 099
  5.2.2 超声导波模态激励系数研究 …………………………………… 103
  5.2.3 超声导波模态激励点研究 ……………………………………… 106
  5.2.4 超声导波模态激励方法的仿真 ………………………………… 115
5.3 基于相控延时技术的超声导波模态激励方法 ………………………… 124
  5.3.1 相控延时技术 …………………………………………………… 124
  5.3.2 钢轨建模及有限元仿真 ………………………………………… 126
  5.3.3 仿真结果及分析 ………………………………………………… 129

第6章 超声导波检测系统研制 …………………………………………… 134
6.1 超声导波换能器 ………………………………………………………… 134
  6.1.1 磁致伸缩式超声导波换能器 …………………………………… 134
  6.1.2 激光超声技术 …………………………………………………… 137
  6.1.3 压电式超声导波换能器 ………………………………………… 139
6.2 标准测试测量设备 ……………………………………………………… 141
6.3 嵌入式系统硬件设计 …………………………………………………… 142
  6.3.1 硬件系统总体设计 ……………………………………………… 142
  6.3.2 基于FPGA与ARM的硬件系统设计 …………………………… 144
  6.3.3 超声导波激励电路设计 ………………………………………… 148
  6.3.4 超声导波采集电路设计 ………………………………………… 149
6.4 嵌入式系统软件设计 …………………………………………………… 152

第7章 超声导波钢轨无损检测技术应用 ………………………………… 154
7.1 无缝线路断轨监测 ……………………………………………………… 154
  7.1.1 频散曲线 ………………………………………………………… 155
  7.1.2 模态选取 ………………………………………………………… 156
  7.1.3 模态验证 ………………………………………………………… 160
  7.1.4 断轨监测应用 …………………………………………………… 167

7.2	道岔尖轨缺陷检测	168
	7.2.1 道岔尖轨裂纹检测方法	168
	7.2.2 基于基线减法的道岔尖轨缺陷检测方法	169
	7.2.3 超声导波传播特性分析	173
	7.2.4 仿真分析	182
	7.2.5 实验验证	187

第8章 机器学习算法在超声导波钢轨无损检测中的应用 191

8.1	超声导波信号分析与特征提取	191
	8.1.1 基于 SVD 的钢轨裂纹信号提取	191
	8.1.2 基于 ICA 的钢轨裂纹识别研究	195
8.2	基于传统分类器的钢轨裂纹分布区域识别	199
	8.2.1 钢轨裂纹特征选择	199
	8.2.2 分类结果对比	202
8.3	基于深度学习算法的钢轨裂纹分布区域识别	203
	8.3.1 一维卷积神经网络算法	203
	8.3.2 钢轨裂纹检测算法设计	205
	8.3.3 钢轨裂纹分布区域识别算法设计	209

参考文献 212

第 1 章

绪论

目前，我国的高速铁路及其他主要干线均大量采用全区间、跨区间超长无缝线路这种新型轨道结构。高速铁路无缝线路如图 1-1 所示。无缝线路在一定程度上消除了钢轨接缝，减少了列车振动，降低了噪声，使列车运行平稳，以及线路设备、机车的使用年限延长。但随着钢轨接缝的消失，由于钢轨接头阻力和道床纵向阻力的作用，被焊接在一起的数十根甚至更多钢轨在轨温变化时不能自由伸缩，于是无缝钢轨中会产生纵向温度应力。若杨氏模量取 210GPa，膨胀系数取 1.18×10^{-5}/℃，根据胡克定律，如果长钢轨的温度相对于锁定轨温变化 1℃，则钢轨固定区内的纵向应力就会变化 2.478MPa；如果长钢轨的温度相对于锁定温度变化 50℃，则该纵向应力对应变化 123.9MPa。国内的高速铁路普遍采用 CHN60 钢轨，其横截面面积为 77.47cm^2，如果长钢轨的温度相对于锁定温度变化 50℃，则钢轨内部产生的温度力将达 960kN。

图 1-1 高速铁路无缝线路

可见，无缝线路长钢轨承受的温度力比普通钢轨承受的温度力大得多。当温度力超过钢轨的承受限度时，就会在扣件阻力小或路基条件差的区域释放能量。当压应力过大时，会发生胀轨、跑道；当拉应力过大时，会发生断轨。除了胀轨、断轨，常见的钢轨轨道病害包括断裂、剥离掉块和波磨等，如图1-2所示。

（a）断裂　　　　　　　　（b）剥离掉块　　　　　　　（c）波磨

图1-2　常见的钢轨轨道病害

　　钢轨作为轨道的主要组成部件，与运营列车的车轮直接接触，为列车车轮的滚动提供连续平顺且阻力最小的条件，故钢轨工作状态的好坏对铁路能否安全运营至关重要。然而随着轨道交通运营时间及运量的增加，钢轨会逐渐出现各种损伤。因此，及时、准确检测钢轨的伤损情况，对保障铁路安全运营具有重要意义。

1.1　钢轨无损检测技术

　　对钢轨进行无损检测时，常见的方法有漏磁检测、涡流检测、机器视觉检测、超声检测、轨道电路等。这些方法都经过了多年的发展与验证，已形成了较为成熟的检测系统。

1. 漏磁检测

　　漏磁检测通过检测被测物体表面的磁场来判断物体是否破损，漏磁检测原理如图1-3所示。试件被磁场磁化后，试件内部存在磁场。当试件有缺陷时，磁场会发生泄漏，分布在试件表面附近。通过检测试件表面附近的磁场变化，即可判断试件是否破损。漏磁检测具有检测要求低、检测效果好等优势。

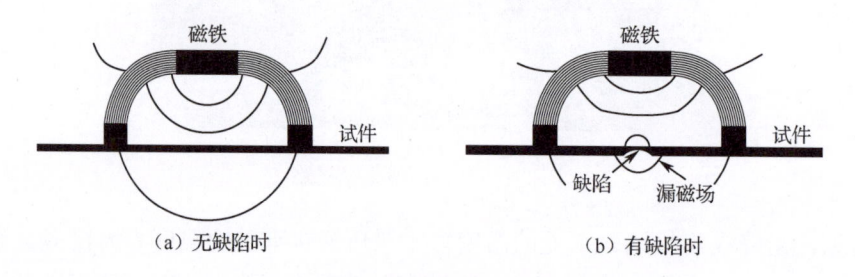

（a）无缺陷时　　　　　　　　　　　（b）有缺陷时

图1-3　漏磁检测原理

漏磁检测可以覆盖钢轨的表面及近表面，可以检测到轨头角落的微小裂纹，且不需要耦合剂，适合在低温环境下进行。但漏磁检测无法检测到钢轨内部的缺陷，且检测时需要占用轨道天窗，不能满足实时性要求。此外，在实际使用中，漏磁检测一般为其他检测方式的补充检测技术，为了保证检测精度，检测速度一般小于35km/h。图1-4为美国Sperry公司研发的钢轨漏磁检测车。

图1-4 美国Sperry公司研发的钢轨漏磁检测车

2. 涡流检测

涡流检测的原理是电磁感应。当导体处于变化的磁场中或相对于磁场运动时，内部就会产生感应电流。电流的路径类似于水中的漩涡，因此电流又称为涡流。涡流的大小、相位和分布受试件及检测仪器特性的影响，并反作用于线圈，使线圈的阻抗发生变化。涡流检测原理如图1-5所示。

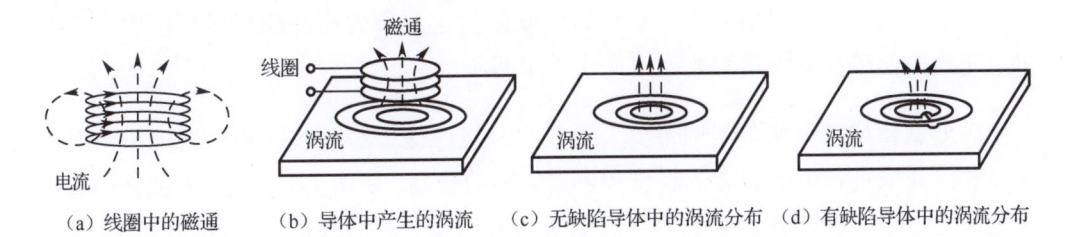

（a）线圈中的磁通　（b）导体中产生的涡流　（c）无缺陷导体中的涡流分布　（d）有缺陷导体中的涡流分布

图1-5 涡流检测原理

Eurailscout公司研制的UTD02涡流钢轨探伤车如图1-6所示。该探伤车还结合了全球定位系统、测速编码器和特殊标记，可以精确定位缺陷，检测速度可达80km/h。由于涡流具有趋肤效应，因此，通过该方法只能检测到钢轨表面和近表面的缺陷，且在检测时会占用轨道天窗，不能进行实时监测。

图 1-6 Eurailscout 公司研制的 UDT02 涡流钢轨探伤车

3. 机器视觉检测

机器视觉检测是指通过安装在列车底部的高速摄像头捕获列车移动时的钢轨图像，然后使用图像处理算法对图像进行识别和分类的方法，用以判断缺陷的位置及大小。受检测原理的限制，机器视觉检测无法检测到钢轨内部的缺陷。机器视觉检测的速度需要考虑摄像机的帧率、图像处理算法的性能、最小裂纹分辨率等因素，一般可达 100km/h 以上。相较于其他方法，机器视觉检测具有检测速度快、结果直观等优势。随着计算机处理性能的提高及图像处理算法的优化，机器视觉检测有很大的发展空间。但通过该方法也只能检测到钢轨表面的缺陷，且在检测时会占用轨道天窗，无法进行实时监测。

4. 超声检测

超声检测是目前钢轨探伤最常用的方法，已有多种成熟的设备投入使用。超声检测是指通过超声探头向钢轨中发射一定频率的超声脉冲，根据钢轨反射回波的幅值、频率、时延等信息的方法，用以判断缺陷的位置和大小。超声检测主要有大型钢轨超声探伤车和手推式钢轨超声探伤小车两种。

大型钢轨超声探伤车的底部安装有超声波发射探头和接收探头，通过超声波的发射和接收来进行钢轨的疲劳裂纹和内部缺陷的检测，如图 1-7 所示。大型钢轨超声探伤车通过超声波接收器收集超声波的折射波和反射波，并根据其规律进行分析，定位钢轨内的受损位置。大型钢轨超声探伤车成本高，虽然检测速度较快，但精度不高，需要人工复核，且检测时会占用轨道天窗，无法进行实时监测。

手推式钢轨超声探伤小车如图 1-8 所示。该小车在工作时，超声探头向钢轨发射超声信号，当钢轨内部有缺陷时，接收探头会接收到不同的回波信号，通过对回波信号进行分析，可知钢轨内部的伤损情况。

图 1-7　大型钢轨超声探伤车　　　　图 1-8　手推式钢轨超声探伤小车

手推式钢轨超声探伤小车重量轻，操作简单，检测可靠。但是该小车自身没有动力，需要人力推动，检测速度慢，检测时会占用较长的轨道天窗，无法进行实时监测。

5. 轨道电路

利用轨道电路进行钢轨伤损检测的方法：将钢轨作为电路，通过电路中的电压或者电流等电信号来判断钢轨是否发生断轨。在铁路基础设施维护中，轨道电路常被用于检测线路的占用情况，在线监测钢轨是否发生断裂是一种辅助功能。轨道电路技术已相对成熟，大部分断轨实时监测都是基于轨道电路进行的。近年来，除传统的轨道电路检测方法外，有学者基于电路原理提出了其他断轨实时监测方法，其中，牵引回流断轨实时监测方法和准轨道电路断轨实时监测方法应用较多。

轨道电路断轨实时监测方法对于钢轨完全断裂的检测非常灵敏且及时，但其最大的缺点是无法检测到钢轨不完全断裂的情况，并且其工作状态容易受道床条件的影响，在长大隧道及潮湿地段容易发生"红光带"故障。

目前，我国现有的钢轨无损检测方法以大型钢轨超声探伤车为主，手推式钢轨超声探伤小车为辅。大型钢轨超声探伤车检测速度较快，但是定位误差大，缺陷位置复核困难。而手推式钢轨超声探伤小车检测速度过慢，检测效率低。两种方法均需要占用轨道天窗，无法实现实时在线监测。通过轨道电路虽然可以在线监测钢轨断裂情况，但是在断轨发生之前的缺陷生长阶段，轨道电路无法发出警报。

超声导波无损检测技术近些年逐步发展，已经在管道运输、航空航天等领域有了成熟的应用。超声导波在传播过程中能量衰减小，为远距离检测提供了可能性。在钢轨无损检测领域，由于钢轨的横截面形状不规则，超声导波在钢轨中的传播特性复杂，因此，超声导波在钢轨中的应用目前仍有大量难题亟待解决。

1.2 超声导波技术

1.2.1 频散与多模态特性

与传统的超声体波相比,超声导波在传播过程中能量衰减小,传播的距离更远。因此,在进行长距离的无损检测时,如检测平板、管道和钢轨等时,超声导波比超声体波更具有优势。

超声导波具有频散、多模态等特性。频散是指超声导波速度随频率改变的现象,通常用频散曲线表示超声导波的频散特性。在不同频率下,超声导波的速度不同;在同一频率下,不同模态超声导波的速度也不同。频散有几何频散和物理频散两种。几何频散是指由波导介质的几何形状引起的频散现象。当波导介质存在多个边界时,在其内部传播的超声导波会发生多次反射,产生更为复杂的干涉。物理频散是指由波导介质的固有特性引起的频散,如各向异性的波导介质,在其内部传播的超声导波的速度与传播方向有关。多模态是指在同一频率下,波导介质可以激发多个超声导波模态,即存在多个不同的超声导波振动形态,并且随着频率的提升,超声导波模态的数量也会增多。

图 1-9 为铝板中兰姆波相速度频散曲线。从图 1-9 可以看出,当中心频率一定时,有多个相速度,即多种模态。随着频率的提升,同一模态超声导波的相速度也会不断变化,这种现象称为频散现象。同时,随着频率的提升,模态数量也会增加。多模态特性会造成信号混叠,给后续超声导波信号的分析和处理带来一定的困难。

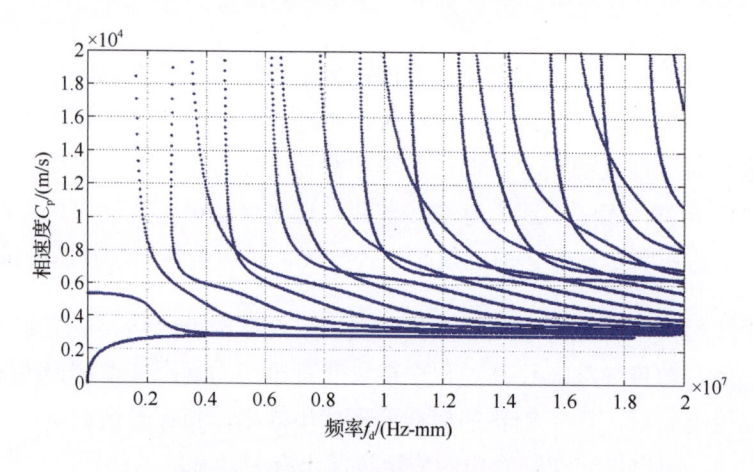

图 1-9 铝板中兰姆波相速度频散曲线

1.2.2 超声导波缺陷检测

在弹性力学领域，1887 年，英国物理学家 Rayleigh 首次发现弹性波中存在表面波，并将其命名为瑞利波。20 世纪初期，Lamb H.发现声波在薄板中传播时，经过边界反射后会产生一种沿着薄板传播的导波，即兰姆波，并首次推导了描述各向同性板中频-厚积与兰姆波速度之间关系的 Rayleigh-Lamb（瑞利-兰姆）频率方程，证实了兰姆波的多模态特性。

之后，众多学者对超声导波在不同波导介质内的频散特性进行了研究，为超声导波的检测应用奠定了理论基础。2003 年，美国 Rose J. L.团队的 Hayashi 等应用半解析有限元法分别求解了超声导波在任意截面波导介质中的频散曲线，如棒、杆和钢轨等，然后基于 2D-快速傅里叶变换（2D-FFT）方法进行了实验验证，实验结果与理论结果具有良好的一致性。2006 年，Bartoli 等研究了黏弹性阻尼条件下的任意截面波导介质中超声导波的频散曲线的半解析有限元法。2013 年，北京交通大学的武琳和北京工业大学的刘青青基于有限元法分别应用 ANSYS 和 COMSOL Multiphysics 有限元软件平台对 60kg/m 钢轨的频散曲线进行了计算。同年，北京交通大学的许西宁基于半解析有限元法，求解了频率在 100kHz 内的超声导波在 CHN60 型钢轨中的频散曲线，分析了超声导波在钢轨中的传播特性，并计算了钢轨的激励响应。

随着超声导波基础理论的发展和完善，超声导波开始逐步应用于各种材料的缺陷检测，其因检测距离远、覆盖面积广而在大型结构件的缺陷检测应用中优势明显。Bernard M.等采用标准楔形换能器，在由两块黏合铝板组成的结构中产生了穿透整个厚度的高频超声导波；研究了高频超声导波与带有密封剂的铝层和多层结构底面上的小切口的相互作用。结果表明，高频超声导波具有从远处探测航空航天结构中的关键和难以接近的位置的隐藏缺陷的潜力。Nakash N. 等研究了各向同性加筋顶帽弯曲区域的缺陷与水平剪切超声导波模态的相互作用；使用激光传感器采集超声导波信号，观测到一系列振幅逐渐衰减的从缺陷处反射的波脉冲，在时频谱中形成周期性的峰值结构，进而识别出各向同性加筋顶帽的横向裂纹。Takahiro H.等采用脉冲激光仪器调制突发序列激励生成的弹性波，提高了信噪比，从而识别出缺陷图像。Alguri K. S.等提出了一种基于超声导波数值模拟和迁移学习的灵活方法，使用波场成像技术，在无基线参考情况下识别出损伤反射，此外，研究的波数域滤波技术能增强缺陷波场反射，提高识别准确度。Homin S. 等提出了一种加速的非接触超声导波阵列成像方法，仅在少量点进行稀疏的扫描测量，以实现超声导波数据的快速采集；使用稀疏优化技术从这些稀疏阵列测量数据中重建密集超声导波阵列数据，然后通过波束成像显示缺陷，实现了对板状复合材料的缺陷识别。国内很多学者使用兰姆波对板类结构进行检测和研究，刘镇清、焦敬品、卢超、王悦民等都取得了大量的研究成果。

除了板状结构，国内外学者对针对其他大型结构件的超声导波检测方法也进行了研究，其中，在管道缺陷检测方面取得的成果最为显著。1998 年，Lowe M. 等利用超声导波对绝缘的石油管道进行长距离的缺陷识别和定位，通过数值仿真与实验相结合的方式选取最佳的超声导波模态，建立缺陷大小与超声导波反射强度之间的关系。2004 年，何存富等研究了管道超声导波检测中压电传感器的数量和频率对缺陷信号的影响，为管道缺陷检测的换能器频率选择和接收探头数量的确定提供了理论指导。2014 年刘增华等提出了一种基于改进的时间反转算法的多通道周向兰姆波时间反转聚焦（MTRF）方法，将多通道信号聚焦在缺陷处，增强缺陷回波的信号幅度。Akram N. A. 等提出了一种长距离的超声换能器技术，结合用于实时管道缺陷预测和状态监测的主动增量支持向量机（Support Vector Machine，SVM）分类方法，识别出石油和天然气管道缺陷。Wang S. 等对沿管道圆周方向传播的水平剪切（Shear Horizontal，SH）超声导波进行了三维建模仿真，通过理论推导和三维建模仿真，获得了反射系数和透射系数，为后续采用周向 SH 超声导波定量检测轴向管道裂纹提供了理论支撑。Pabitro R. 等通过测量低频轴对称 L(0,2)纵向超声导波模态结构的变化来监测管道的完整性，实验采用光纤布拉格光栅检测低频轴对称 L(0,2)纵向超声导波模态结构的变化，为管道健康状态监测提供了一种新方法。Qiang H. 等基于一对压电环形阵列，激励管道中的 T(0,1)模态，可以检测长度在 20m 以上的埋地管道，有望为管道长距离健康状态检测提供解决方案。

在平板和管道缺陷检测中，超声导波技术已有较为成熟的应用，然而，基于超声导波技术进行无缝钢轨缺陷检测距离实际工程化应用尚有一定的距离。由于钢轨横截面形状不规则，用于平板、管道的梳状换能器和阵列换能器，不能直接用于钢轨超声导波模态激励控制。钢轨超声导波模态激励控制与模态识别，是超声导波应用于钢轨无损检测中亟待解决的技术难题。

1.2.3　超声导波模态激励

对于形状比较规则的波导介质，如平板、管道等，许多国内外研究学者围绕超声导波模态激励问题进行了大量的研究。

基于相位控制技术，Rose J. L. 采用梳状换能器，通过设置换能器的数量、间距、大小、激励脉冲序列等参数，激发几种特定的兰姆波模态。激励换能器和接收换能器安装示意如图 1-10 所示。此外，超声导波模态激励还受激励信号的中心频率、平板厚度和介质的弹性的影响。Rose 通过优化梳状换能器的设计参数，为激励超声导波的特定模态提供了新的思路，此方法被广泛应用于超声导波特定模态的增强方法研究，国内外许多学者都围绕梳状换能器展开了大量的仿真与实验研究。

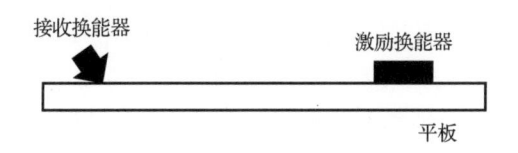

图 1-10　激励换能器和接收换能器安装示意

为了研究平板中超声导波模态与缺陷的相互作用关系，吴斌、周伟等根据超声导波的结构将激励信号施加在平板有限元模型上，得到了单一的 S_0 和 A_0 模态。在激励单一模态的相关研究成果中，证明了激励频率、激励方向与激励单一模态之间具有直接的关系。对于激励频率，应该根据频散特性选取非频散特性较好的频率区间；对于激励方向，应该根据平板中超声导波结构的位移情况进行加载。

为实现高温环境下电站管道的无损检测，胡跃刚等选择非频散特性较好、能检测到管道内大范围缺陷的低阶扭转 $T(0,1)$ 模态超声导波进行检测。通过对阵列元件的布局与排列，实现了对部分干扰模态的抑制及对目标模态的增强。实验结果表明，$T(0,1)$ 模态能被有效激励且通过此模态能有效检测管道的周向缺陷。

针对壁厚管道的表面缺陷检测，为了解决表面波信号在传播过程中能量不集中而出现拖尾现象的问题，何存富提出了一种基于压电陶瓷的柔性梳状瑞利波换能器检测方法，通过有限元仿真，优化等间距梳状传感器和背衬材料的性能参数，以消除表面波信号拖尾现象。在选择最优的阵列元件的间隔、宽度和个数时，能量较为集中。实验结果表明，梳状瑞利波换能器具有良好的方向性，适用于检测壁厚管道。

Borigo 等证明了基于波干涉原理和波长激发光谱设计的换能器阵列可以实现频散曲线上特定点的优先激励，提出了元件间距与波长激发光谱中的峰值波长之比为间距补偿因子这一概念，对于环形换能器阵列，实现超声导波模态选择的关键是设置间距补偿因子。因此，相控阵列元件的参数设置对模态激励有重要的意义。

结合延时技术，Kannajosyula 等研究了使用环形换能器阵列激发特定超声导波模态的方法，推导出环形阵列的特性，建立了环形相控阵列的驱动函数的广义数学模型，分析了波数域共振的傅里叶光谱，给出相位和时间延迟的计算公式，成功实现了单个超声导波模态的激励和接收。

Li J. 和 Joseph L. 设计了多通道时间延迟控制系统，通过控制换能器阵列的时间差，实现了管道超声导波模态激励控制，提高了信噪比，更加灵活地实现了激励与控制超声导波模态。

以上结果表明，如何激发特定的超声导波模态是许多研究者正在攻克的难题，对于应用超声导波技术进行无损检测尤为重要。平板和管道的横截面形状简单，模态种类也较少，通过相位和时间控制容易实现对模态的选择与控制。钢轨的几何结构相对复杂，在高频情况下模态数量较多，对模态的信号控制与分析相对困难。在特定的激励方式下，激发对钢轨缺陷敏感的单一模态对钢轨无损检测具有重要的意义。

1.2.4　超声导波模态识别

测量超声导波的相速度和群速度可以用来识别模态，但超声导波速度的测量受诸多因素的影响，包括波导介质的属性、激励信号的中心频率等。群速度可根据超声导波的传播距离与传播时间计算。常用的测量相速度的方法有相移估计、频域分析、时频域分析和 2D-FFT 等。

Rogers 基于超声导波传播路径上的谐波信号相移来测量相速度，在 50kHz～2MHz 频率范围内，相速度测量误差为 0.5%。频域分析是指基于超声导波传播路径上的宽带脉冲通过波导介质时的相位谱与参考脉冲的相位谱之差求解相速度，进而实现模态识别。时频域分析适用于处理重叠信号，对不同模态的群速度进行重构。2D-FFT 可用于分析频散模态在相同频率下的多模态传播，重建频域上的相速度分布图像。因此，可以在超声换能器的频带内来评价具有不同相位速度的模态分布。目前，国内外许多学者围绕通过 2D-FFT 测量超声导波的相速度展开了大量研究。

瓦尔帕莱索大学的 Jean-Gabriel Minonzio 等研究了奇异矢量基投影，通过对两个阵列在不同频率下的传输矩阵进行奇异值分解（SVD），得到超声导波的相速度。传输矩阵分析方法的测量结果与 2D-FFT 方法的测量结果相似，与噪声相比具有更好的对比度，这种方法使所有通过实验得到的相速度实现了双向校正。

Miguel Bernal 等希望通过一种新的检测方法来实现对动脉力学性能的评估。他们在研究中发现，可以通过测量激励信号产生的压力波在动脉壁上的传播速度来评估动脉力学性能。于是选取猪动脉进行实验验证，通过被切除的猪动脉产生一个超声导波模态，设置阵列点接收信号。基于 2D-FFT 对采集到的信号进行分析，研究结果表明，随着动脉压力增大，模态也会发生变化。

为了探测平板的缺陷，Harb M. S. 等应用 2D-FFT 处理实验数据后，利用激光多普勒测振仪（以下简称"激光测振仪"）从时间-空间域到频率-波数域获取速度数据。其结果是一个二维振幅图，将每个曲线的峰值连起来，绘制形成了频率-波数

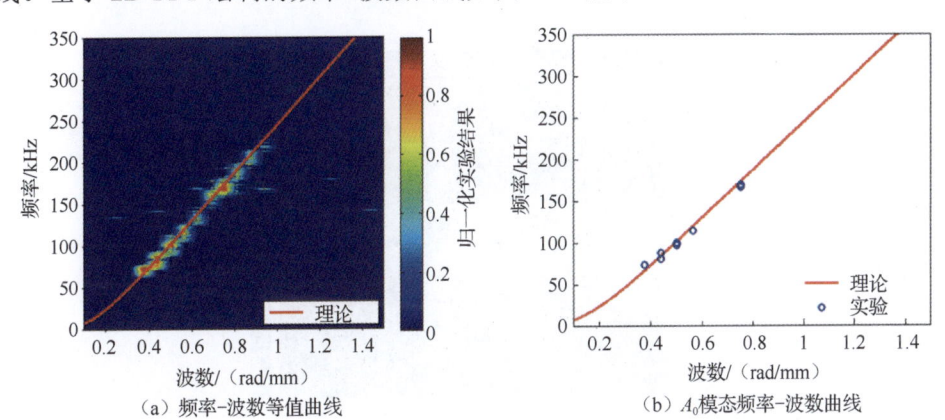

曲线。基于 2D-FFT 绘制的频率-波数曲线如图 1-11 所示。

(a) 频率-波数等值曲线

(b) A_0 模态频率-波数曲线

图 1-11　基于 2D-FFT 绘制的频率-波数曲线

图 1-11（a）为在 60~240kHz 频率范围内，应用 2D-FFT 计算得到的平板中兰姆波速度的时间-空间分布的频率-波数等值曲线。实验数据的等值曲线波峰的有效面积与理论数据的重合。提取频率-波数等值曲线的峰值点，将其与理论曲线进行比较，如图 1-11（b）所示。结果表明，虽然实验测得的波峰数不多，但仍与精确解（理论曲线）吻合较好。由此，进一步证明应用 2D-FFT 处理超声导波时空域数据，能实现超声导波模态的识别。

Chang C. Y. 等通过压电晶片在金属平板中产生兰姆波，并应用一维激光测振仪采集传播过程中的兰姆波信号。先将此信号进行傅里叶变换，将原始信号转换到空间-频率域或者波数-时间域。之后采用矩阵束法，同时提取各超声导波模态的频散曲线。此外，根据波数与频率的关系式，可以绘制相速度频散曲线和群速度频散曲线。实验装置示意如图 1-12 所示。

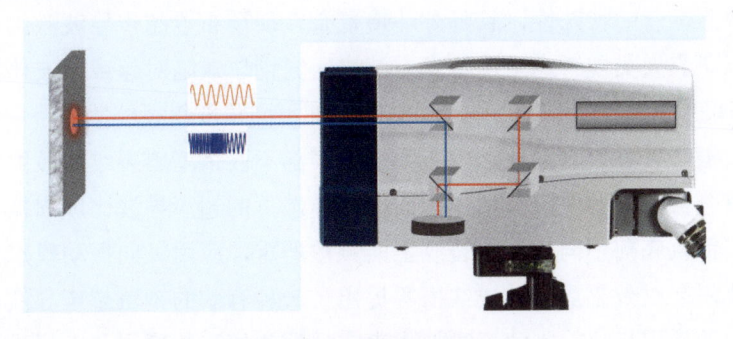

图 1-12　实验装置示意

激励信号的换能器使用圆盘形状的压电换能器。激光测振仪用于接收兰姆波信号和测量激光点，沿着水平方向运动可得到 300 个检测点。300 个检测点之间的间隔均为 0.5mm。对接收到的兰姆波信号进行 2D-FFT，实验结果如图 1-13 所示。

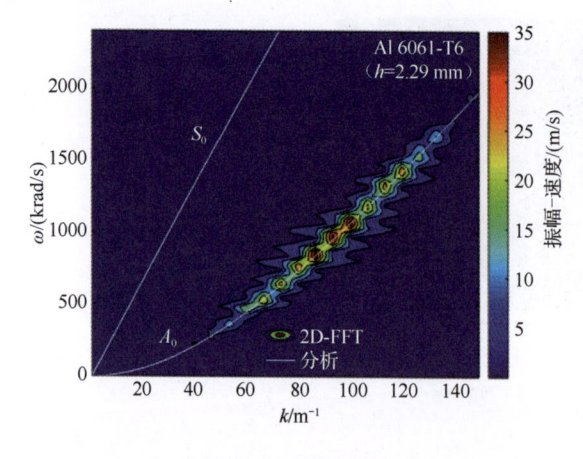

图 1-13　实验结果

图 1-13 中的白线为 A_0 模态和 S_0 模态。彩色部分为经过 2D-FFT 之后的频率-波数图。

在超声导波模态识别研究中，受超声导波多模态和频散特性的影响，时域内超声导波群速度的测量存在误差，因此，目前在识别超声导波模态的方法中，研究人员大多采用的方法是计算超声导波模态的相速度，进而识别超声导波模态。

1.3　超声导波钢轨无损检测

超声导波检测技术作为一种大型结构件无损检测技术，在过去 20 余年的研究中不断发展，各国研究人员越来越多地关注基于超声导波技术的钢轨缺陷检测方法。

由于铁路运营的特殊性，且野外环境复杂，现场布置超声导波激励与采集仪器比较困难，研究人员便考虑采用仿真方法来研究钢轨缺陷对超声导波传播特性的影响。卢超等采用 ABAQUS 软件建立了钢轨底部不同角度斜裂纹散射特性的有限元模型，对横向振动模态和纵向振动模态下钢轨底部不同角度斜裂纹的散射特性进行了分析。数值分析和波场快照显示，横向振动模态下的超声导波比纵向振动模态下的超声导波在钢轨底部不同角度斜裂纹上的频散严重，应用纵向振动模态下的超声导波检测钢轨斜裂纹效果更好。史红梅等提出了一种有效的钢轨超声导波模态选择和激励方法，即采用相位控制和延时技术来实现期望模态的增强和干扰模态的抑制；采用 ANSYS 有限元软件对该方法进行仿真，验证了该方法的有效性，为钢轨的裂纹检测提供了新思路。邢博等提出了一种基于超声导波单一模态提取算法（SMEA）的钢轨缺陷定位方法；采用 ANSYS 有限元软件对该方法进行了仿真，验证了钢轨超声导波单一模态提取算法对钢轨缺陷定位的有效性。Dar A. 等提出了一种用于任意不连续波导介质超声导波缺陷检测的建模框架,考虑了超声导波的多模态、频散和一维衰减特性。图 1-14 为焊接钢轨中超声导波激励、传播和散射的建模,超声导波信号传播模拟结果与实际情况非常吻合,仿真距离超过 640m。该方法为远距离钢轨缺陷检测的仿真提供了新思路。

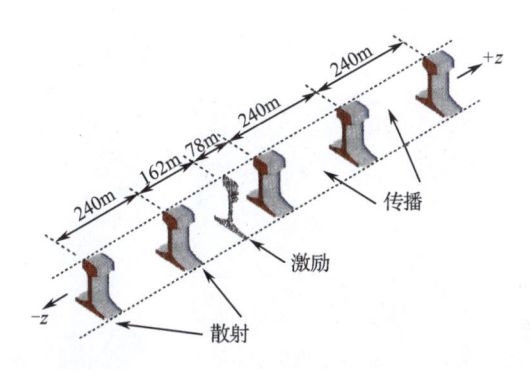

图 1-14 焊接钢轨中超声导波激励、传播和散射的建模

基于仿真技术的钢轨超声导波缺陷检测方法研究为实际钢轨的缺陷检测提供了一定的技术支撑和解决方案,降低了现场实验带来的成本、风险和技术瓶颈等问题。但是由于仿真软件本身数学模型的局限,因此,难以将复杂多变的外界因素(如温度变化、传感器耦合状态、钢轨内部应力变化等)加入模型中。部分学者基于实际钢轨缺陷检测提出了一些新的传感器和计算方案,推动了钢轨超声导波缺陷检测的工程应用研究。

Loveday P. W. 等使用扫描式激光测振仪测量钢轨表面多个点的位移。图 1-15 为扫描式激光测振仪及其扫描结果,即扫描式激光测振仪位于轨道上方,距离激励传感器 400m 处的扫描结果。Loveday P. W. 等提出了一种算法,即从测量位移的数据中提取单一模态超声导波。经实验验证,应用该方法能有效提取距离激励传感器 400m 处的单一模态超声导波,该方法对低频超声导波效果更好。

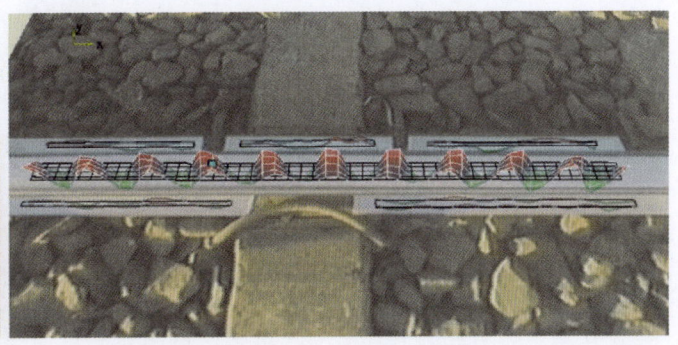

图 1-15 扫描式激光测振仪及其扫描结果

为了发挥超声导波在长距离无缝钢轨线路缺陷检测中的优势，Loveday P. W. 等在实际中采用质量块模拟缺陷，缺陷距离激励传感器375m。图1-16为激励传感器布置与用质量块模拟缺陷。对采集的信号进行信号预处理、奇异值分解和独立成分分析，最终成功将由人工缺陷引起的反射波从背景信号中提取出来，为钢轨缺陷识别的正线试验与应用提供了一种思路。

（a）激励传感器布置　　（b）用质量块模拟缺陷

图1-16　激励传感器布置与用质量块模拟缺陷

Wang K. 等提出了一种基于漫反射超声导波（DUW）的道岔尖轨在线健康状态监测方法。图1-17为道岔尖轨缺陷检测原理示意。假设列车通过钢轨后缺陷会扩展，从而影响钢轨内超声导波的散射路径和能量分布。在极短的检测周期内，可认为信号采集回路状态不变且钢轨状态不变，一旦缺陷扩展，采集信号就会与上一周期采集的信号不同，由此定义了损伤指数识别缺陷，并在成都北编组站进行了正线测试，测试结果为能够识别出道岔尖轨缺陷，并能持续监测在役钢轨的健康状态。

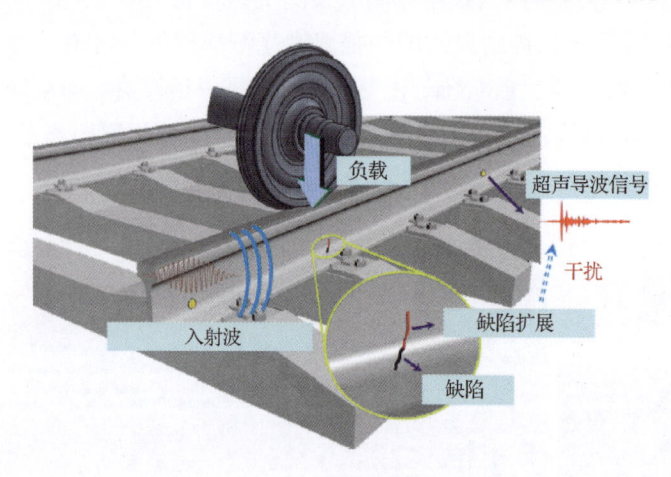

图1-17　道岔尖轨缺陷检测原理示意

随着我国铁路事业的高速发展，钢轨的健康状态评估与缺陷诊断需求不断增加，因此，国内学者提出了一些具有建设性的解决方案。浙江大学的胡剑虹等研制了基于磁致伸缩原理的超声导波传感器，该传感器可应用于道岔尖轨底部缺陷检测，经实验验证，该传感器可以识别基本轨底部占横截面面积 1%及以上和道岔尖轨底部占横截面面积 5%及以上的裂纹。哈尔滨工业大学的苏日亮等针对适用于钢轨底部缺陷检测的电磁超声换能器（EMAT）展开了研究，研制了单向聚焦型斜入射垂直剪切波（SV 波）EMAT 和单向辐射型导波 EMAT，可分别检测钢轨底部中心和两侧的缺陷，检测范围为 120～600mm。北京交通大学邢博等提出了一种基于超声导波的激光多普勒频移法，用于检测钢轨内部缺陷，应用该方法能够识别并定位钢轨内部缺陷，定位误差小于 0.5m。

随着超声导波基础理论研究的不断深入，许多学者和机构都不同程度地推动着超声导波在大型结构件无损检测和健康状态监测中的应用，其中，出现了许多表现优异的检测系统和仪器，证明了超声导波检测技术在大型结构件无损检测和健康状态监测中的广阔应用前景。

1.4 超声导波检测装置

目前，商用超声导波激励采集设备以国外的设备为主，国内学者和某些机构也在逐步展开研究。

2003 年，英国的 Wilcox 等研发了一套长距离钢轨阵列检测设备 G-Scan，如图 1-18 所示。该设备可以实现钢轨的损伤探测，并在铁路道口的轨道线路上进行了测试。由于在该设备使用期间需要占用轨道，因此，无法实现钢轨裂纹的实时在线监测。

2010 年，Evans 等研发了一套管道缺陷检测系统 gPIMS，并将该系统永久安装在待监测管道上。目前，该系统已升级至第 4 代。超声导波采集仪 Wavemake G4 如图 1-19 所示。该仪器由大容量锂电池供电，支持激励 7～150kHz、400Vpp（电压峰-峰值）的超声导波，采样频率为 100～500kHz，可以完成 400m 管道的超声导波回波信号采集，每秒可完成 20 次重复采集，设备通信接口支持百兆网口和 USB 数据传输。这台仪器集成了大功率超声导波信号放大器和多通道信号采集技术，有较高的集成度，便携性较好，内嵌在管道中的缺陷识别软件相对完善，但是价格昂贵，且无法完成远程数据通信，难以在大规模在线健康状态监测网络中部署。

目前，Eddyfi Technologies 已经推出商业化的基于超声导波的管道腐蚀探伤仪 Teletest Focus+，如图 1-20 所示，它能在特定的距离内定位腐蚀位置。该仪器由锂电池供电，提供百兆网口和 Wi-Fi 数据通信接口，并有完善的管道超声导波分析软件平台，可以完成超声导波数据分析，并给出缺陷位置分布情况。

图 1-18　钢轨阵列检测设备 G-Scan 　　　　图 1-19　超声导波采集仪 Wavemake G4

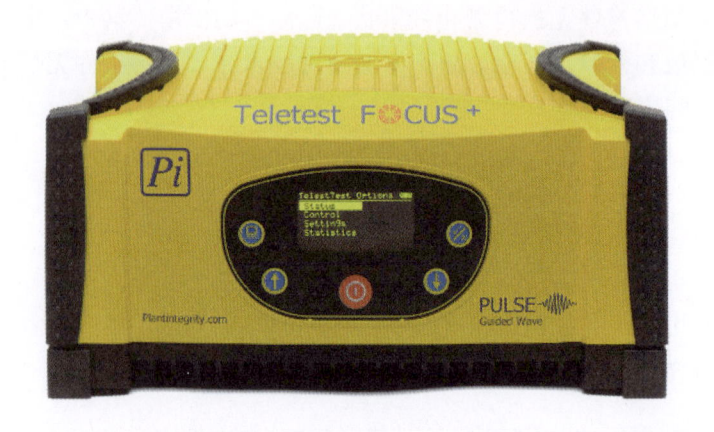

图 1-20　管道腐蚀探伤仪 Teletest Focus+

在国内，超声导波在无损检测领域的应用起步相对较晚，目前尚未出现成熟的商业化的超声导波激励与采集平台，但是部分研究机构也相继研制了针对特定场景的超声导波激励与采集设备。

2013 年，北京工业大学何存富团队研发了基于 USB2.0 的超声导波检测分析系统，如图 1-21 所示。该系统采用主从模式，上位机使用通用计算机，基于 C++编制超声导波检测分析软件，下位机使用现场可编程门阵列（Field Programmable Gate Array，FPGA），以完成前端数据的采集，通过 USB 数据线将数据传输至配置有 Windows 操作系统的微型计算机里，超声导波检测分析软件可对数据进行一系列处理。该系统能自动扫频，选取最佳频率激励点，扫频范围为 220～255kHz，可对超声导波信号完成 FFT、短时傅里叶变换和小波降噪等处理，为后面的信号分析提供一定的参考依据。

2014 年，浙江大学的唐志峰、吕福研制了基于磁致伸缩原理的超声导波检测系统 MSGW，如图 1-22 所示。他们根据钢轨超声导波检测的需要，还研发了钢轨底部超声导波检测系统，使用时域差值和趋势分析实现了道岔尖轨的健康状态监测。

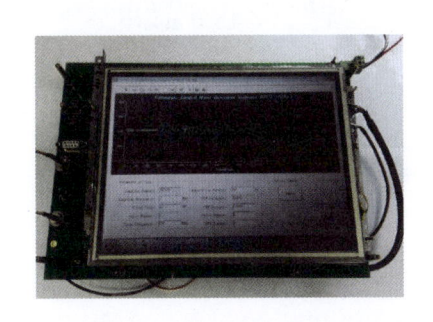

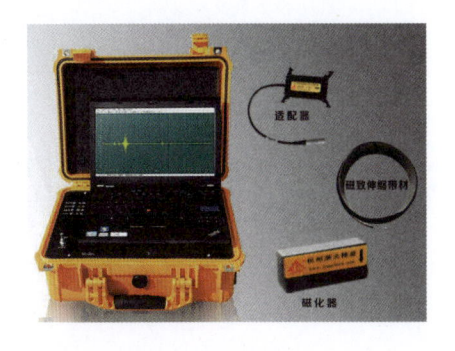

图 1-21　基于 USB2.0 的超声导波检测分析系统　　图 1-22　超声导波检测系统 MSGW

北京交通大学的朱力强等研制了一个基于超声导波的断轨检测预警系统，如图 1-23 所示。该系统可以全天候实时监测断轨，监测距离达 2km。该系统的超声导波模态激励方式简单、现场布线方便，使用了高压功率放大器，传播距离远，目前已在大西高铁现场完成了测试。

图 1-23　基于超声导波的断轨检测预警系统

目前，受采样精度、采样速度、存储容量、波形激励和放大功率等方面的限制，国内外超声导波研究机构多采用示波器、信号发生器和功率放大器等通用仪器来搭建导波实验平台。超声导波实验激励与采集平台示意如图 1-24 所示。此平台是基于通用仪器搭建的，采样精度高，容量大，频率可控，比较适合实验室小样本数据采集，但是难以适应大样本和野外复杂条件下钢轨导波实验数据的采集需求。而超声导波的传播特性往往与环境、钢轨应力、换能器耦合状态密切相关，对钢轨的不同工况进行不间断的数据采集，对钢轨缺陷诊断算法研究具有重要的意义，因此，基于嵌入式系统设计激励与采集高速同步的小型检测装置是超声导波检测设备产品化的一个方向。

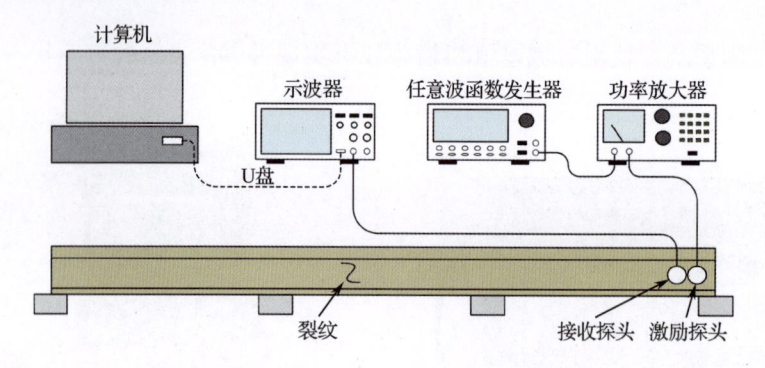

图 1-24　超声导波实验激励与采集平台示意

第 2 章

钢轨中的超声导波

超声导波的频散特性是研究超声导波技术的理论基础,对于大部分工程问题,一般会将其转换为数学模型进行研究和计算,根据相关规律推导模型的微分方程组,并求解其解析解。然而,由于钢轨横截面的形状不规则,超声导波在其中的传播特性十分复杂,模态数量更多。由于方程组较复杂且求解过程所需的时间和计算机资源较多,因此,很难获得模型的精确解,需要借助数值分析方法进行分析。

2.1 钢轨中超声导波的频散曲线

求解钢轨中超声导波的频散曲线常用的方法包括全局矩阵法、有限元法(Finite Element Method,FEM)、半解析有限元(Semi-Analytical Finite Element,SAFE)法等。对具有复杂横截面的均匀波导介质(如多层层压板和钢轨等)进行超声导波传播特性分析时,SAFE 法更为合适。与 FEM 相比,SAFE 法大大减少了计算量,并且可以获得结构复杂的频散曲线。与全局矩阵法相比,SAFE 法的优势在于求解频散曲线时更少丢根。在采用 SAFE 法进行求解时,须先对波导介质的横截面进行单元离散,求解横截面上任意单元的振动数据。在波的传播方向上,采用解析表达式描述波的纵向传播,模拟波的传播特性,将三维模型简化为二维模型,在保证结果精确度的同时大大减少了运算量,降低了对计算机运算能力的要求。国内外的研究表明,在超声导波的特性研究中,SAFE 法具有方便、迅速和高效等优势。

通过 SAFE 法对长距离的完整钢轨的横截面进行有限元离散,超声导波传播方向以简谐振动的形式表示,在此基础上进行理论推导,得到超声导波在钢轨中传播的波动方程。通过求解相应的特征方程,获得波数和频率的具体数值,并绘制频散曲线。通过频散曲线可深入分析超声导波各模态的传播特性。

下面以我国高速铁路采用的 CHN60 钢轨为例,应用 SAFE 法求解钢轨中超声导波的频散曲线。CHN60 钢轨的尺寸示意如图 2-1 所示。

定义钢轨的横截面为 y-z 平面,超声导波的传播方向为 x 轴方向。超声导波传播的 SAFE 模型如图 2-2 所示。

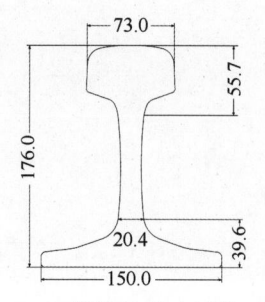

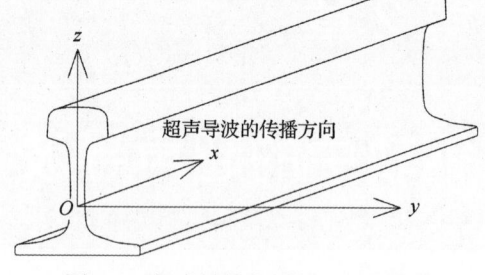

图 2-1　CHN60 钢轨的尺寸示意(单位:mm)　　图 2-2　超声导波传播的 SAFE 模型

钢轨中任一质点的简谐位移 u、应力 σ 和应变 ε 分量可表示为

$$\begin{aligned}u &= [u_x \ u_y \ u_z]^T \\ \sigma &= [\sigma_x \ \sigma_y \ \sigma_z \ \sigma_{yz} \ \sigma_{xz} \ \sigma_{xy}]^T \\ \varepsilon &= [\varepsilon_x \ \varepsilon_y \ \varepsilon_z \ \gamma_{yz} \ \gamma_{xz} \ \gamma_{xy}]^T\end{aligned} \tag{2-1}$$

应力 σ 和应变 ε 的关系为 $\sigma = C\varepsilon$,其中,C 为波导介质的弹性常数矩阵,钢轨这类各向同性波导介质的弹性常数矩阵可表示为

$$C = \begin{bmatrix} C_{11} & C_{12} & C_{12} & & & \\ C_{12} & C_{11} & C_{12} & & & \\ C_{12} & C_{12} & C_{11} & & & \\ & & & \frac{1}{2}(C_{11}-C_{12}) & & \\ & & & & \frac{1}{2}(C_{11}-C_{12}) & \\ & & & & & \frac{1}{2}(C_{11}-C_{12}) \end{bmatrix} \tag{2-2}$$

其中,

$$C_{11} = \lambda + 2\mu, \quad C_{12} = \lambda \tag{2-3}$$

$$\lambda = \frac{E\nu}{(1+\nu)(1-2\nu)}, \quad \mu = \frac{E}{2(1+\nu)} \tag{2-4}$$

式中,λ、μ 为拉密常数;E 为杨氏模量(Pa);ν 为泊松比。

应变 ε 和位移 u 的关系如式(2-5)所示。

$$\boldsymbol{\varepsilon} = \left[\boldsymbol{L}_x \frac{\partial \boldsymbol{u}}{\partial x} + \boldsymbol{L}_y \frac{\partial \boldsymbol{u}}{\partial y} + \boldsymbol{L}_z \frac{\partial \boldsymbol{u}}{\partial z} \right] \tag{2-5}$$

式中，L_x、L_y 和 L_z 可由式（2-6）表示。

$$\boldsymbol{L}_x = \begin{bmatrix} 1 & 0 & 0 \\ 0 & 0 & 0 \\ 0 & 0 & 0 \\ 0 & 0 & 0 \\ 0 & 0 & 1 \\ 0 & 1 & 0 \end{bmatrix}, \quad \boldsymbol{L}_y = \begin{bmatrix} 0 & 0 & 0 \\ 0 & 1 & 0 \\ 0 & 0 & 0 \\ 0 & 0 & 1 \\ 0 & 0 & 0 \\ 1 & 0 & 0 \end{bmatrix}, \quad \boldsymbol{L}_z = \begin{bmatrix} 0 & 0 & 0 \\ 0 & 0 & 0 \\ 0 & 0 & 1 \\ 0 & 1 & 0 \\ 1 & 0 & 0 \\ 0 & 0 & 0 \end{bmatrix} \tag{2-6}$$

超声导波在钢轨中沿 x 轴方向传播，假定其位移场是简谐振动，可用空间分布函数来表示钢轨中任一点的位移，如式（2-7）所示。

$$\boldsymbol{u}(x,y,z,t) = \begin{bmatrix} u_x(x,y,z,t) \\ u_y(x,y,z,t) \\ u_z(x,y,z,t) \end{bmatrix} = \begin{bmatrix} U_x(y,z) \\ U_y(y,z) \\ U_z(y,z) \end{bmatrix} e^{i(\xi x - \omega t)} \tag{2-7}$$

式中，ξ 为波数（m^{-1}）；ω 为频率（rad/s）。

运用 MATLAB 的偏微分方程（PDE）工具箱对钢轨的横截面进行有限元离散时选用三角形单元。三角形单元的形函数较简单，有效降低了后续积分运算的工作量，并且方便了矩阵组装过程。PDE 工具箱可以根据钢轨的尺寸和形状自动进行节点数量的优化，按照 PDE 工具箱规定的格式设置数组，指定直线和圆弧的起点、终点坐标，以及圆弧的圆心坐标、离散区域的位置等相关信息，执行初始化网格命令后，即可获得有限元离散后的节点坐标，以及三角形单元的节点编号。

通过 PDE 工具箱对钢轨横截面进行三角形单元离散后，总计得到 1034 个节点和 1840 个单元。采用三角形单元离散的钢轨横截面如图 2-3 所示。每个单元具有 3 个节点，每个节点有 3 个自由度，分别对应在空间中 3 个方向的位移。

三角形单元内任一点的位移可由形函数表示为

$$\boldsymbol{u}^{(e)}(x,y,z,t) = \begin{bmatrix} \sum_{k=1}^{3} N_k(y,z)U_{xk} \\ \sum_{k=1}^{3} N_k(y,z)U_{yk} \\ \sum_{k=1}^{3} N_k(y,z)U_{zk} \end{bmatrix}^{(e)} e^{i(\xi x - \omega t)} = \boldsymbol{N}(y,z)\boldsymbol{q}^{(e)} e^{i(\xi x - \omega t)} \tag{2-8}$$

式中，上标（e）表示一个单元；$N(y,z)$ 为形函数矩阵，即

$$N(y,z) = \begin{bmatrix} N_1 & 0 & 0 & N_2 & 0 & 0 & N_3 & 0 & 0 \\ 0 & N_1 & 0 & 0 & N_2 & 0 & 0 & N_3 & 0 \\ 0 & 0 & N_1 & 0 & 0 & N_2 & 0 & 0 & N_3 \end{bmatrix} \quad (2\text{-}9)$$

式中，N_i 为三角形单元的形函数。

$q^{(e)}$ 为节点位移矢量，即

$$q^{(e)} = [U_{x1} \ U_{y1} \ U_{z1} \ U_{x2} \ U_{y2} \ U_{z2} \ U_{x3} \ U_{y3} \ U_{z3}]^T \quad (2\text{-}10)$$

图 2-4 为由节点 i、j、k 组成的三角形单元。

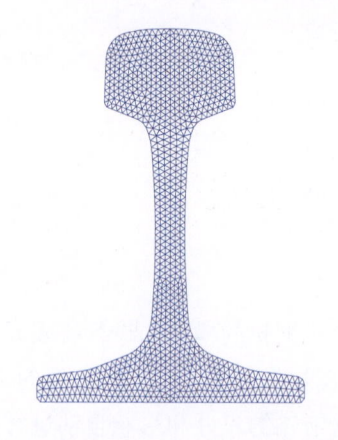

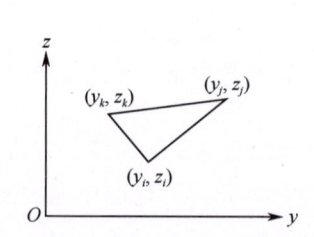

图 2-3 采用三角形单元离散的钢轨横截面　　图 2-4 由节点 i、j、k 组成的三角形单元

各节点的坐标分别为 (y_i,z_i)、(y_j,z_j)、(y_k,z_k)，其形函数如式（2-11）所示。

$$N_i = \frac{1}{2A}(\alpha_i + \beta_i y + \delta_i z)$$
$$N_j = \frac{1}{2A}(\alpha_j + \beta_j y + \delta_j z) \quad (2\text{-}11)$$
$$N_k = \frac{1}{2A}(\alpha_k + \beta_k y + \delta_k z)$$

式中，A 为三角形的面积；α、β、δ 为中间系数。它们可用式（2-12）表示。

$$\begin{aligned} A &= \frac{1}{2}[y_i(z_j - z_k) + y_j(z_k - z_i) + y_k(z_i - z_j)] \\ \alpha_i &= y_j z_k - y_k z_j, \quad \beta_i = z_j - z_k, \quad \delta_i = y_k - y_j \\ \alpha_j &= y_k z_i - y_i z_k, \quad \beta_j = z_k - z_i, \quad \delta_j = y_i - y_k \\ \alpha_k &= y_i z_j - y_j z_i, \quad \beta_k = z_i - z_j, \quad \delta_k = y_j - y_i \end{aligned} \quad (2\text{-}12)$$

用节点的位移来表示单元的应变矢量,如式(2-13)所示。

$$\varepsilon^{(e)} = \left(L_x \frac{\partial}{\partial x} + L_y \frac{\partial}{\partial y} + L_z \frac{\partial}{\partial z}\right) = N(y,z)q^{(e)}e^{i(\xi x - \omega t)} = (B_1 + i\xi B_2)q^{(e)}e^{i(\xi x - \omega t)} \quad (2\text{-}13)$$

式中,L_x、L_y、L_z 由式(2-6)给出,B_1 和 B_2 如式(2-14)所示。

$$\begin{aligned} B_1 &= L_y N_{,y} + L_z N_{,z} \\ B_2 &= L_x N \end{aligned} \quad (2\text{-}14)$$

式中,$N_{,y}$ 和 $N_{,z}$ 分别为形函数矩阵在 y 轴和 z 轴方向上的导数。

通过 SAFE 法基于哈密顿原理对波动方程进行了推导。变分法中的哈密顿原理可描述为,在质点系统从某一时刻到下一时刻满足约束的所有路径中,使哈密顿作用量 E 取极值(最小值)的路径为物理上可实现的真实路径。其可表示为

$$E = \int_{t_1}^{t_2} (T - U)\mathrm{d}t \quad (2\text{-}15)$$

式中,T、U 分别为质点系统的动能和势能。对于钢轨中任意一点,基于哈密顿原理可得

$$\delta H = \int_{t_1}^{t_2} \delta(\phi - K)\mathrm{d}t = 0 \quad (2\text{-}16)$$

式中,ϕ 和 K 分别为应变能和动能,可表示为

$$\begin{aligned} \phi &= \frac{1}{2}\int_V \varepsilon^T C \varepsilon \mathrm{d}V \\ K &= \frac{1}{2}\int_V \dot{u}^T \rho \dot{u} \mathrm{d}V \end{aligned} \quad (2\text{-}17)$$

式中,V 为钢轨的体积(m^3);上标 T 为矩阵的转置;ρ 为钢轨的密度(kg/m^3);$\dot{u}$ 为位移对时间 t 的一阶导数(m/s)。

将式(2-17)代入式(2-16)中可得

$$\int_{t_1}^{t_2} \left(\int_V \delta \varepsilon^T C \varepsilon \mathrm{d}V + \int_V \delta u^T \rho \ddot{u} \mathrm{d}V\right)\mathrm{d}t = 0 \quad (2\text{-}18)$$

将钢轨的横截面记为 Ω,离散后的单元记为 Ω_e,对于离散后的波导介质,式(2-18)的离散形式为

$$\int_{t_1}^{t_2}\left\{\bigcup_{e=1}^{n}\left[\int_V \delta(\varepsilon^{(e)T})C\varepsilon^{(e)}\mathrm{d}V_e + \int_V \delta(u^{(e)T})\rho_e \ddot{u}^{(e)}\mathrm{d}V_e\right]\right\}\mathrm{d}t = 0 \quad (2\text{-}19)$$

单元内点的位移 $u^{(e)}$ 和应变 $\varepsilon^{(e)}$ 如式（2-8）和式（2-13）所示，将其代入式（2-19）中可得

$$\int_V \delta(\varepsilon^{(e)\mathrm{T}}) C_e \varepsilon^{(e)} \mathrm{d} V_e = \delta q^{(e)\mathrm{T}} \int_{\Omega_e} [B_1^\mathrm{T} C_e B_1 - \mathrm{i}\xi B_2^\mathrm{T} C_e B_1 + \mathrm{i}\xi B_1^\mathrm{T} C_e B_2 + \xi^2 B_2^\mathrm{T} C_e B_2] \mathrm{d}\Omega_e q^{(e)} \tag{2-20}$$

$$\int_V \delta(u^{(e)\mathrm{T}}) \rho_e \ddot{u}^{(e)} \mathrm{d} V_e = -\omega^2 \delta q^{(e)\mathrm{T}} \int_{\Omega_e} N^\mathrm{T} \rho_e N \mathrm{d}\Omega_e q^{(e)} \tag{2-21}$$

将式（2-20）和式（2-21）代入式（2-19）中可得

$$\int_{t_1}^{t_2} \left\{ \bigcup_{e=1}^n \delta q^{(e)\mathrm{T}} [k_1^{(e)} + \mathrm{i}\xi k_2^{(e)} + \xi^2 k_3^{(e)} - \omega^2 m^{(e)}] q^{(e)} \right\} \mathrm{d}t = 0 \tag{2-22}$$

式中，

$$\begin{aligned} k_1^{(e)} &= \int_{\Omega_e} [B_1^\mathrm{T} C_e B_1] \mathrm{d}\Omega_e \\ k_2^{(e)} &= \int_{\Omega_e} [B_1^\mathrm{T} C_e B_2 - B_2^\mathrm{T} C_e B_1] \mathrm{d}\Omega_e \\ k_3^{(e)} &= \int_{\Omega_e} [B_2^\mathrm{T} C_e B_2] \mathrm{d}\Omega_e \\ m^{(e)} &= \int_{\Omega_e} [N^\mathrm{T} \rho_e N] \mathrm{d}\Omega_e \end{aligned} \tag{2-23}$$

将式（2-22）写成有限元方程的标准形式为

$$\int_{t_1}^{t_2} \{\delta U^\mathrm{T} [K_1 + \mathrm{i}\xi K_2 + \xi^2 K_3 - \omega^2 M] U\} \mathrm{d}t = 0 \tag{2-24}$$

式中，

$$K_1 = \bigcup_{e=1}^n k_1^{(e)}, \quad K_2 = \bigcup_{e=1}^n k_2^{(e)}, \quad K_3 = \bigcup_{e=1}^n k_3^{(e)}, \quad M = \bigcup_{e=1}^n m^{(e)} \tag{2-25}$$

最终可得以下一般均质波动方程：

$$[K_1 + \mathrm{i}\xi K_2 + \xi^2 K_3 - \omega^2 M] U = 0 \tag{2-26}$$

式中，K_1、K_2、K_3 为 $3n \times 3n$ 大小的矩阵；U 为一个 $3n \times 1$ 的矢量，它代表节点处的质点振动位移。

引入一个 $3n \times 3n$ 大小的辅助矩阵 T，可消除式（2-26）中的虚部：

$$T = \begin{bmatrix} i & & & & & & \\ & 1 & & & & & \\ & & 1 & & & & \\ & & & \ddots & & & \\ & & & & i & & \\ & & & & & 1 & \\ & & & & & & 1 \end{bmatrix} \qquad (2\text{-}27)$$

辅助矩阵 T 具有以下性质：

$$\begin{aligned} T^{\mathrm{T}} K_1 T &= K_1, & T^{\mathrm{T}} K_3 T &= K_3 \\ T^{\mathrm{T}} M T &= M, & T^{\mathrm{T}} K_2 T &= -\mathrm{i} \hat{K}_2 \end{aligned} \qquad (2\text{-}28)$$

通过引入辅助矩阵，式（2-26）可转变为

$$[K_1 + \xi \hat{K}_2 + \xi^2 K_3 - \omega^2 M]_M \hat{U} = 0 \qquad (2\text{-}29)$$

可将式（2-29）表示为一阶本征系统：

$$[A - \xi B]\begin{bmatrix} \hat{U} \\ \xi \hat{U} \end{bmatrix} = 0 \qquad (2\text{-}30)$$

式中，

$$\begin{aligned} A &= \begin{bmatrix} 0 & K_1 - \omega^2 M \\ K_1 - \omega^2 M & \hat{K}_2 \end{bmatrix} \\ B &= \begin{bmatrix} K_1 - \omega^2 M & 0 \\ 0 & -K_3 \end{bmatrix} \end{aligned} \qquad (2\text{-}31)$$

式中，矩阵 A 和矩阵 B 是 $6n \times 6n$ 的实数矩阵。

对于每个频率 ω，根据式（2-30）可求出波数 ξ 的 $6n$ 个特征值，所有的特征值都是成对出现的。当特征值以实数对（$\pm \xi_{\mathrm{Re}}$）的形式出现时，表示沿 $\pm x$ 轴方向传播的超声导波模态。当特征值以共轭复数对（$\pm \xi_{\mathrm{Re}} \pm \xi_{\mathrm{Im}}$）的形式出现时，表示沿 $\pm x$ 轴方向衰减的消逝波。当特征值以纯虚数对（$\pm \xi_{\mathrm{Im}}$）的形式出现时，表示沿 $\pm x$ 轴方向非振荡的消逝波。遍历 ω 的值可得 $\xi - \omega$ 的对应关系，由此可得超声导波的相速度频散曲线。相速度 C_{p} 的定义如下：

$$C_{\mathrm{p}} = \frac{\omega}{\xi_{\mathrm{Re}}} \qquad (2\text{-}32)$$

根据式（2-32），通过 MATLAB 可得 CHN60 钢轨中超声导波的相速度频散曲线，

如图 2-5 所示。

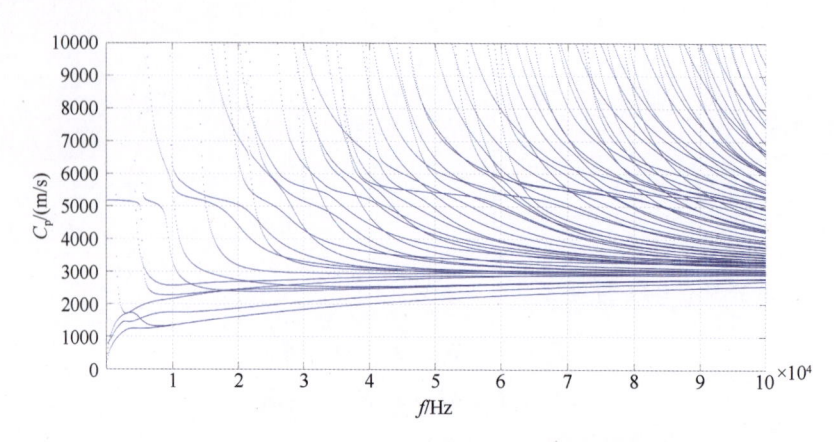

图 2-5　CHN60 钢轨中超声导波的相速度频散曲线

由图 2-5 可知，在某一频率下施加激励会产生多个超声导波模态。对于同一个超声导波模态来说，当超声导波的频率发生变化时，超声导波的相速度也会发生改变。同时可以看出，随着频率的提升，钢轨中超声导波模态的数量也会增多，多模态是超声导波的重要特性，这一特性会增大后续的超声导波信号分析的复杂度和难度。

超声导波的群速度指的是频率相近的波包的传播速度。由于在超声导波应用中，通过换能器直接测量得到的是波包的传播速度，因此，群速度频散曲线的求解对超声导波模态的辨识有很大的帮助。群速度的定义如下：

$$C_g = \frac{d\omega}{d\xi} \quad (2\text{-}33)$$

可以通过相速度频散曲线中同一超声导波模态下相邻的 A、B 两点的差分值对群速度进行近似求解，即

$$C_g = \frac{\omega_B - \omega_A}{\xi_B - \xi_A} \quad (2\text{-}34)$$

然而上式的计算方式容易产生数值计算误差，尤其是在计算相速度频散曲线时选用的频率间隔较大的情况下。针对这一问题，Bartoli 等提出了一种根据式（2-29）直接计算群速度的方法，对式（2-29）做关于波数 ξ 的微分可得

$$\frac{\partial}{\partial \xi}[(\boldsymbol{K}_1 + \xi \hat{\boldsymbol{K}}_2 + \xi^2 \boldsymbol{K}_3 - \omega^2 \boldsymbol{M})\hat{\boldsymbol{U}}_R] = 0 \quad (2\text{-}35)$$

将上式展开，并在前面乘以左特征向量的转置矩阵可得

$$\hat{U}_L^T \left[\frac{\partial}{\partial \xi}(K_1 + \xi \hat{K}_2 + \xi^2 K_3) - 2\omega \frac{\partial \omega}{\partial \xi} M \right] \hat{U}_R = 0 \qquad (2\text{-}36)$$

将上式变换后，可得群速度的计算公式：

$$C_g = \frac{\partial \omega}{\partial \xi} = \frac{\hat{U}_L^T(\hat{K}_2 + 2\xi K_3)\hat{U}_R}{2\omega \hat{U}_L^T M \hat{U}_R} \qquad (2\text{-}37)$$

式中，$\hat{U}_R$ 可根据式（2-30）直接求解；$\hat{U}_L^T$ 可以用式（2-30）中 A、B 的转置矩阵代替，然后直接求解得到。根据式（2-37），通过 MATLAB 求解可得 CHN60 钢轨中超声导波的群速度频散曲线，如图 2-6 所示。

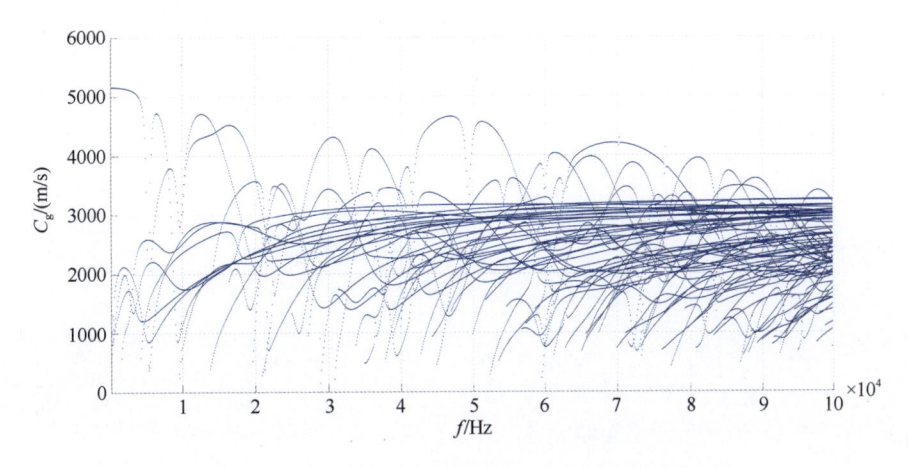

图 2-6　CHN60 钢轨中超声导波的群速度频散曲线

2.2　钢轨中超声导波的模态与振型

由图 2-5 和图 2-6 可知，随着频率的升高，超声导波模态的数量逐渐增多。为了使分析过程简单，先对 200Hz 的超声导波模态进行分析。当中心频率为 200Hz 时钢轨中存在的 4 种模态的相速度和群速度如表 2-1 所示。

表 2-1　当中心频率为 200Hz 时钢轨中存在的 4 种模态的相速度和群速度

序号	模态	相速度/（m/s）	群速度/（m/s）
1	水平弯曲模态	397.7	807.6
2	垂直弯曲模态	628.3	1294.1
3	扭转模态	787.7	856.4
4	伸展模态	5160.0	5147.1

通过求解各超声导波模态每个节点的振动位移 $\hat{U}$，可以绘制每种模态的振型图。当中心频率 $f = 200$Hz 时，可求出 ω 的值，再将 K_1、$\hat{K}_2$、K_3、ω、M 代入式（2-30）中，即可求解出特征方程，得到特征向量 $[\hat{U}\ \xi\hat{U}]^T$。其中，钢轨横截面有限元离散后所有节点的振动位移可以由特征向量的上半部分 $\hat{U}$ 表示。分别对每个模态的振动位移的最大值进行归一化处理，并将其与钢轨横截面的离散节点坐标进行叠加，即可得到钢轨的振动形态截面图。图 2-7 为 4 种超声导波模态的振动形态截面图，每个分图中的彩色图为原始钢轨截面图，红色图为通过 SAFE 法求解得到的振动形态截面图。

（a）$C_p=397.7$m/s，水平弯曲模态

（b）$C_p=628.3$m/s，垂直弯曲模态

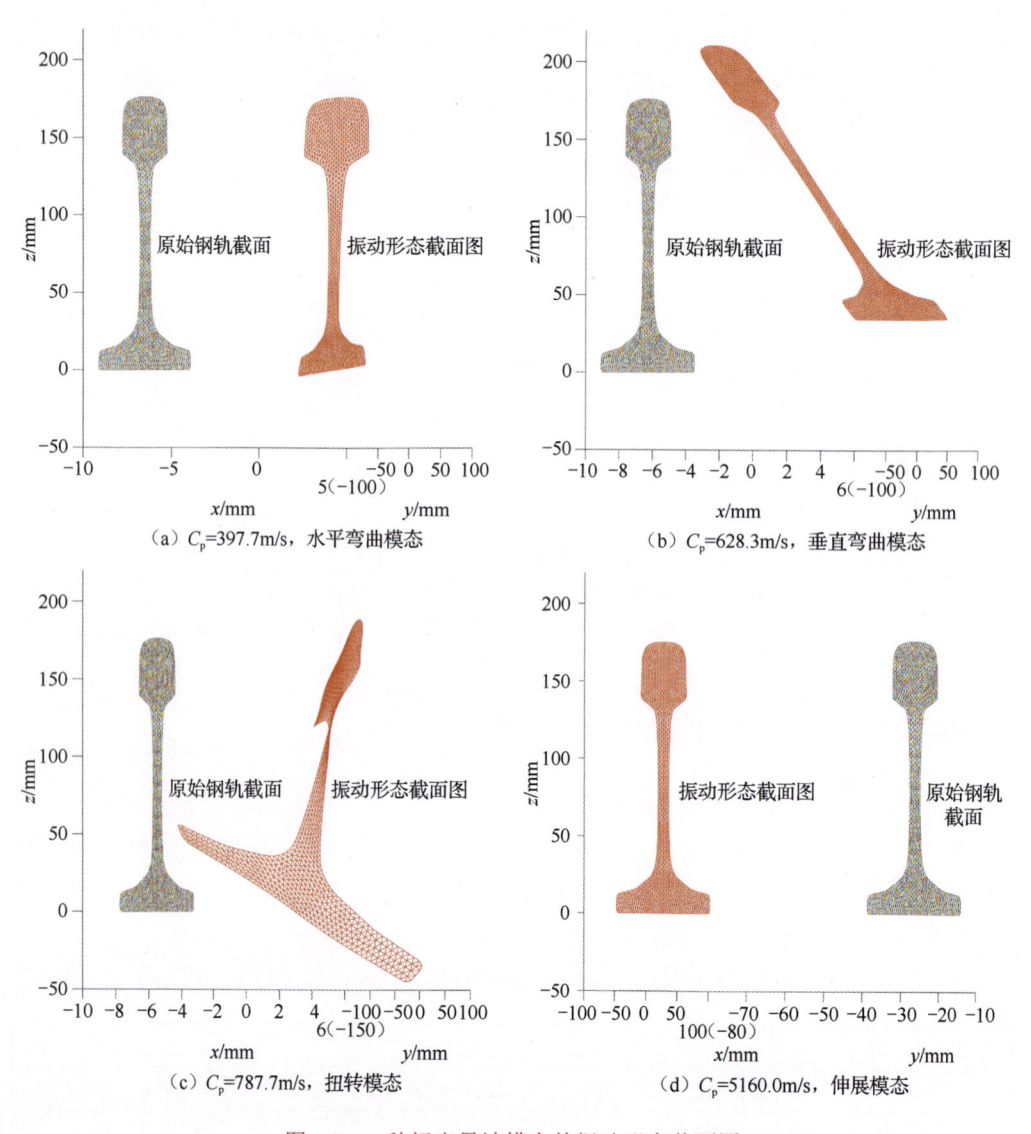

（c）$C_p=787.7$m/s，扭转模态

（d）$C_p=5160.0$m/s，伸展模态

图 2-7　4 种超声导波模态的振动形态截面图

根据每种模态的振动形态特征为其命名。图 2-7（a）中，模态的振动形态截面图沿着钢轨水平方向旋转，故该模态为水平弯曲模态；图 2-7（b）中，模态的振动

形态截面图在垂直方向上，以钢轨底边为轴前后翻转，故该模态为垂直弯曲模态；图 2-7（c）中，模态的振动形态截面图相对于钢轨横截面呈扭转状态，故该模态为扭转模态；图 2-7（d）中，模态的振动形态截面图表现为截面内各位移节点无相对位移，整个横截面沿着水平方向运动，呈现拉伸状态，故该模态为伸展模态。为了进一步研究各模态的振动形态，绘制了当中心频率为 200Hz 时 4 种模态的三维振型，如图 2-8 所示。

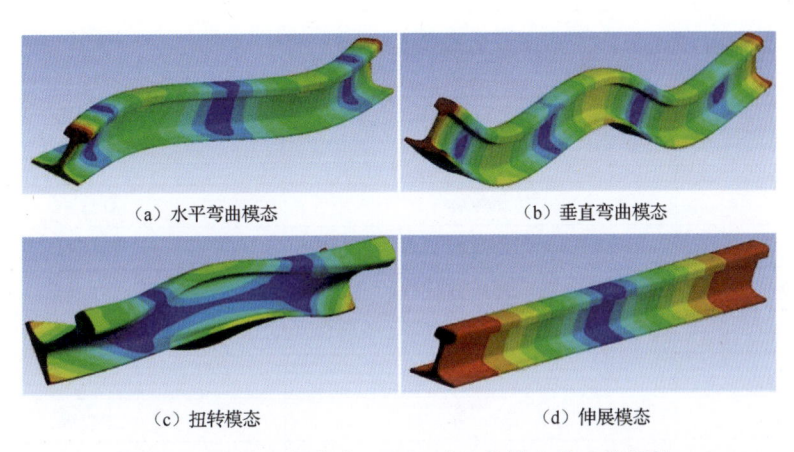

（a）水平弯曲模态　　（b）垂直弯曲模态

（c）扭转模态　　（d）伸展模态

图 2-8　当中心频率为 200Hz 时 4 种模态的三维振型

当中心频率为 35kHz 时，钢轨中存在着多种超声导波模态。高频超声导波在钢轨中的模态相对复杂，无法根据简单的振动形态对它们进行划分和命名。根据相速度从小到大对其中 20 种模态的振动形态截面图进行排序的结果如图 2-9 所示。

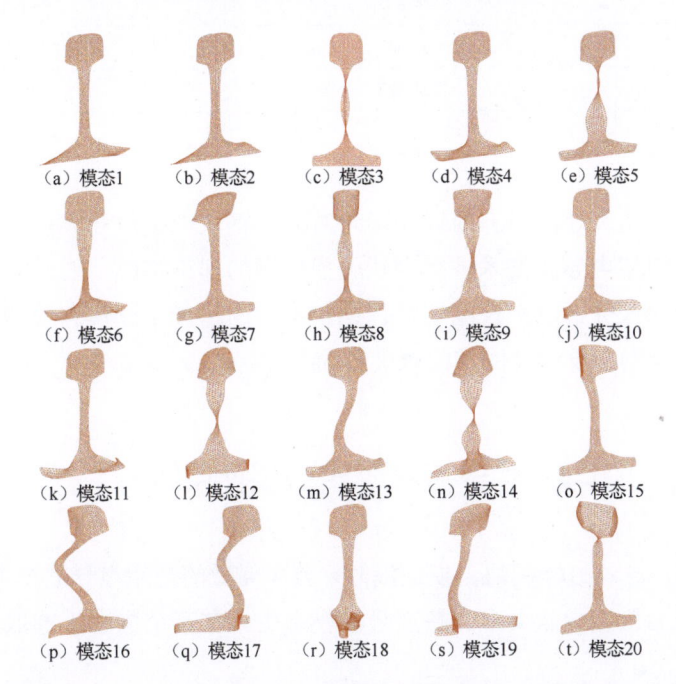

（a）模态1　（b）模态2　（c）模态3　（d）模态4　（e）模态5

（f）模态6　（g）模态7　（h）模态8　（i）模态9　（j）模态10

（k）模态11　（l）模态12　（m）模态13　（n）模态14　（o）模态15

（p）模态16　（q）模态17　（r）模态18　（s）模态19　（t）模态20

图 2-9　根据相速度从小到大对其中 20 种模态的振动形态截面图进行排序的结果

当中心频率为 35kHz 时钢轨中 20 种模态的相速度和群速度如表 2-2 所示。

表 2-2　当中心频率为 35kHz 时钢轨中 20 种模态的相速度和群速度

模态序号	相速度/(m/s)	群速度/(m/s)
1	1921.50	2802.00
2	1921.82	2799.89
3	2137.19	2884.53
4	2433.48	2710.35
5	2485.10	2631.42
6	2531.24	2494.98
7	2669.08	3125.54
8	2790.86	3067.74
9	2940.09	2893.65
10	3175.27	2652.60
11	3257.30	2340.40
12	3550.96	1952.06
13	3802.05	2495.52
14	4438.46	1524.12
15	4665.69	2341.36
16	5139.73	2375.07
17	5449.66	3984.06
18	6006.06	2895.33
19	6221.82	2905.67
20	7558.25	3362.10

　　获得钢轨中超声导波模态的振动形态对分析钢轨中超声导波的传播规律具有重要意义，是应用超声导波技术进行钢轨无损检测的理论基础。通过对超声导波模态的振动形态的深入分析，不仅能够解释钢轨中不同超声导波模态的传播现象，而且有助于指导换能器的设计，以及检测设备的安装。

2.3　钢轨中超声导波模态的选取原则

　　在应用超声导波进行钢轨无损检测时，首先要做的是超声导波模态的选取工作。即以频散曲线为依据，从众多的超声导波模态中，在某个频率下选取一种用于检测钢轨缺陷的模态。

第2章 钢轨中的超声导波

基于超声导波技术进行钢轨无损检测，其基本原理是在钢轨中激励超声导波，通过分析超声导波回波信号来实现钢轨内部缺陷的检测和定位。因此，在选择超声导波模态时，需要选取对钢轨内部损伤较为敏感的超声导波模态。可以在钢轨内部传播的超声导波模态种类众多，并且随着激励频率的升高，在钢轨中将会激发更多种类的超声导波模态。超声导波模态数量的增加虽然增大了钢轨裂纹回波信号的识别难度，但是也为钢轨裂纹检测提供了更为丰富的选择。

超声导波的波长对钢轨裂纹检测精度有很大的影响。当超声导波的频率较低时，其波长也相对较大，钢轨裂纹检测精度较低。因此，在实际应用超声导波进行钢轨裂纹检测时，一般采用中心频率大于 20kHz 的超声导波模态。然而，当中心频率超过 60kHz 时，超声导波模态种类偏多，信号提取和分析复杂。因此，30~60kHz 是钢轨无损检测常用的超声导波频段，下面以中心频率为 35kHz 的超声导波模态为例进行分析。

在对钢轨特定位置的裂纹进行检测时，在裂纹附近振动较为明显的超声导波模态对裂纹的敏感度较高。因此，超声导波模态的选取原则：选择在裂纹附近有较大振幅的超声导波模态。根据图 2-1 中的钢轨尺寸，将钢轨横截面中高度小于 39.6mm 的区域定义为轨底，高度为 39.6~120.3mm 的区域定义为轨腰，高度大于 120.3mm 的区域定义为轨头，如图 2-10 所示。

以检测轨头区域的裂纹为例，当超声导波模态在轨头区域表现出强烈的振动时，其对轨头区域裂纹的敏感性较高，引发的缺陷回波也更加显著。因此，宜选择在轨头区域强烈振动的超声导波模态，以提高对轨头区域缺陷的检测效果。定义钢轨区域能量评价指标来表征钢轨不同区域的振动情况。

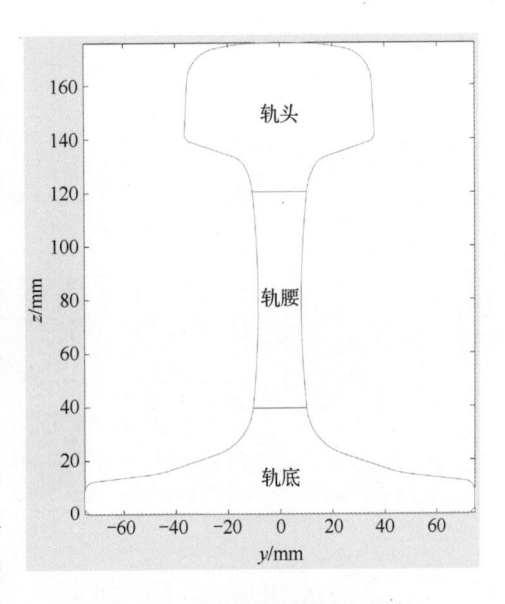

图 2-10 钢轨横截面划分区域

$$E_{x_{\text{head}}}(i) = \frac{\dfrac{\sum_{j=1}^{N_{\text{head}}} U_{x_{\text{head}}}^2(j)}{N_{\text{head}}}}{\dfrac{\sum_{j=1}^{N_{\text{head}}} U_{x_{\text{head}}}^2(j)}{N_{\text{head}}} + \dfrac{\sum_{k=1}^{N_{\text{web}}} U_{x_{\text{web}}}^2(k)}{N_{\text{web}}} + \dfrac{\sum_{l=1}^{N_{\text{base}}} U_{x_{\text{base}}}^2(l)}{N_{\text{base}}}}$$

$$E_{y_{\text{head}}}(i) = \frac{\dfrac{\sum_{j=1}^{N_{\text{head}}} U_{y_{\text{head}}}^2(j)}{N_{\text{head}}}}{\dfrac{\sum_{j=1}^{N_{\text{head}}} U_{y_{\text{head}}}^2(j)}{N_{\text{head}}} + \dfrac{\sum_{k=1}^{N_{\text{web}}} U_{y_{\text{web}}}^2(k)}{N_{\text{web}}} + \dfrac{\sum_{l=1}^{N_{\text{base}}} U_{y_{\text{base}}}^2(l)}{N_{\text{base}}}}, \quad i = 1, 2, \cdots, 20 \quad (2\text{-}38)$$

$$E_{z_{\text{head}}}(i) = \frac{\dfrac{\sum_{j=1}^{N_{\text{head}}} U_{z_{\text{head}}}^2(j)}{N_{\text{head}}}}{\dfrac{\sum_{j=1}^{N_{\text{head}}} U_{z_{\text{head}}}^2(j)}{N_{\text{head}}} + \dfrac{\sum_{k=1}^{N_{\text{web}}} U_{z_{\text{web}}}^2(k)}{N_{\text{web}}} + \dfrac{\sum_{l=1}^{N_{\text{base}}} U_{z_{\text{base}}}^2(l)}{N_{\text{base}}}}$$

$$E_{x_{\text{web}}}(i) = \frac{\dfrac{\sum_{k=1}^{N_{\text{web}}} U_{x_{\text{web}}}^2(k)}{N_{\text{web}}}}{\dfrac{\sum_{j=1}^{N_{\text{head}}} U_{x_{\text{head}}}^2(j)}{N_{\text{head}}} + \dfrac{\sum_{k=1}^{N_{\text{web}}} U_{x_{\text{web}}}^2(k)}{N_{\text{web}}} + \dfrac{\sum_{l=1}^{N_{\text{base}}} U_{x_{\text{base}}}^2(l)}{N_{\text{base}}}}$$

$$E_{y_{\text{web}}}(i) = \frac{\dfrac{\sum_{k=1}^{N_{\text{web}}} U_{y_{\text{web}}}^2(k)}{N_{\text{web}}}}{\dfrac{\sum_{j=1}^{N_{\text{head}}} U_{y_{\text{head}}}^2(j)}{N_{\text{head}}} + \dfrac{\sum_{k=1}^{N_{\text{web}}} U_{y_{\text{web}}}^2(k)}{N_{\text{web}}} + \dfrac{\sum_{l=1}^{N_{\text{base}}} U_{y_{\text{base}}}^2(l)}{N_{\text{base}}}}, \quad i = 1, 2, \cdots, 20 \quad (2\text{-}39)$$

$$E_{z_{\text{web}}}(i) = \frac{\dfrac{\sum_{k=1}^{N_{\text{web}}} U_{z_{\text{web}}}^2(k)}{N_{\text{web}}}}{\dfrac{\sum_{j=1}^{N_{\text{head}}} U_{z_{\text{head}}}^2(j)}{N_{\text{head}}} + \dfrac{\sum_{k=1}^{N_{\text{web}}} U_{z_{\text{web}}}^2(k)}{N_{\text{web}}} + \dfrac{\sum_{l=1}^{N_{\text{base}}} U_{z_{\text{base}}}^2(l)}{N_{\text{base}}}}$$

$$E_{x_{\text{base}}}(i) = \frac{\dfrac{\sum_{l=1}^{N_{\text{base}}} U_{x_{\text{base}}}^2(l)}{N_{\text{base}}}}{\dfrac{\sum_{j=1}^{N_{\text{head}}} U_{x_{\text{head}}}^2(j)}{N_{\text{head}}} + \dfrac{\sum_{k=1}^{N_{\text{web}}} U_{x_{\text{web}}}^2(k)}{N_{\text{web}}} + \dfrac{\sum_{l=1}^{N_{\text{base}}} U_{x_{\text{base}}}^2(l)}{N_{\text{base}}}}$$

$$E_{y_{\text{base}}}(i) = \frac{\frac{\sum_{l=1}^{N_{\text{base}}} U_{y_{\text{base}}}^2(l)}{N_{\text{base}}}}{\frac{\sum_{j=1}^{N_{\text{head}}} U_{y_{\text{head}}}^2(j)}{N_{\text{head}}} + \frac{\sum_{k=1}^{N_{\text{web}}} U_{y_{\text{web}}}^2(k)}{N_{\text{web}}} + \frac{\sum_{l=1}^{N_{\text{base}}} U_{y_{\text{base}}}^2(l)}{N_{\text{base}}}}, \quad i = 1, 2, \cdots, 20 \quad (2\text{-}40)$$

$$E_{z_{\text{base}}}(i) = \frac{\frac{\sum_{l=1}^{N_{\text{base}}} U_{z_{\text{base}}}^2(l)}{N_{\text{base}}}}{\frac{\sum_{j=1}^{N_{\text{head}}} U_{z_{\text{head}}}^2(j)}{N_{\text{head}}} + \frac{\sum_{k=1}^{N_{\text{web}}} U_{z_{\text{web}}}^2(k)}{N_{\text{web}}} + \frac{\sum_{l=1}^{N_{\text{base}}} U_{z_{\text{base}}}^2(l)}{N_{\text{base}}}}$$

式中，$E_{x_{\text{head}}}$、$E_{y_{\text{head}}}$、$E_{z_{\text{head}}}$、$E_{x_{\text{web}}}$、$E_{y_{\text{web}}}$、$E_{z_{\text{web}}}$、$E_{x_{\text{base}}}$、$E_{y_{\text{base}}}$、$E_{z_{\text{base}}}$ 分别为模态在轨头、轨腰和轨底区域沿 x 轴、y 轴和 z 轴方向的振动能量评价指标，它的取值越大，代表模态在该区域该方向上的振动越强烈；i 的取值范围为 1~20，表示 35kHz 中心频率下的模态序号；N_{head}、N_{web}、N_{base} 分别为在轨头、轨腰和轨底区域划分的节点数量；$U_{x_{\text{head}}}$、$U_{y_{\text{head}}}$、$U_{z_{\text{head}}}$、$U_{x_{\text{web}}}$、$U_{y_{\text{web}}}$、$U_{z_{\text{web}}}$、$U_{x_{\text{base}}}$、$U_{y_{\text{base}}}$、$U_{z_{\text{base}}}$ 分别为模态在轨头、轨腰和轨底区域沿 x 轴、y 轴和 z 轴方向的振动位移。

由于在钢轨中激发的超声导波信号具有多个频率分量，当信号在钢轨中传播发生频散现象时，波包中不同频率分量的信号会分解，导致换能器接收到的信号波形失真。因此，在进行钢轨缺陷检测时，应当尽量避免选择频散特性较为显著的模态。中心频率为 35kHz 的 5 周期经汉宁窗调制的正弦波的时域图如图 2-11 所示。

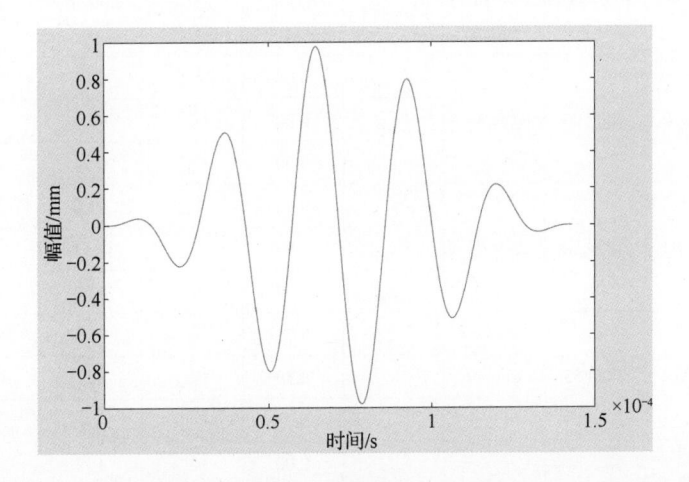

图 2-11 中心频率为 35kHz 的 5 周期经汉宁窗调制的正弦波的时域图

由35kHz激励信号的频谱图(见图2-12)可知,激励信号的截止频率分别在30kHz和40kHz附近。

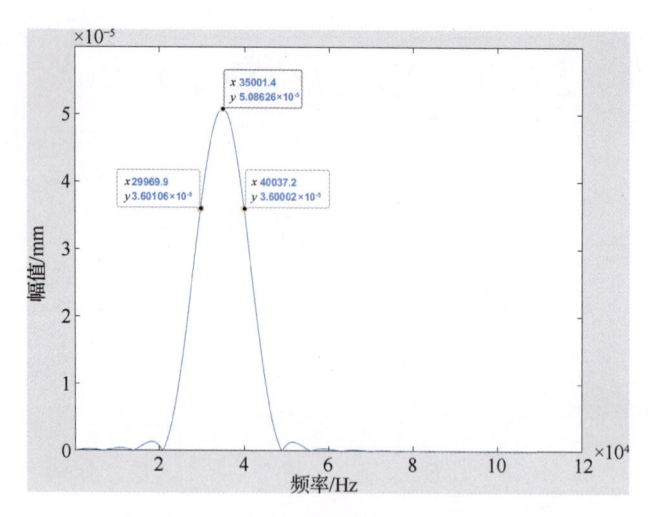

图2-12 35kHz激励信号的频谱图

由图2-6可知,在30～40kHz频率范围内,超声导波模态的群速度有较大的变化,并且在该频率范围内群速度的变化也不是单调的,因此,可根据该频率范围内群速度的最大差值来评价模态的非频散特性。当中心频率为35kHz时,20种模态的钢轨不同区域能量评价指标值和群速度的最大差值如表2-3所示。

表2-3 当中心频率为35kHz时,20种模态的钢轨不同区域能量评价指标值和群速度的最大差值

模态序号	相速度/(m/s)	群速度/(m/s)	群速度的最大差值/(m/s)	轨头能量评价指标	轨头能量评价指标值/%	轨腰能量评价指标	轨腰能量评价指标值/%	轨底能量评价指标	轨底能量评价指标值/%
1	1921.50	2802.00	200.44	$E_{x_{head}}$	0.00	$E_{x_{web}}$	0.01	$E_{x_{base}}$	99.99
				$E_{y_{head}}$	0.00	$E_{y_{web}}$	0.00	$E_{y_{base}}$	100.00
				$E_{z_{head}}$	0.00	$E_{z_{web}}$	0.00	$E_{z_{base}}$	100.00
2	1921.82	2799.89	202.21	$E_{x_{head}}$	0.00	$E_{x_{web}}$	0.00	$E_{x_{base}}$	100.00
				$E_{y_{head}}$	0.00	$E_{y_{web}}$	0.13	$E_{y_{base}}$	99.87
				$E_{z_{head}}$	0.00	$E_{z_{web}}$	0.00	$E_{z_{base}}$	100.00
3	2137.19	2884.53	206.49	$E_{x_{head}}$	0.72	$E_{x_{web}}$	98.29	$E_{x_{base}}$	0.99
				$E_{y_{head}}$	0.50	$E_{y_{web}}$	98.82	$E_{y_{base}}$	0.69
				$E_{z_{head}}$	5.07	$E_{z_{web}}$	86.95	$E_{z_{base}}$	7.98
4	2433.48	2710.35	195.63	$E_{x_{head}}$	0.00	$E_{x_{web}}$	4.11	$E_{x_{base}}$	95.89
				$E_{y_{head}}$	0.00	$E_{y_{web}}$	0.00	$E_{y_{base}}$	100.00
				$E_{z_{head}}$	0.00	$E_{z_{web}}$	1.43	$E_{z_{base}}$	98.57

续表

模态序号	相速度/(m/s)	群速度/(m/s)	群速度的最大差值/(m/s)	轨头能量评价指标	轨头能量评价指标值/%	轨腰能量评价指标	轨腰能量评价指标值/%	轨底能量评价指标	轨底能量评价指标值/%
5	2485.10	2631.42	202.44	$E_{x_{head}}$	5.92	$E_{x_{web}}$	83.60	$E_{x_{base}}$	10.48
				$E_{y_{head}}$	5.33	$E_{y_{web}}$	89.71	$E_{y_{base}}$	4.96
				$E_{z_{head}}$	2.88	$E_{z_{web}}$	17.36	$E_{z_{base}}$	79.76
6	2531.24	2494.98	270.36	$E_{x_{head}}$	1.75	$E_{x_{web}}$	19.86	$E_{x_{base}}$	78.39
				$E_{y_{head}}$	4.87	$E_{y_{web}}$	58.52	$E_{y_{base}}$	36.61
				$E_{z_{head}}$	0.11	$E_{z_{web}}$	0.52	$E_{z_{base}}$	99.37
7	2669.08	3125.54	65.83	$E_{x_{head}}$	94.77	$E_{x_{web}}$	5.23	$E_{x_{base}}$	0.00
				$E_{y_{head}}$	99.99	$E_{y_{web}}$	0.01	$E_{y_{base}}$	0.00
				$E_{z_{head}}$	98.10	$E_{z_{web}}$	1.90	$E_{z_{base}}$	0.00
8	2790.86	3067.74	38.88	$E_{x_{head}}$	72.16	$E_{x_{web}}$	20.72	$E_{x_{base}}$	7.12
				$E_{y_{head}}$	67.95	$E_{y_{web}}$	24.40	$E_{y_{base}}$	7.66
				$E_{z_{head}}$	80.60	$E_{z_{web}}$	18.95	$E_{z_{base}}$	0.45
9	2940.09	2839.65	84.89	$E_{x_{head}}$	48.38	$E_{x_{web}}$	26.92	$E_{x_{base}}$	24.70
				$E_{y_{head}}$	17.86	$E_{y_{web}}$	39.72	$E_{y_{base}}$	42.42
				$E_{z_{head}}$	93.73	$E_{z_{web}}$	3.46	$E_{z_{base}}$	2.81
10	3175.27	2652.6	160.45	$E_{x_{head}}$	0.03	$E_{x_{web}}$	6.07	$E_{x_{base}}$	93.89
				$E_{y_{head}}$	0.00	$E_{y_{web}}$	0.00	$E_{y_{base}}$	100.00
				$E_{z_{head}}$	0.03	$E_{z_{web}}$	16.60	$E_{z_{base}}$	83.37
11	3257.3	2340.4	452.48	$E_{x_{head}}$	0.74	$E_{x_{web}}$	16.43	$E_{x_{base}}$	82.83
				$E_{y_{head}}$	0.02	$E_{y_{web}}$	0.00	$E_{y_{base}}$	99.98
				$E_{z_{head}}$	0.09	$E_{z_{web}}$	23.71	$E_{z_{base}}$	76.20
12	3550.96	1952.06	815.71	$E_{x_{head}}$	7.78	$E_{x_{web}}$	11.60	$E_{x_{base}}$	80.62
				$E_{y_{head}}$	4.46	$E_{y_{web}}$	42.89	$E_{y_{base}}$	52.66
				$E_{z_{head}}$	58.94	$E_{z_{web}}$	32.65	$E_{z_{base}}$	8.40
13	3802.05	2495.52	576.85	$E_{x_{head}}$	20.05	$E_{x_{web}}$	68.57	$E_{x_{base}}$	11.38
				$E_{y_{head}}$	23.17	$E_{y_{web}}$	0.26	$E_{y_{base}}$	76.57
				$E_{z_{head}}$	4.82	$E_{z_{web}}$	87.77	$E_{z_{base}}$	7.41
14	4438.46	1524.12	616.43	$E_{x_{head}}$	19.24	$E_{x_{web}}$	20.33	$E_{x_{base}}$	60.43
				$E_{y_{head}}$	7.19	$E_{y_{web}}$	72.22	$E_{y_{base}}$	20.59
				$E_{z_{head}}$	16.69	$E_{z_{web}}$	14.45	$E_{z_{base}}$	68.57
15	4665.69	2341.36	1625.56	$E_{x_{head}}$	88.08	$E_{x_{web}}$	11.24	$E_{x_{base}}$	0.68
				$E_{y_{head}}$	99.74	$E_{y_{web}}$	0.12	$E_{y_{base}}$	0.14
				$E_{z_{head}}$	33.15	$E_{z_{web}}$	64.89	$E_{z_{base}}$	1.87

续表

模态序号	相速度/(m/s)	群速度/(m/s)	群速度的最大差值/(m/s)	轨头能量评价指标	轨头能量评价指标值/%	轨腰能量评价指标	轨腰能量评价指标值/%	轨底能量评价指标	轨底能量评价指标值/%
16	5139.73	2375.07	2054.02	E_{x_head}	9.62	E_{x_web}	76.22	E_{x_base}	14.15
				E_{y_head}	70.86	E_{y_web}	1.10	E_{y_base}	28.04
				E_{z_head}	28.64	E_{z_web}	54.42	E_{z_base}	16.95
17	5449.66	3984.06	1275.14	E_{x_head}	3.97	E_{x_web}	28.13	E_{x_base}	67.90
				E_{y_head}	16.69	E_{y_web}	1.86	E_{y_base}	81.45
				E_{z_head}	26.32	E_{z_web}	68.61	E_{z_base}	5.08
18	6006.06	2895.33	2689.14	E_{x_head}	0.01	E_{x_web}	0.15	E_{x_base}	99.84
				E_{y_head}	0.09	E_{y_web}	3.57	E_{y_base}	96.34
				E_{z_head}	0.03	E_{z_web}	0.68	E_{z_base}	99.29
19	6221.82	2905.67	1236.06	E_{x_head}	4.33	E_{x_web}	54.14	E_{x_base}	41.52
				E_{y_head}	45.84	E_{y_web}	2.49	E_{y_base}	51.67
				E_{z_head}	63.08	E_{z_web}	32.62	E_{z_base}	4.30
20	7558.25	3362.1	2431.76	E_{x_head}	99.98	E_{x_web}	0.01	E_{x_base}	0.01
				E_{y_head}	98.47	E_{y_web}	1.30	E_{y_base}	0.22
				E_{z_head}	92.22	E_{z_web}	2.14	E_{z_base}	5.64

由表 2-3 可知，模态 7、模态 3 和模态 10 分别在轨头、轨腰和轨底区域的 x 轴、y 轴和 z 轴方向上的能量评价指标值比较大，图 2-13 为模态 7、模态 3 和模态 10 的振型图。从图 2-13 中可看出它们分别在轨头、轨腰和轨底对应区域的振动比较强烈，并且由表 2-3 可知它们的群速度的最大差值也比较小，因此，可以选择这 3 种模态用于检测轨头、轨腰和轨底的裂纹。

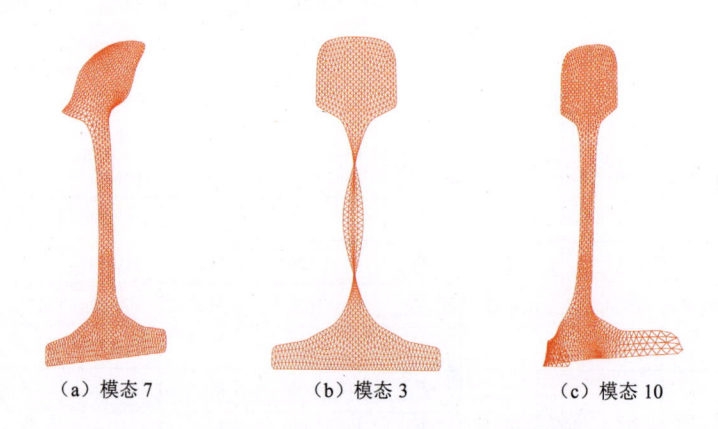

(a) 模态 7　　(b) 模态 3　　(c) 模态 10

图 2-13　模态 7、模态 3 和模态 10 的振型图

以上依据钢轨不同区域能量评价指标值和群速度的最大差值分别选取了适用于检测轨头、轨腰和轨底缺陷的三种模态，根据各模态的振动形态可以选择换能器的安装位置和激励方向。在具体进行钢轨无损检测的工程应用中，可以根据现场需求构建新的技术指标，以满足实际检测的需要。

第 3 章

钢轨中超声导波的有限元仿真

有限元仿真是工程分析中应用最广泛的数值计算方法,已经成为解决复杂工程分析计算问题的有效途径,在机械制造、航空航天、土木建筑、国防军工、铁道科学、能源等研究领域得到了广泛应用。ANSYS 有限元软件不仅可以用于求解结构、流体、电磁场等问题,而且可以用于分析结构体瞬态动力学问题,本章将从钢轨建模、有限元仿真、数据后处理等方面介绍钢轨有限元仿真方法。

3.1 钢轨建模

有限元仿真的思想是将仿真模型离散成一个个简单而又相互作用的元素,即单元。用有限的未知量去逼近具有无限未知量的真实系统。将求解域看成由许多称为有限元的小的互连子域组成,由于单元的数量有限,节点的数量也有限,因此,需要对每一个单元假定一个合适的近似解,然后推导求解这个域总的满足条件(如结构的平衡条件),从而得到问题的解。仿真结果的精确度与模型单元的数量正相关,单元的数量越多,仿真结果越接近真实值,同时计算量也越大。所以建立一个合适的模型,需要在保证结果精确度的条件下尽量减少计算量,提高效率。仿真模型可以通过 ANSYS 软件中的前处理模块建立,也可以在 ANSYS 软件中导入由其他软件生成的模型。考虑操作的便捷性,本章以 SolidWorks 软件和 HyperMesh 软件为主建立仿真模型。以 CHN60 钢轨为例,在 SolidWorks 软件中创建的钢轨模型如图 3-1 所示,生成 STEP(产品模型数据交互规范)文件,将其导入 HyperMesh 软件中进行网格划分并设置材料参数,下面逐步说明建模步骤。

图 3-1 在 SolidWorks 软件中创建的钢轨模型

第 3 章 钢轨中超声导波的有限元仿真

3.1.1 几何体导入

打开 HyperMesh 软件，单击 File—Import—Model，在 Import 选项卡里选择 Import Geometry 图标，选择要加载的 STEP 文件后，单击 Import 即可将 STEP 文件载入 HyperMesh 软件。载入 STEP 文件示意如图 3-2 所示。

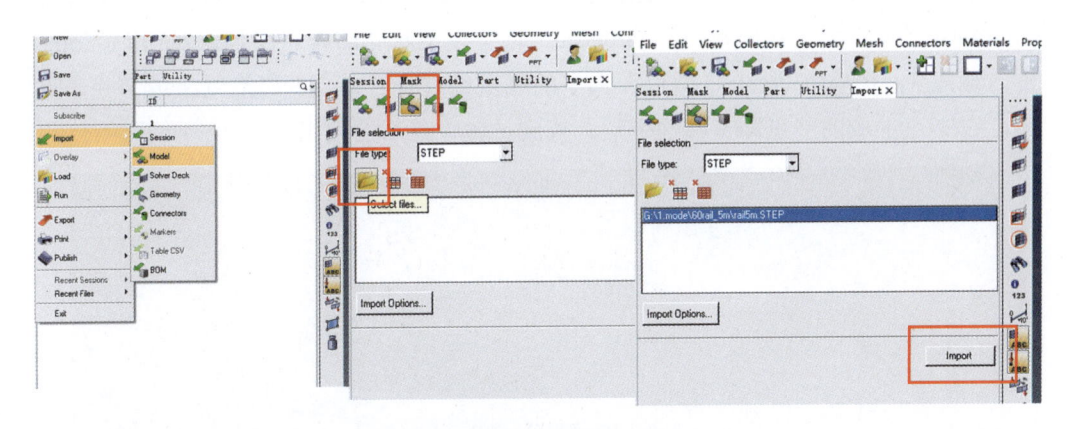

图 3-2　载入 STEP 文件示意

载入 STEP 文件后，按住"Ctrl+鼠标左键"可以旋转模型；按住"Ctrl+鼠标右键"可以平移模型；按住 Ctrl 并滚动鼠标滚轮可以缩放模型。模型加载完的示意如图 3-3 所示。从图 3-3 中可以看出，钢轨横截面水平方向为 x 轴，垂直方向为 y 轴，沿钢轨方向为 z 轴。

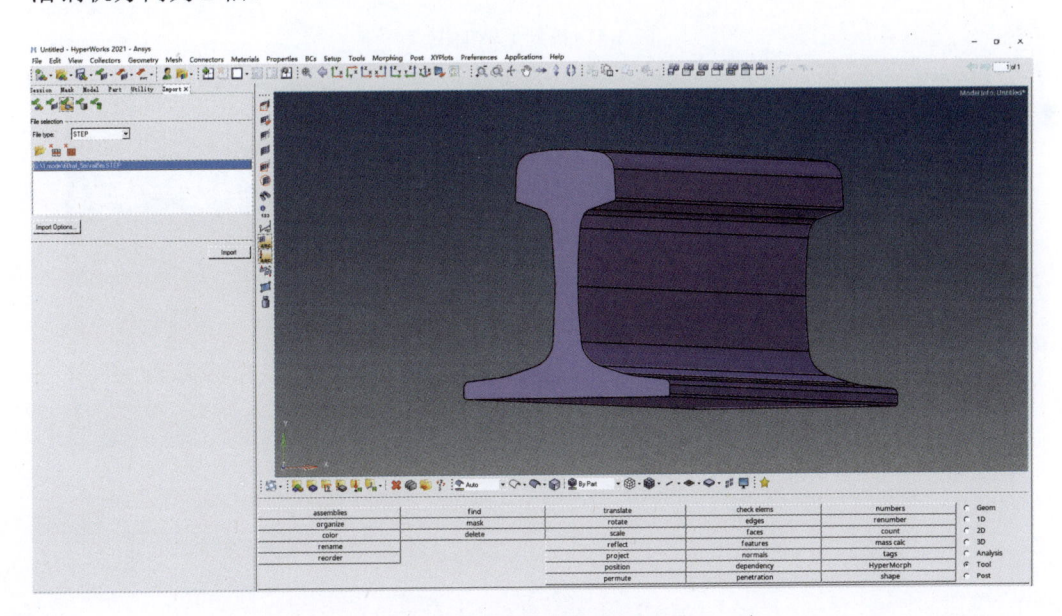

图 3-3　模型加载完的示意

3.1.2 拆分模型

由于实际的钢轨材质均匀、横截面形状对称，因此，把模型拆分为左右两个部分，拆分后通过镜像复制即可得到网格对称模型，使计算结果更精确。

首先需要找到 x 轴的中点（见图 3-4）。单击下方的 Geom 选项卡，选择 nodes。在 nodes 选项卡里单击 Extract Parametric，选中模型轨底的线。在 Number of u nodes 框内输入 3，再单击 create，即可在选中的线段的起点、中点和终点处生成节点，其中，在中点生成的节点即 x 轴的中点。找到 x 轴中点后的效果如图 3-5 所示。

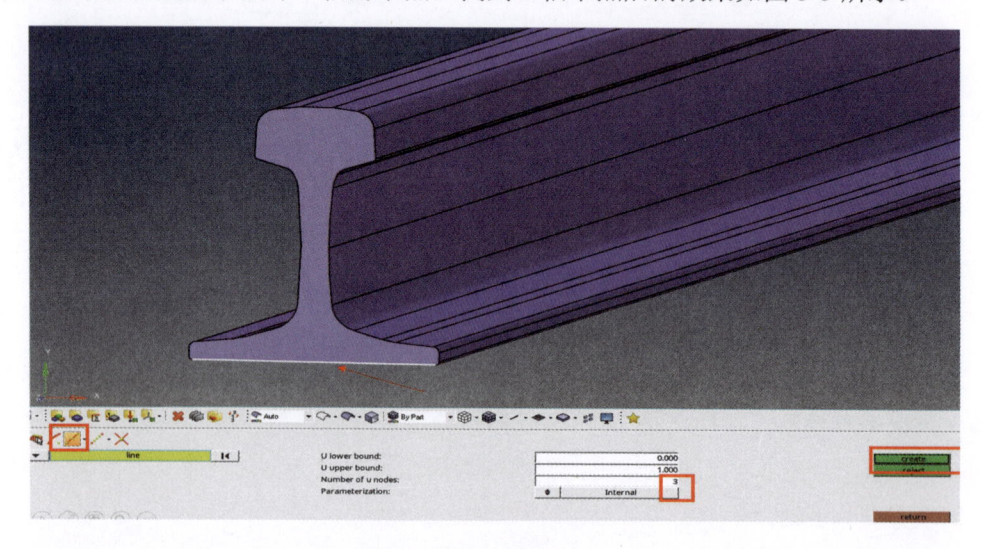

图 3-4 找到 x 轴的中点

图 3-5 找到 x 轴中点后的效果

第 3 章　钢轨中超声导波的有限元仿真

找到 x 轴的中点后，即可从该点处将模型拆分为左右两个部分。单击 Geom 选项卡中的 solid edit 选项，选择 trim with plane/surf 后，选中钢轨模型，单击左侧第 2 个下拉图标，在下拉选项中选择 x-axis 后，再单击刚才生成的中点，最后单击 trim 即可将模型分为左右两个部分。拆分模型的步骤如图 3-6 所示。

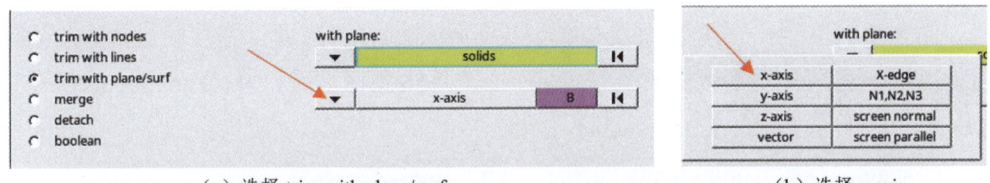

（a）选择 trim with plane/surf　　（b）选择 x-axis

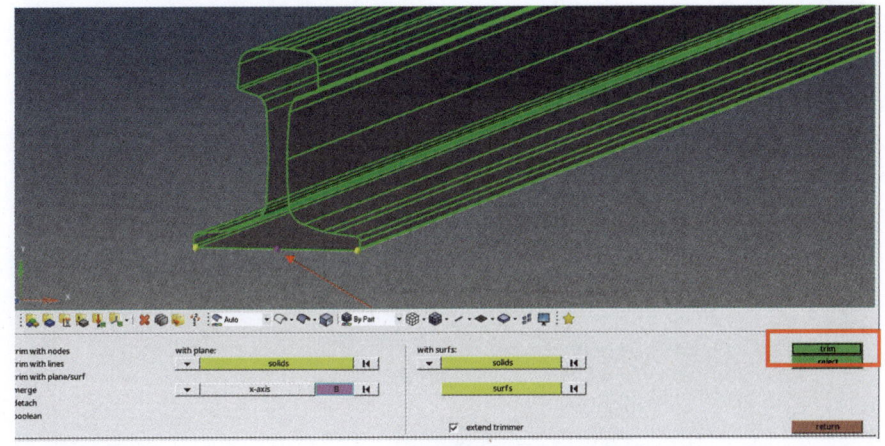

（c）单击 trim

图 3-6　拆分模型的步骤

拆分模型后的效果如图 3-7 所示。

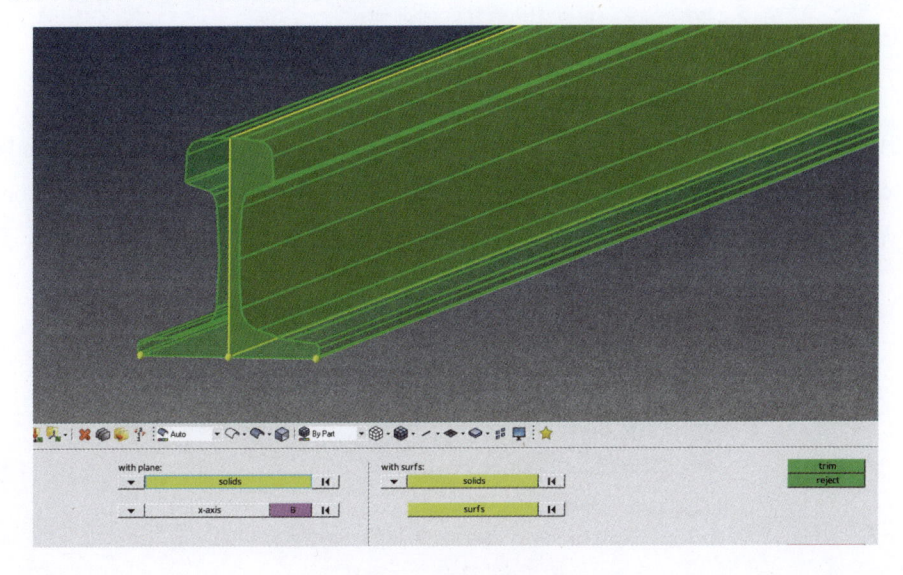

图 3-7　拆分模型后的效果

3.1.3 移动模型

在软件的 Model 选项卡中可以看见模型当前包含的内容。当前模型全部在一个 Components 中，单击模型前面的两个图标，可以显示或隐藏钢轨实体模型和网格模型。由于要对其中一部分钢轨实体模型进行网格划分，因此，需要将左右两个部分的钢轨实体模型分到不同的 Components 中。单击鼠标右键，从 Components 中选择 Create，即可创建新的 Components，如图 3-8（a）所示。如创建一个名为 right 的 Components，查看 Components 如图 3-8（b）所示。

（a）创建新的 Components

（b）查看 Components

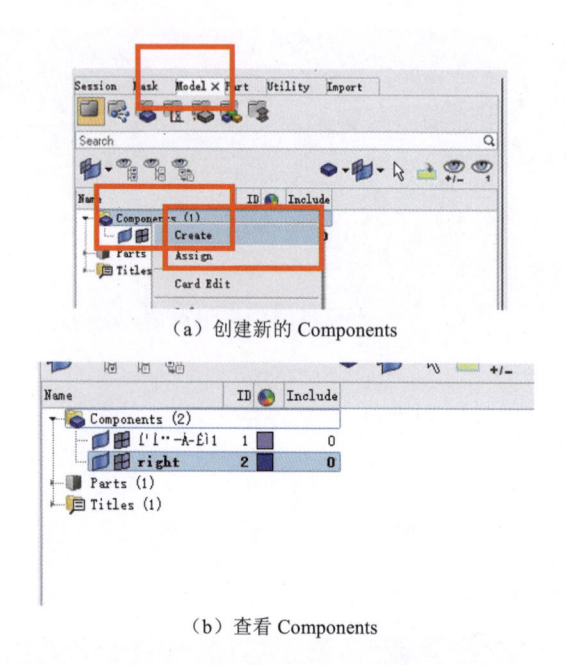

图 3-8　创建和查看 Components

接下来，将右半部分钢轨实体模型移动到新的 Components 中。单击 Organize 图标，选择 collectors 为 solids，选中要移动的右半部分钢轨实体模型，选择 dest component=right 后，单击 move 即可。移动方法示意、移动效果分别如图 3-9、图 3-10 所示。

（a）单击 Organize 图标

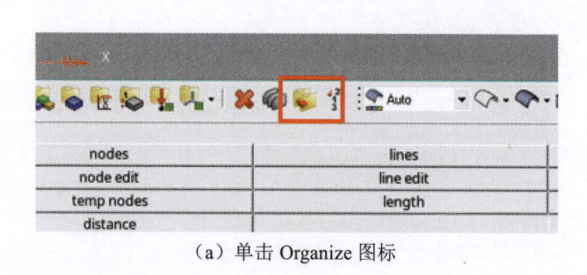

图 3-9　移动方法示意

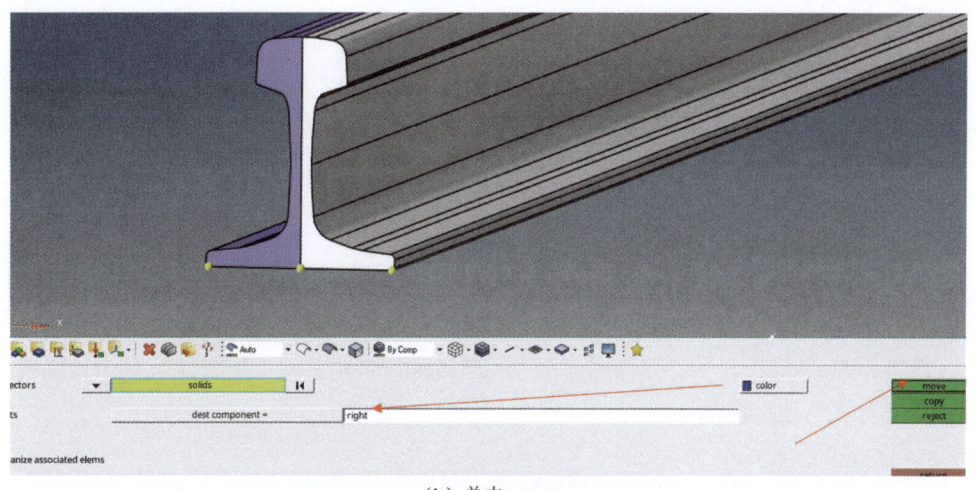

(b)单击 move

图 3-9 移动方法示意(续)

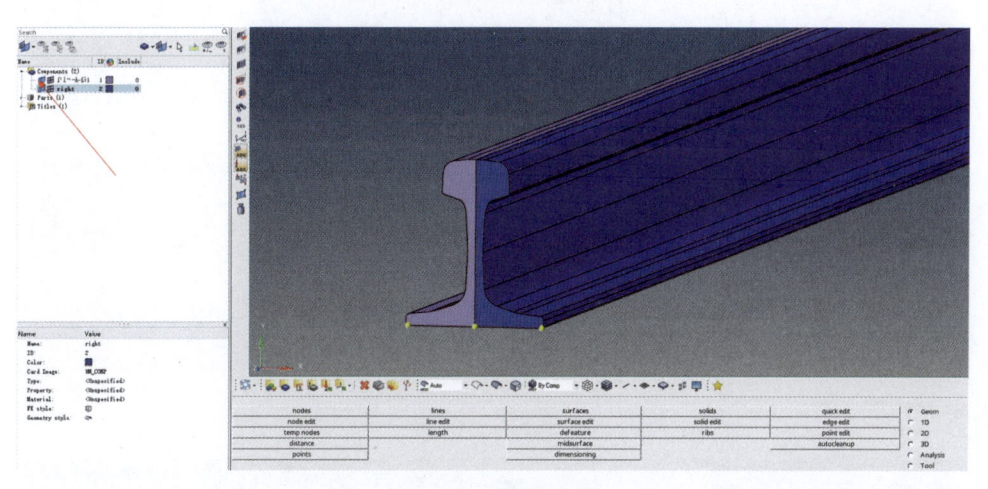

图 3-10 移动效果

当前已经将钢轨实体模型分为两个 Components,将其中一部分钢轨实体模型隐藏后,可对另一部分钢轨实体模型进行网格划分。

3.1.4 划分 2D 网格

由于钢轨实体模型沿 z 轴形状比较规则,可认为该模型为横截面拉伸模型,因此,在划分 2D 网格时也可以按照这个思路进行。首先划分 2D 网格(见图 3-11),之后将其沿纵向拉伸,使其成为体网格。单击 2D 选项卡,选择 automesh,该流程如图 3-11(a)所示。在 automesh 选项卡中,选择要划分的平面,即钢轨的半横截面。单击 mesh type 框左侧的倒三角,选择网格类型为 trias,即三角形单元。在 elements size=框内输入网格边长,该流程如图 3-11(b)所示。网格单元越小,对模型的描述越准确,计算结果精确度越高。减小网格的大小会增加网格的数量,降低计算效率。因此,应在保证计算结果精确度的同时,选用大小合适的网格,以保障计算效率。通常,网格大小应满足:

$$L_e \leqslant \frac{\lambda_{min}}{10} \qquad (3-1)$$

式中,L_e 为网格大小(mm);λ_{min} 为在钢轨中传播的超声导波的最小波长(mm)。

设置网格的边长、大小和类型后,单击 mesh 即可生成 2D 网格。划分 2D 网格后的效果如图 3-12 所示。

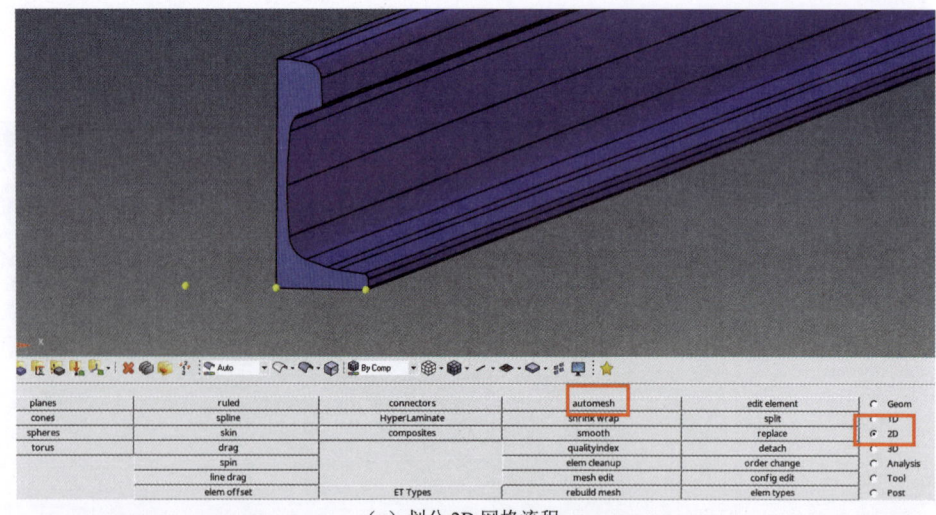

(a)划分 2D 网格流程一

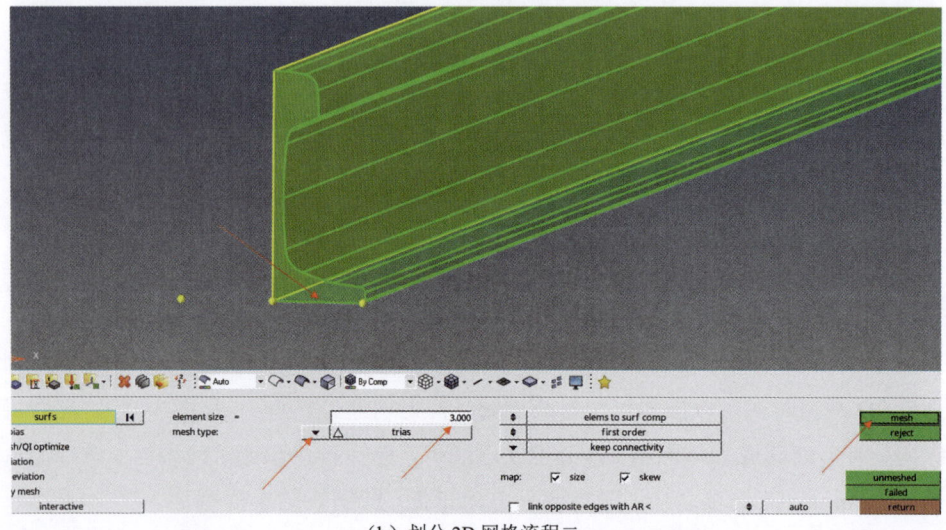

(b)划分 2D 网格流程二

图 3-11 划分 2D 网格示意

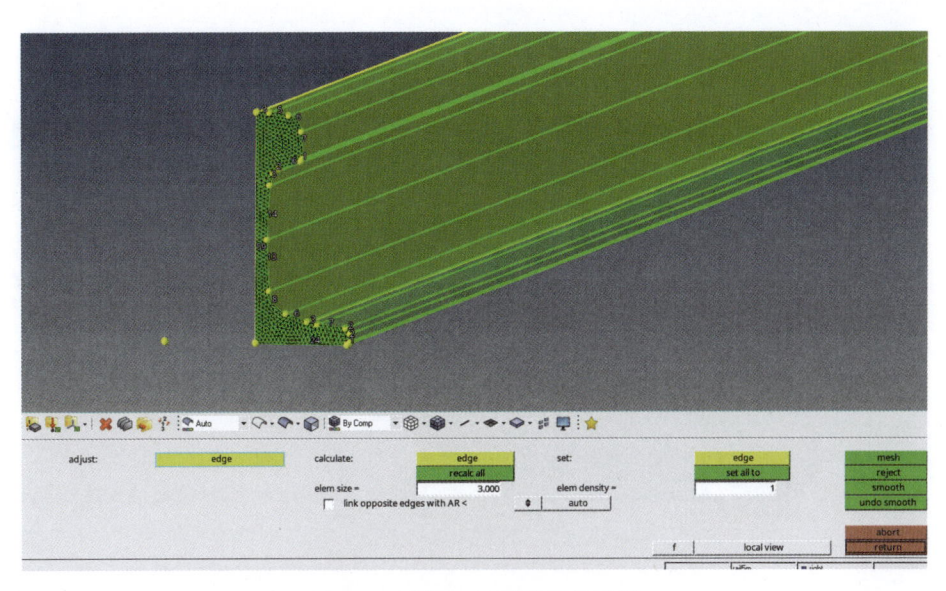

图 3-12 划分 2D 网格后的效果

3.1.5 拉伸 2D 网格生成 3D 网格

划分 2D 网格后，将 2D 网格沿径向拉伸即可生成 3D 网格。单击 3D 选项卡，选择 drag+，然后单击"Shift+鼠标左键"，选中刚才生成的 2D 网格，选择拉伸方向为 z 轴方向后，在 distance=框内输入拉伸长度，然后在下方的 on drag=框内输入需要拉伸的网格数量。例如，拉伸长度为 5000，如果要拉伸 5mm 的网格，则在 on drag=框内输入 1000；如果要拉伸 10mm 的网格，则在 on drag=框内输入 500。右侧的 drag+ 为沿选中的坐标轴（这里为 z 轴）正方向拉伸，drag- 为沿选中的坐标轴负方向拉伸。以沿选中的坐标轴正方向拉伸为例，单击 drag+ 后，即可完成拉伸 2D 网格的操作。拉伸 2D 网格示意如图 3-13 所示。

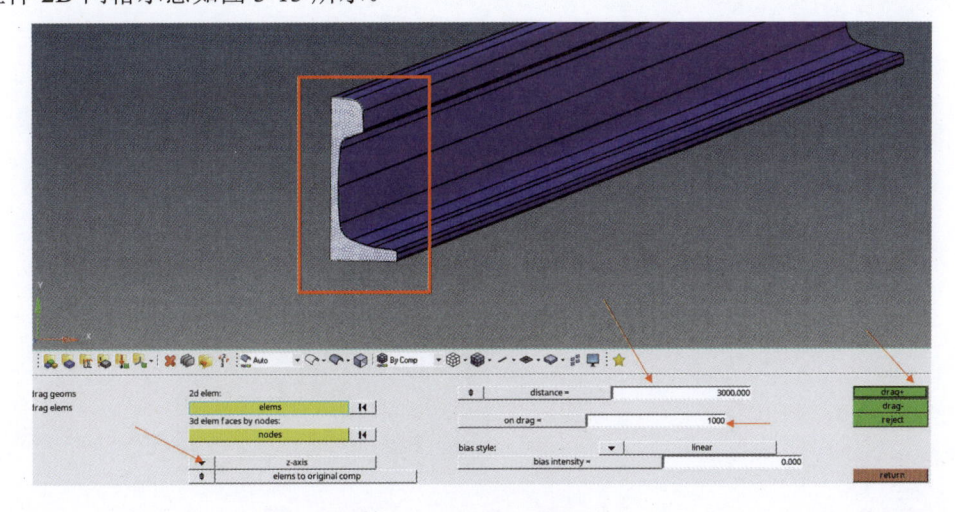

图 3-13 拉伸 2D 网格示意

拉伸 2D 网络后的效果如图 3-14 所示。

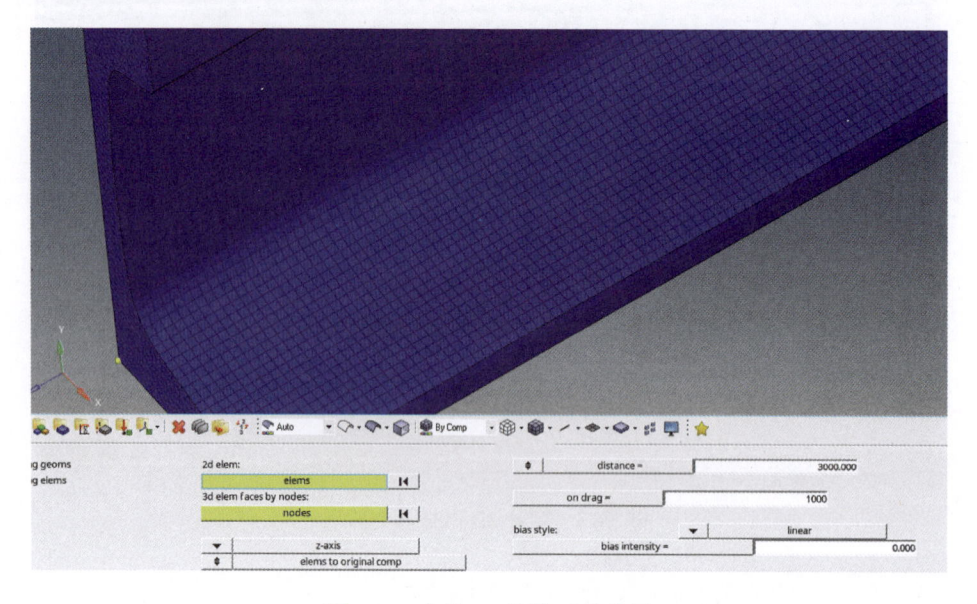

图 3-14　拉伸 2D 网格后的效果

3.1.6　删除 2D 网格

截至目前，模型中有两个 Components，其中一个 Components 中有一半钢轨实体模型，另一个 Components 中有另一半钢轨实体模型，以及对应的 2D 网格与 3D 网格。目标是对 3D 网格进行镜像复制以得到对称模型，所以需要删除 2D 网格。在 Mask 选项卡中，单击 3D 右侧的"-"可以隐藏 3D 网格，此时显示的只有 2D 网格。隐藏 3D 网格如图 3-15 所示。

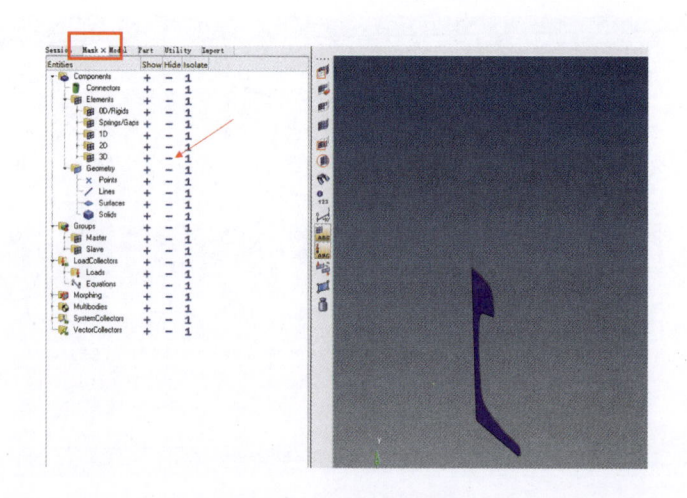

图 3-15　隐藏 3D 网格

单击 Tool 选项卡，选择 delete。然后单击"Shift+鼠标左键"，选中 2D 网格，再单击 delete entity 即可将 2D 网格删除。删除 2D 网格如图 3-16 所示。随后，单击上述 Mask 选项卡中 3D 右侧的"+"即可重新显示 3D 网格。

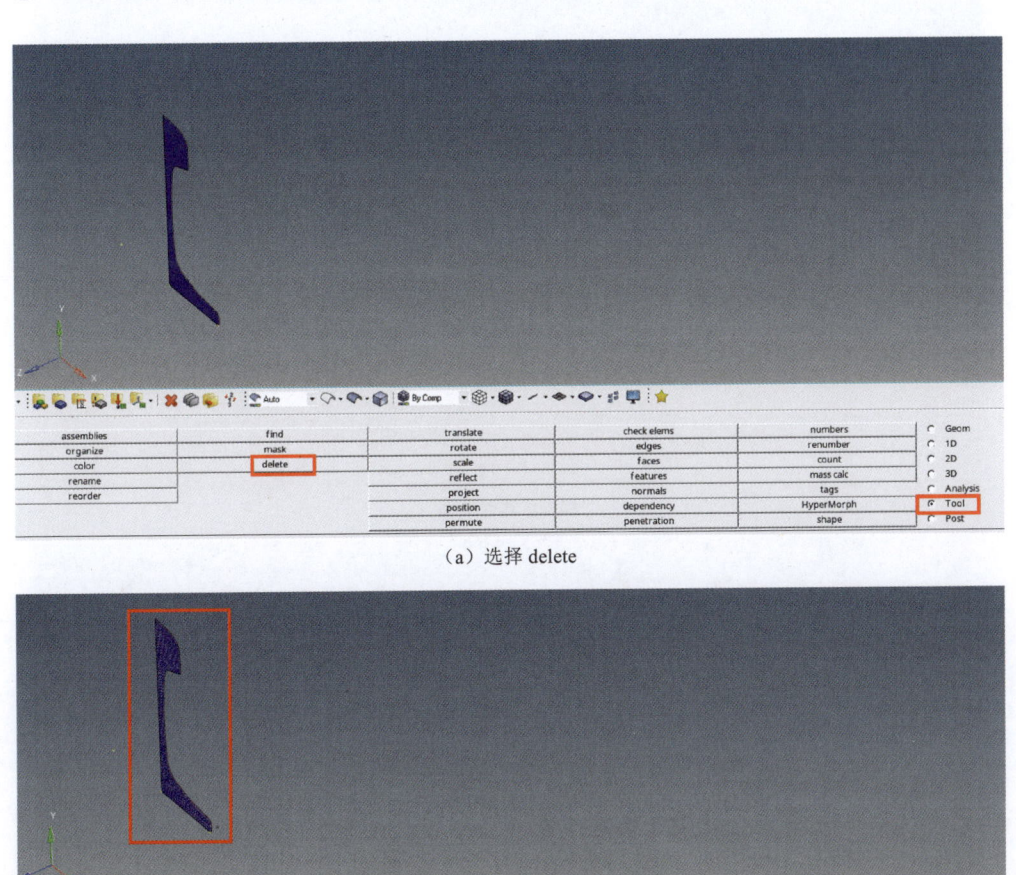

（a）选择 delete

（b）单击 delete entity

图 3-16　删除 2D 网格

3.1.7　镜像复制

通过上述步骤已经将 2D 网格删除，目前只存在 3D 网格，对此 3D 网格进行镜像复制后，可得到对称模型。镜像复制步骤如图 3-17 所示。单击 Tool 选项卡，选择 reflect，单击"Shift+鼠标左键"，选中整个模型；单击 elems，在弹出的选项框中选择 duplicate；在弹出的选项框中选择 current comp；单击界面中间的倒三角，选择

x-axis，对 3D 网格沿 x 轴进行镜像复制；单击中间的节点，再单击 reflect 即可完成镜像复制。

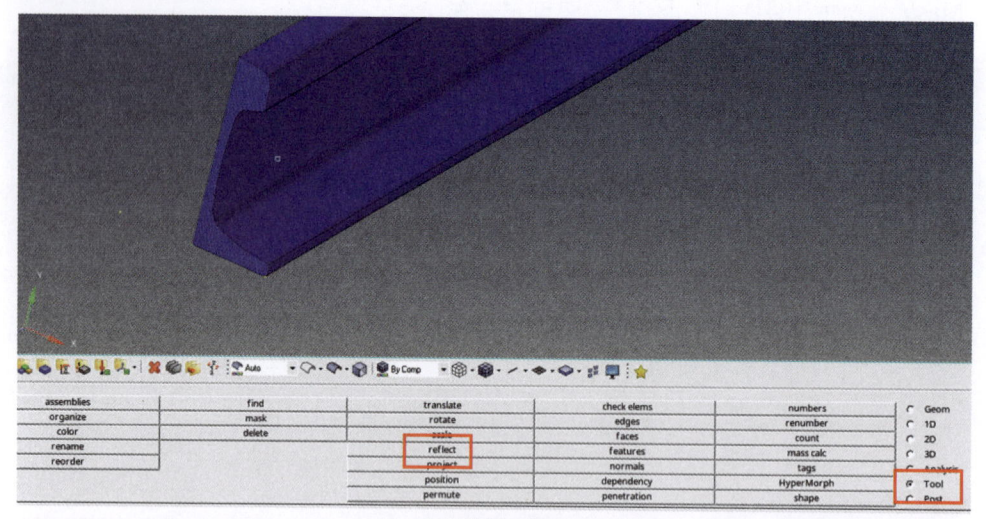

（a）选择 reflect

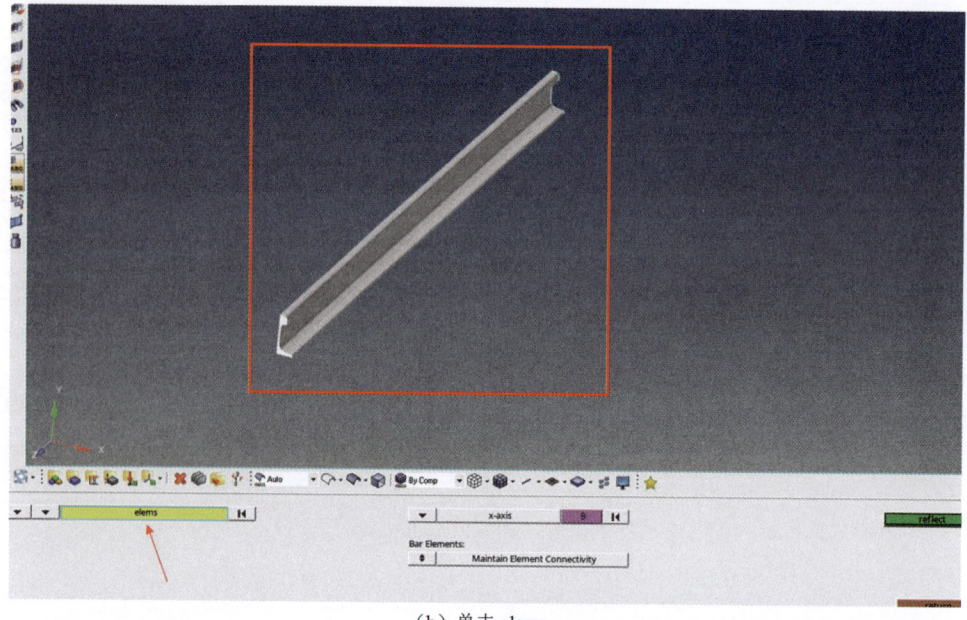

（b）单击 elems

（c）选择 duplicate

图 3-17　镜像复制步骤

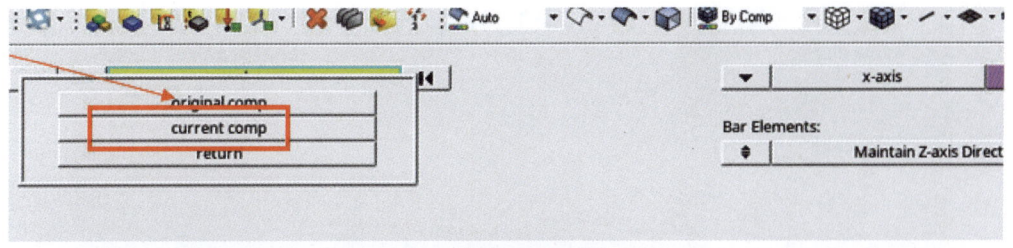

（d）选择 current comp

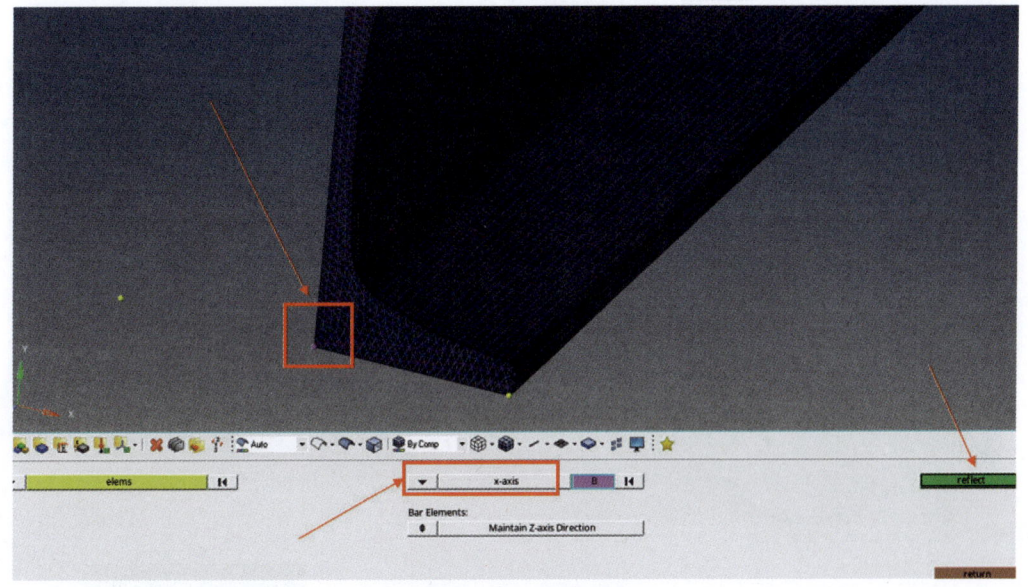

（e）选择 x-axis，单击 reflect

图 3-17　镜像复制步骤（续）

通过上述步骤已经生成了左右对称的钢轨网格模型，但是左右两个部分模型是独立的，需要将其组合在一起。左右两个部分模型的组合步骤如图 3-18 所示。单击 Tool 选项卡，选择 edges；单击"Shift+鼠标左键"，选中整个模型；单击 preview equiv 可以筛选节点间距小于 0.01mm（当前设置的 tolerance）的所有节点。筛选完成后，先单击 equivalence，再单击 find edges，即可将边缘都生成到一个单独的 Components 中，然后将这个单独的 Components 删除，即可将左右两部分模型组合在一起。

至此已经划分好钢轨网格模型。目前有两个 Components，其中一个 Components 有一半钢轨实体模型，另一个 Components 有另一半钢轨实体模型和完整的钢轨网格模型。为方便管理可以将钢轨网格模型移动到独立的 Components 中。按照 3.1.3 节所述，创建一个新的 Components，移动钢轨网格模型时选择 elems。单击"Shift+鼠标左键"，选中整个钢轨网格模型，单击 move，即可将钢轨网格模型移动到新创建的 Components 中。移动钢轨网格模型的步骤如图 3-19 所示。

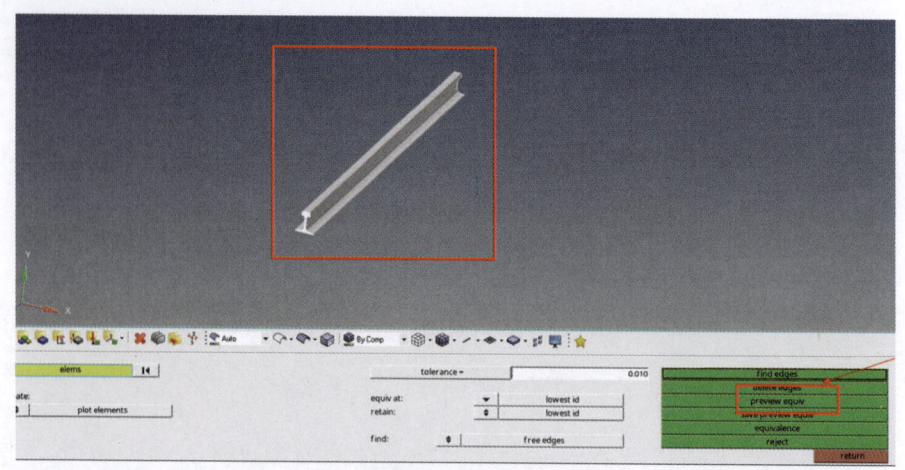

(a)单击 preview equiv

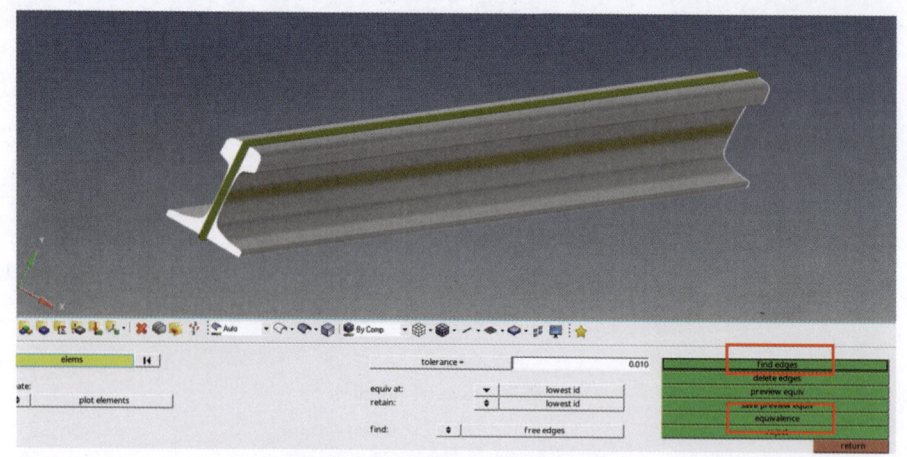

(b)先单击 equivalence,再单击 find edges

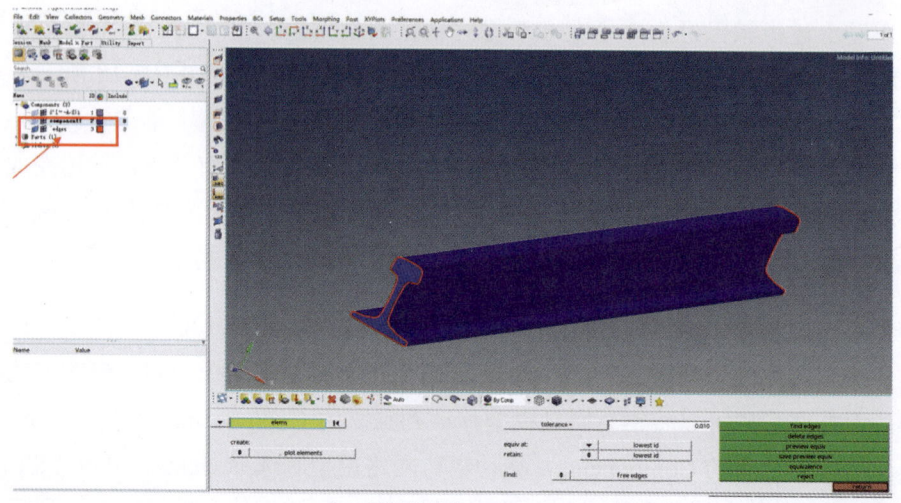

(c)删除单独的 Components

图 3-18　左右两个部分模型的组合步骤

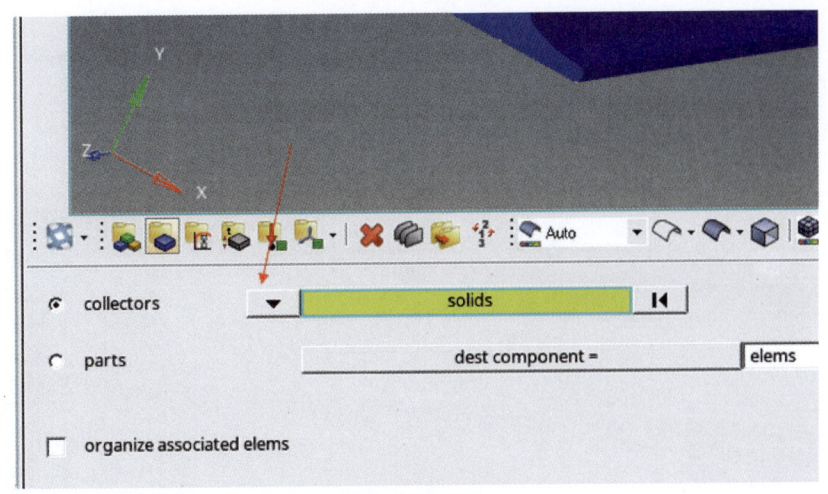

(a）单击 solids

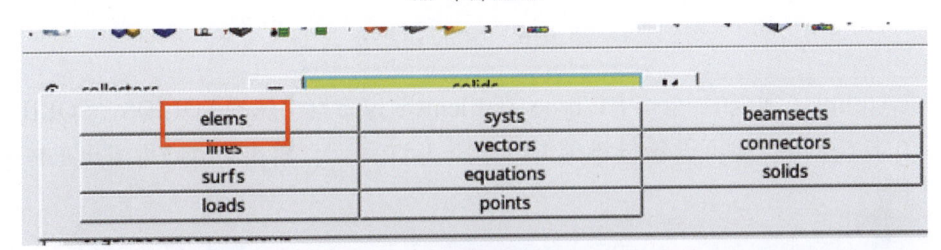

(b）选择 elems

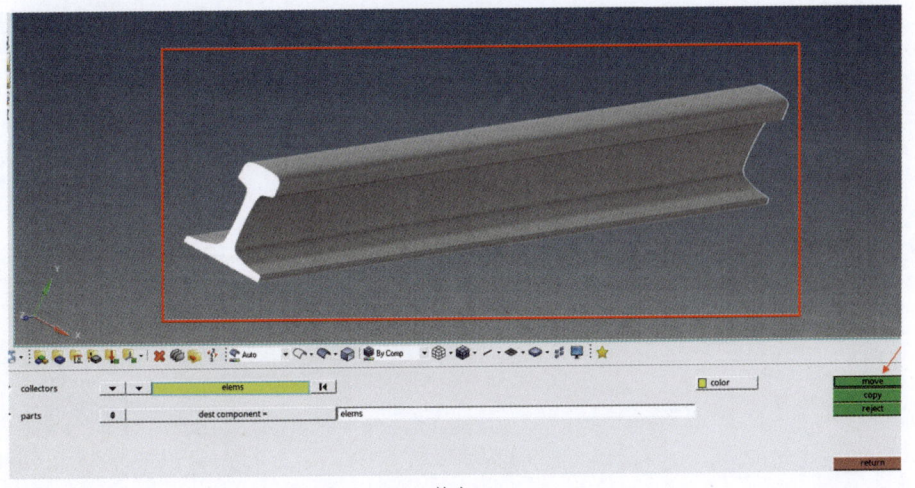

(c）单击 move

图 3-19　移动钢轨网格模型的步骤

3.1.8　设置材料参数

生成的钢轨网格模型需要添加材料参数。找到 Utility 选项卡，可以按 View—Browsers—HyperMesh—Utility 路径寻找，如图 3-20 所示。

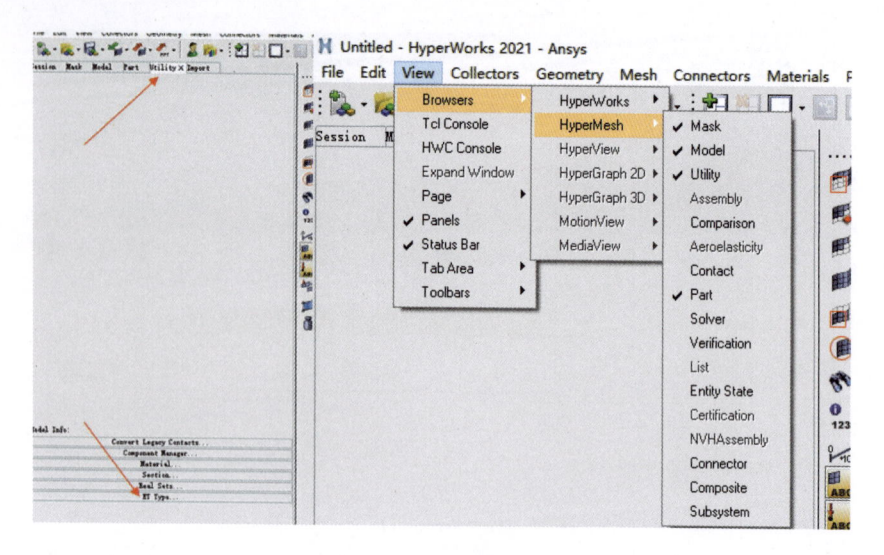

图 3-20 Utility 选项卡

在 Utility 选项卡中，单击 ET Type，在 Element type 框中选择 SOLIDS—SOLID45，然后单击 Create，即可设置材料类型，如图 3-21 所示。单击 Close 可退出 ET Type 选项卡。

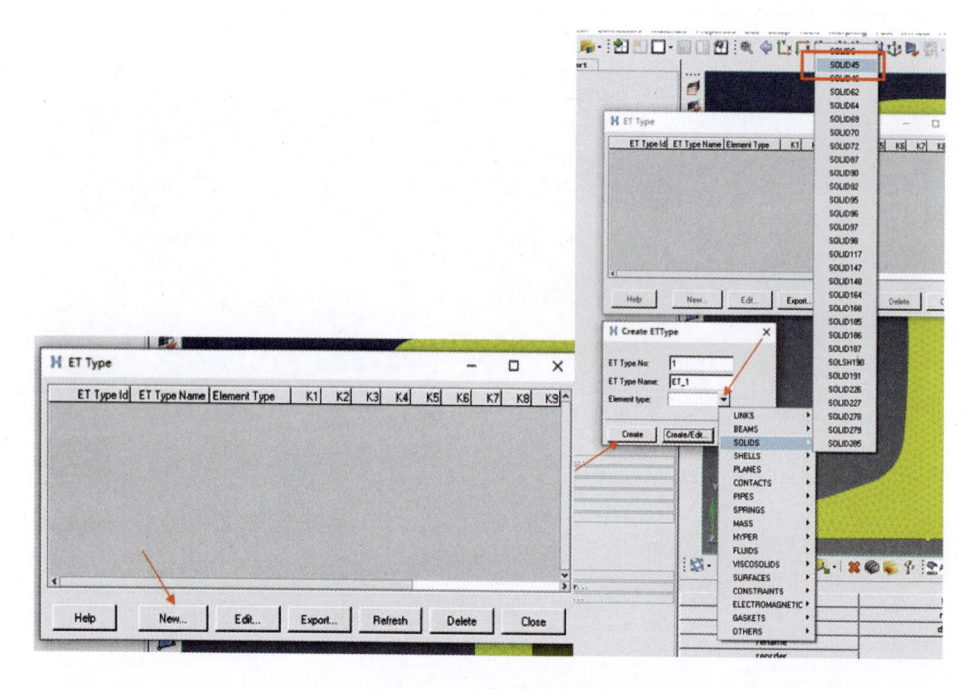

图 3-21 设置材料类型

接下来设置材料参数，如图 3-22 所示。在 Utility 选项卡中单击 Material，再单击 New 新建材料参数。由于钢轨为各向同性，因此，在弹出的界面中选择 Material type 为 MP，在 Number of temp 框中输入 1，然后在 Material Prop 下分别找到 EX（弹性模量)、NUXY(泊松比)、DENS(密度)并输入参数值。完成后单击 Create,即可设置材料参数。钢轨参数如表 3-1 所示。

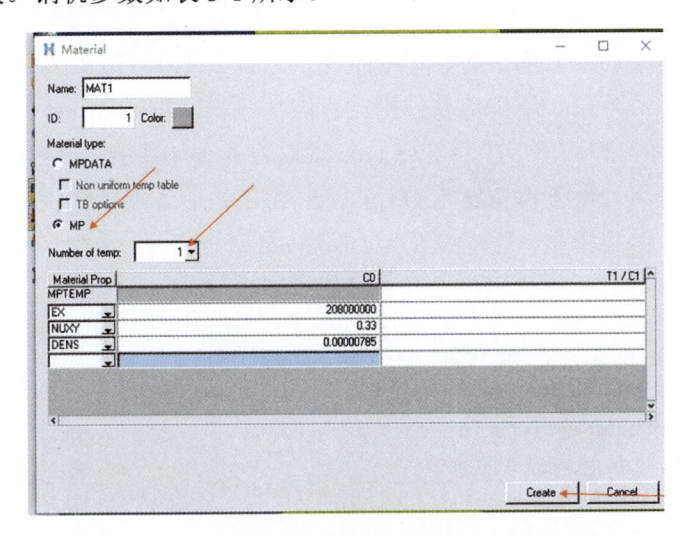

图 3-22　设置材料参数

表 3-1　钢轨参数

型　号	弹性模量 E/kPa	泊松比 ν	密度 ρ/(kg/mm^3)
CHN60	208000000	0.33	0.00000785

单击 Components 下的 elems 选项,在下方的详情栏中添加属性,如图 3-23 所示。

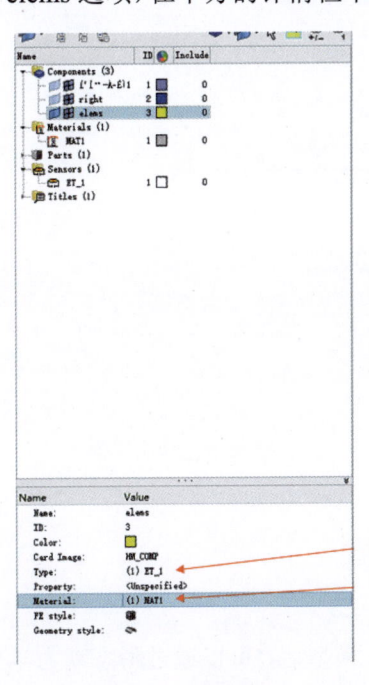

图 3-23　添加属性

3.1.9　导出模型

通过上述步骤已经完成了 HyperMesh 中的大部分工作，将模型导出并存储在.cdb 格式的文件中后，即可在 ANSYS 软件中进行仿真。单击 File—Export 后，再单击 Solver Deck 图标，在弹出的选项卡中将 File type 设置为 Ansys，可以在下面的 File 中更改文件地址和文件名。选择 Export 为 Displayed（由于之前隐藏了钢轨实体模型，因此，显示的只有钢轨网格模型，这里设置为 Displayed 可以只导出钢轨网格模型）。最后，单击 Export 即可生成.cdb 格式的文件。导出模型如图 3-24 所示。

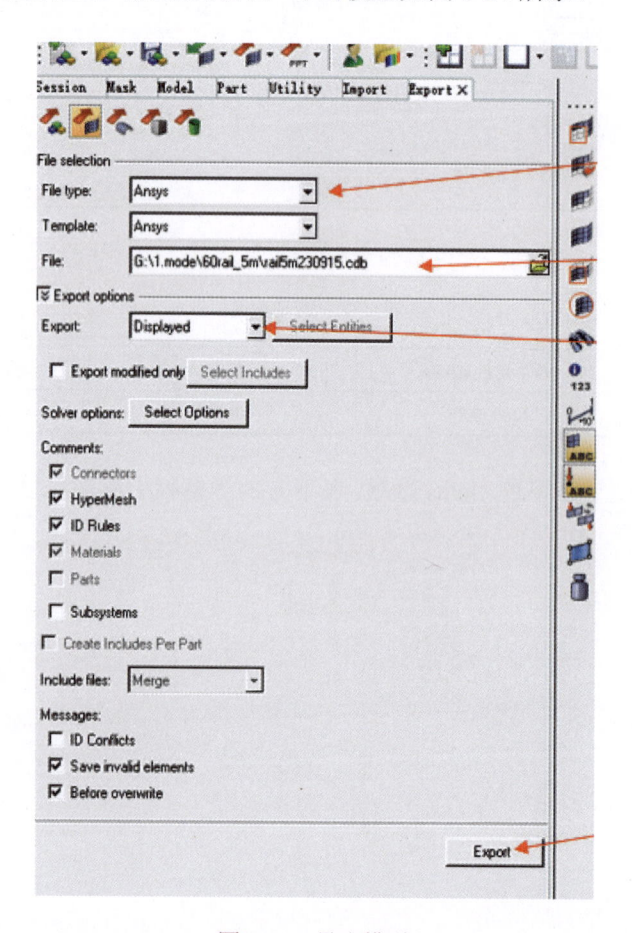

图 3-24　导出模型

3.2　有限元仿真

在 ANSYS 软件中导入模型后，可以通过瞬态动力学分析模块进行仿真计算。具体步骤：单击 File—Read Input from…，选择要导入的模型，然后单击 OK，即可将

第 3 章 钢轨中超声导波的有限元仿真

模型导入 ANSYS 软件中。导入模型如图 3-25 所示。

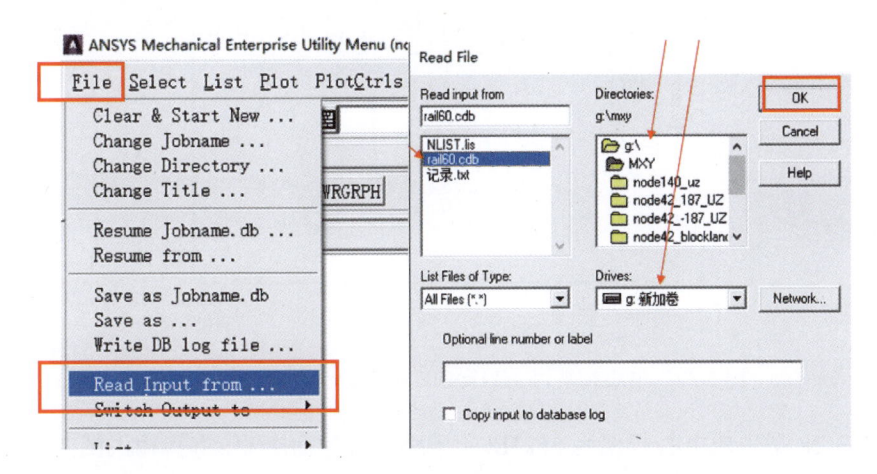

图 3-25 导入模型

导入模型后即可进行瞬态仿真,通过瞬态动力学分析模块,可以计算在任意载荷作用下,随时间变化的位移、力等物理量。单击 Solution—Analysis Type—New Analysis,在弹出的选项卡中选择 Transient;单击 OK,选择 Full;再单击 OK,即可完成设置。设置瞬态仿真如图 3-26 所示。

(a) 选择 New Analysis　　(b) 选择 Transient 和 Full

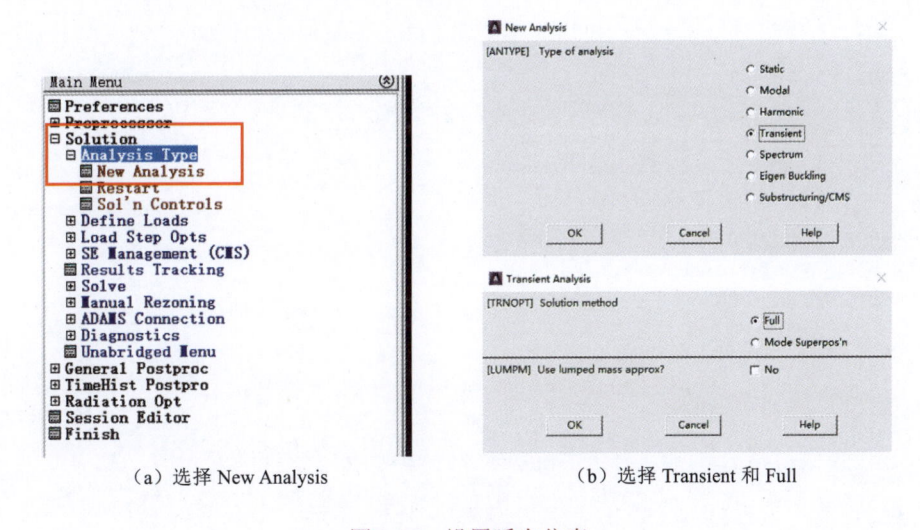

图 3-26 设置瞬态仿真

设置瞬态仿真后,还需要设置激励信号。以中心频率为 35kHz 的 5 周期经汉宁窗调制的正弦波(如图 3-27 所示)为例,该信号主瓣高,旁瓣衰减快,能量集中在中心频率附近,在信号识别中频率敏感度高。这种窄带激励既可以提高激励信号强度,又可以增大超声导波的传播距离。此外,使用命令流可以快速生成激励信号。

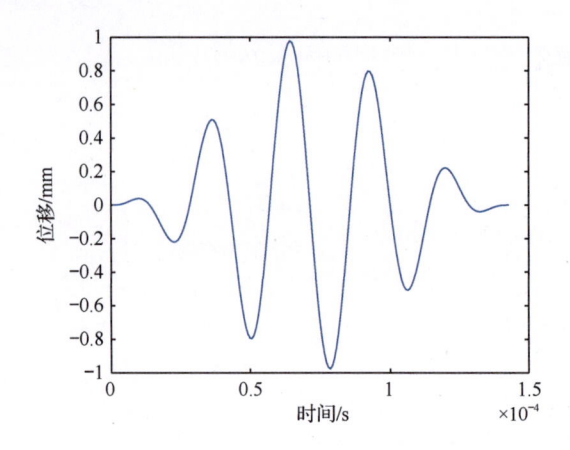

图 3-27 中心频率为 35kHz 的 5 周期经汉宁窗调制的正弦波

图 3-28 是生成中心频率为 35kHz 的激励信号的命令流,将其输入图 3-29 所示的 ANSYS 命令框中即可生成激励信号。其中,如果要生成其他中心频率的激励信号,则将第二行 f 后面的 35000 改成相应的中心频率即可。

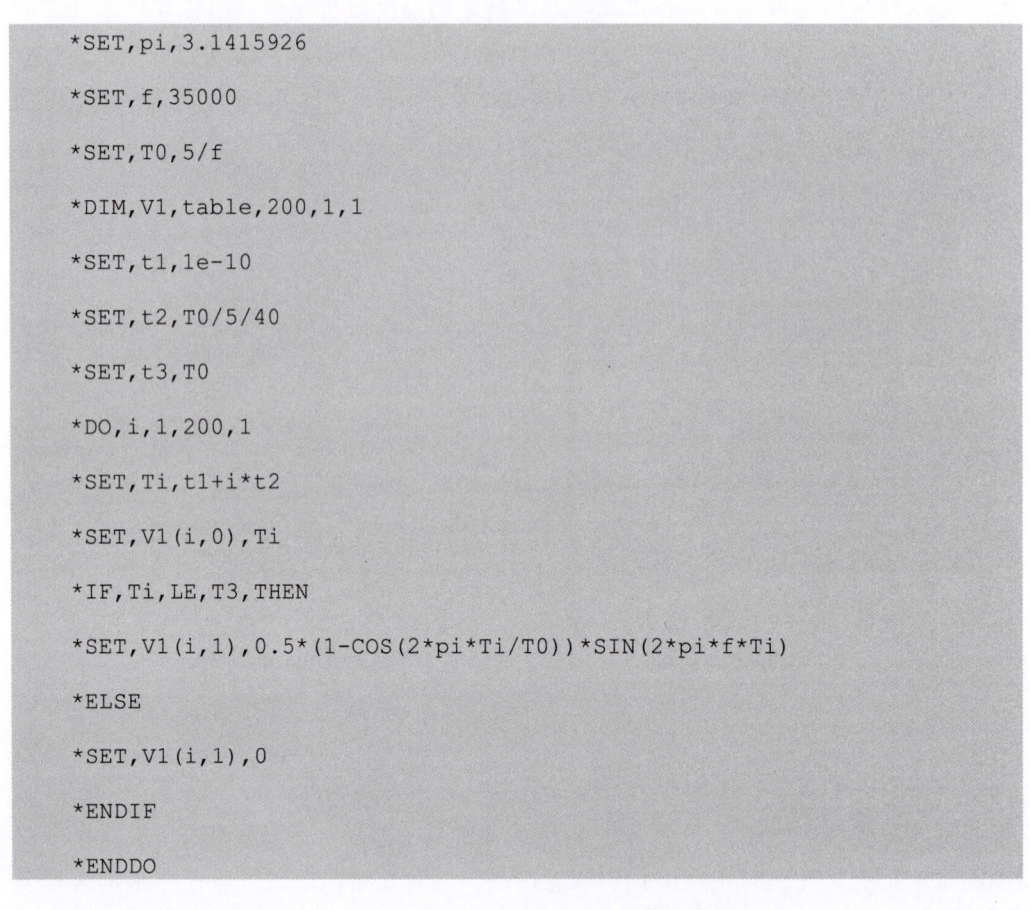

```
*SET,pi,3.1415926
*SET,f,35000
*SET,T0,5/f
*DIM,V1,table,200,1,1
*SET,t1,1e-10
*SET,t2,T0/5/40
*SET,t3,T0
*DO,i,1,200,1
*SET,Ti,t1+i*t2
*SET,V1(i,0),Ti
*IF,Ti,LE,T3,THEN
*SET,V1(i,1),0.5*(1-COS(2*pi*Ti/T0))*SIN(2*pi*f*Ti)
*ELSE
*SET,V1(i,1),0
*ENDIF
*ENDDO
```

图 3-28 生成中心频率为 35kHz 的激励信号的命令流

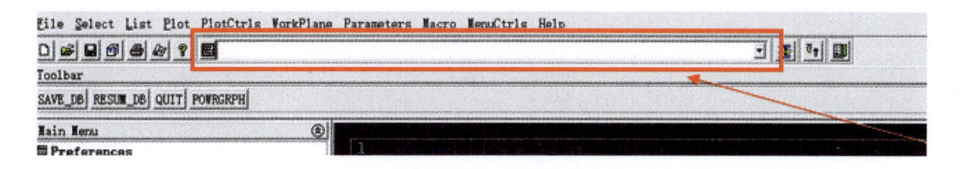

图 3-29 ANSYS 命令框

施加激励的位置和方向不同,可激发的超声导波模态也不相同。单击 Solution—Define Loads—Apply 进入激励点设置模块,单击 Structural—Displacement—On Nodes 选择激励点,输入激励点号后,选择激励方向和激励信号,即可完成施加激励设置,如图 3-30 所示。

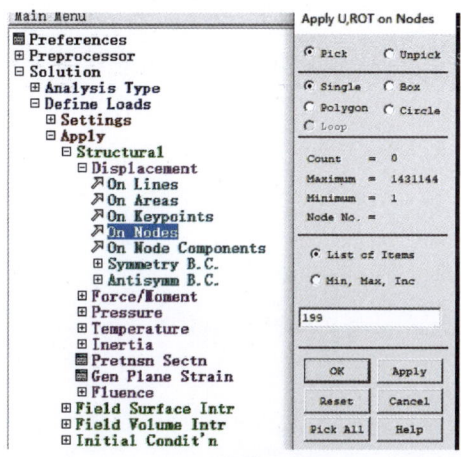

(a)选择激励点

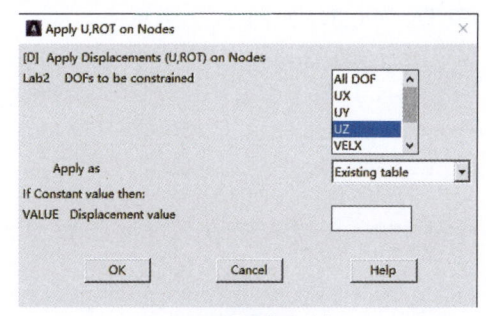

(b)选择激励方向 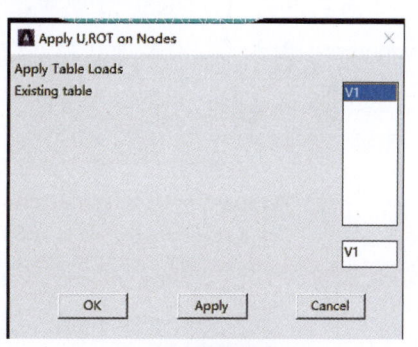　　　　　　　　(c)选择激励信号

图 3-30 施加激励设置

根据钢轨模型长度、超声导波的群速度,可粗略估计超声导波在钢轨中的传播时间,由传播时间可计算时间步长。时间步长越小,计算结果精确度越高。在运算时间一定的情况下,软件求解所耗时长与时间步长成反比,因此,应设置适当的时间步长。通常,对于最高传播频率 $f_{\max}$,积分时间步长 Δt 的取值为

$$\Delta t = \frac{1}{20 f_{\max}} \tag{3-2}$$

式中，$f_{\max}$ 为最高传播频率（Hz）；Δt 为积分时间步长，即仿真步长间隔（s）。

在计算超声导波在钢轨中的振动响应的过程中，通常涉及根据激励信号的中心频率计算时间步长。当中心频率为 35kHz 时，$\Delta t \approx 1.4\mu s$。单击 Solution—Analysis Type—Sol'n Controls，在弹出选项卡中的 Time Control 栏可以设置总仿真时间和单位时间步长，如图 3-31 所示。在右侧的 User selected 下拉列表中，选择 Nodal DOF Solution。在 Frequency 下拉列表中，选择 Write every substep。

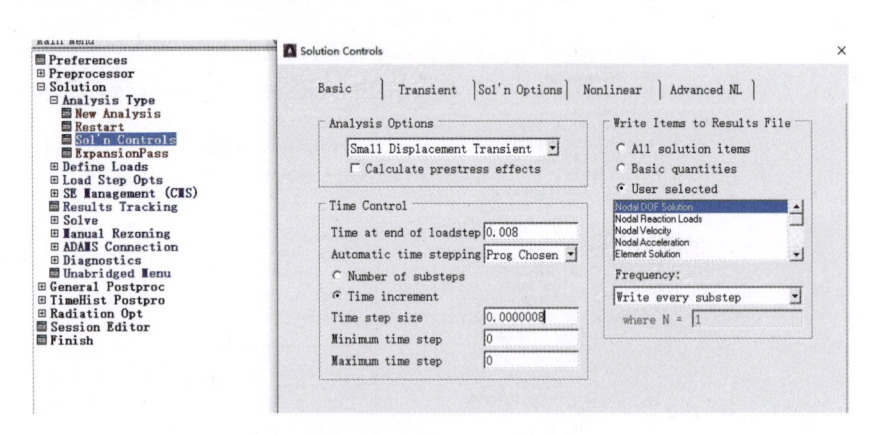

图 3-31 设置总仿真时间和单位时间步长

之后切换到 Transient 选项卡，选择 Ramped loading，在右侧选择 Integration parameters，输入 ALPHA 为 0.25，输入 DELTA 为 0.5，如图 3-32 所示。

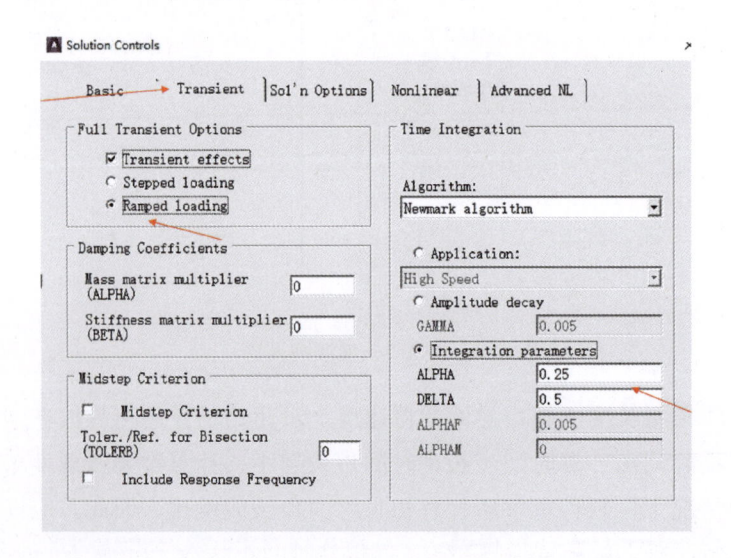

图 3-32 设置仿真参数

至此，仿真前的设置完成，如果需要更改相关参数，则可在 Sol'n Controls 的 Transient 中更改。相关参数设置完成后单击 Solve—Current LS，即可开始仿真计算。

3.3　数据后处理

仿真计算完成后，可使用 ANSYS 软件的后处理模块查看仿真结果。后处理模块分为 POST1（通用后处理器）模块和 POST26（时间历程后处理器）模块两个部分。通过 POST1 模块可以查看整个模型在特定时间点的结果；通过 POST26 模块可以查看指定节点相对于时间或者频率的变化。应用不同的后处理模块可以进行不同的分析。

在 POST1 模块中，可以通过设定时刻查看该时刻的仿真结果，也可以通过不同类型的图，如等值线图、矢量图、云图等，来直观地展示仿真结果。POST1 模块支持仿真结果的动画展示，通过时间切换可以观察模型在不同时间点的响应情况；可以将后处理结果导出为图像或者数据等，以便进一步分析。例如，单击 General Postproc—Plot Results—Contour Plot—Nodal Solu，并选择物理量类型和方向后，即可查看当前时刻的仿真结果云图，如图 3-33 所示。

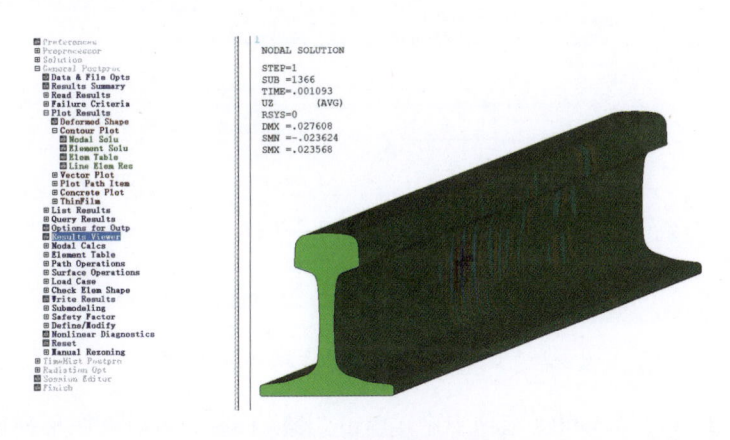

图 3-33　仿真结果云图

POST26 模块可用于查看模型中指定节点的分析结果随时间、频率等的变化关系。它可以完成从简单的图形和列表到复杂的微分与响应频率的生成等操作。其大部分操作都是针对变量进行的，定义变量的过程就是建立一个变量和结果数据的关系。这些结果数据可以是某节点的位移，以及该节点处的力、单元应力等。因此，要想在 POST26 模块中查看结果，第一步是定义所需的变量，第二步是存储变量。在 ANSYS 软件中选择 TimeHist Postproc，在 Time History Variables 选项卡（见图 3-34）中可以完成对变量的定义、存储、计算和显示等操作。

在 Time History Variables 选项卡中，单击左上角的"十"图标，打开 Add Time-History Variable 选项卡，可添加要查看的节点数据，并选择 DOF Solution 方向，如图 3-35 所示。

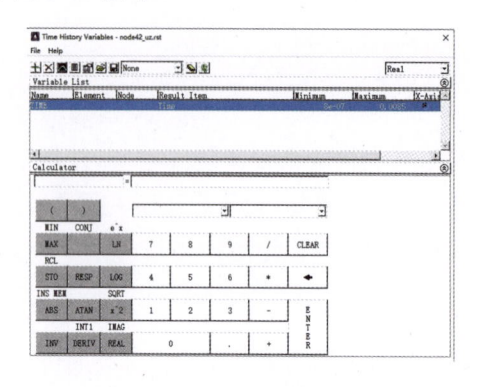

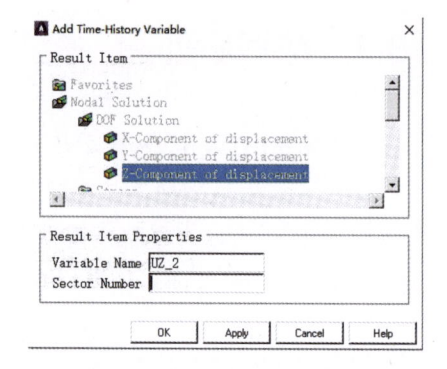

图 3-34　Time History Variables 选项卡　　　图 3-35　Add Time-History Variable 选项卡

输入要查看的节点号后，即可生成在该节点处随时间变化的变量。如图 3-36 所示，生成了在节点 54242 处沿 z 轴方向的数据。

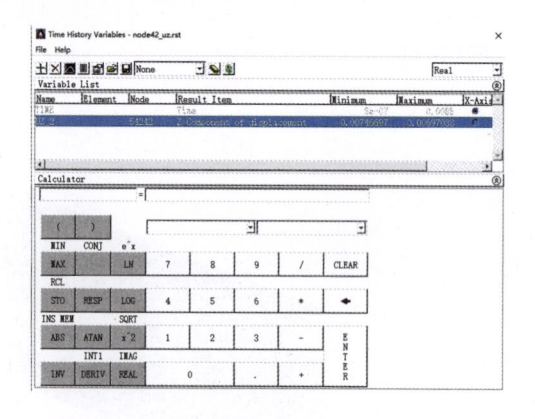

图 3-36　在节点 54242 处沿 z 轴方向的数量

在 Time History Variables 选项卡中，单击"▨"图标，可以在图形视窗中显示变量曲线，如图 3-37 所示。单击"▣"图标保存数据，方便进行后续分析。

如需批量提取节点数据，还可以用命令流的方式。下面给出了用命令流批量提取节点数据的代码，如图 3-38 所示。总节点数量 NUMVAR 最大为 200，即下方的 NSOL 最多从 2 到 200，其中，1 为默认时间序列，无法更改，即一次最多可以提取 199 个节点数据。例如，提取 5 个节点数据，编号为 2～6，编号后面的数字是节点号，再后面的符号表示提取方向。此命令流为提取节点号为 11～15 的 5 个节点沿 x 轴方向的位移数据。将最后得到的数据保存至 UX_data_1.csv 文件。

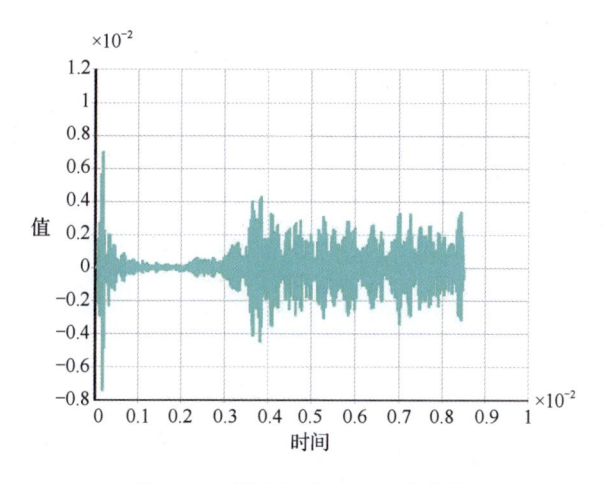

图 3-37 图形视窗显示变量曲线

```
! gtjs000mm-gtjs950mm
/POST26
NUMVAR,190
FILE,'commandflow_debug','rst','.'
!---------------------------
*get,N_set,active,0,set,nset
NSOL , 2  , 11 , U , x ,    js  2.000  m  2000  2.000
NSOL , 3  , 12 , U , x ,    js  2.003  m  2003  2.003
NSOL , 4  , 13 , U , x ,    js  2.006  m  2006  2.006
NSOL , 5  , 14 , U , x ,    js  2.009  m  2009  2.009
NSOL , 6  , 15 , U , x ,    js  2.012  m  2012  2.012
! --------------------------------------------
! Save time history variables to file:UX_data_1.csv
! --------------------------------------------
*CREATE,scratch,gui
*DEL,_P26_EXPORT
*DIM,_P26_EXPORT,TABLE,N_set,9
VGET,_P26_EXPORT(1,0),1
VGET,_P26_EXPORT(1,1),2
VGET,_P26_EXPORT(1,2),3
```

图 3-38 用命令流批量提取节点数据的代码

```
    VGET,_P26_EXPORT(1,3),4

    VGET,_P26_EXPORT(1,4),5

    VGET,_P26_EXPORT(1,5),6

    /OUTPUT,'UX_data_1','csv','.'

    *VWRITE,'TIME','js    2.000   m','js    2.003   m','js    2.006   m','js
 2.009   m','js    2.012   m','js    2.015   m','js    2.018   m','js    2.021
 m','js    2.024   m'

    %C, %C, %C, %C, %C, %C, %C

    *VWRITE,_P26_EXPORT(1,0),_P26_EXPORT(1,1),_P26_EXPORT(1,2),_P26_EX
PORT(1,3),_P26_EXPORT(1,4),_P26_EXPORT(1,5),_P26_EXPORT(1,6),

    %G, %G, %G, %G, %G, %G, %G

    /OUTPUT,TERM

    *END

    /INPUT,scratch,gui
```

图 3-38　用命令流批量提取节点数据的代码（续）

查看某一横截面特定仿真步数的振型图也可以使用 POST1 模块和 POST26 模块。若要观察某一位置横截面在某一仿真步长时刻的振型图，可以使用 POST1 模块。若要观察某一位置横截面振型图随仿真步数的整个变化过程，可以使用 POST26 模块。下面分别对这两种提取横截面振型图的方法举例进行介绍。

通过 POST1 模块提取横截面振型图时，首先要确定一个或多个横截面，这里选择间隔 0.3m 的两个相邻的横截面，根据 ANSYS 仿真结果，绘制节点位移随仿真步数变化的波形，如图 3-39 所示。图 3-39 中，两个峰值点代表两个最大位移。

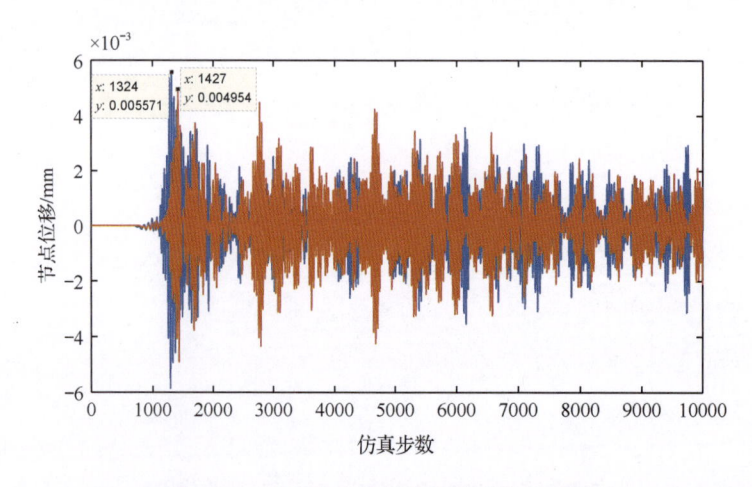

图 3-39　节点位移随仿真步数变化的波形

其次,查看对应的仿真步数 Ns1、Ns2;找出所有与激励点处于同一水平位置的不同横截面的点;使用如图 3-40 所示的 MATLAB 脚本文件,将结果保存在 get212_nodelist.mat 文件中。

```
%%
%找不同横截面所有的点
%通过nodelist文件找采集点
clc
clear
load('nodelist.mat');
[Na2,pa2]=size(node);
%激励点为212号节点
MotivationPoint=212;
LineOfMotivationPoint=find(node(:,1)==MotivationPoint);
j=1;
for i=1:Na2
if(node(i,2)  ==  node(LineOfMotivationPoint,2)&&node(i,3)  ==  node(LineOfMotivationPoint,3))
get_node(j,1)=node(i,1);
get_node(j,2)=node(i,4);
fprintf('生成节点', j);
j=j+1;
end
end
[Na3,pa3]=size(get_node);
save('get212_nodelist.mat','get_node');    %所有相关节点号保存在 get212_nodelist.mat 文件中
```

图 3-40　MATLAB 脚本文件

通过查找 get212_nodelist.mat 文件,可以获得横截面 1 和横截面 2 中与激励点处于同一水平位置的有限元节点号 Nn1、Nn2;再将 Nn1、Nn2 分别输入 MATLAB 脚本文件的 MotivationPoint 变量中(如图 3-41 所示),就可以获取横截面 1 和横截面 2 中所有有限元节点的索引号。

```
%%
%找某一节点对应横截面的所有节点
clc
clear
load('nodelist.mat');
[Na2,pa2]=size(node);
%激励点为Nn1、Nn2号节点
MotivationPoint=525759;   %分别输入Nn1和Nn2号节点的索引号
LineOfMotivationPoint=find(node(:,4)==node(MotivationPoint,4));
j=1;
for i=1:Na2
    if(node(i,4) == node(LineOfMotivationPoint,4))
        get_node(j,1)=node(i,1);
        get_node(j,2)=node(i,2);
        get_node(j,3)=node(i,3);
        get_node(j,4)=node(i,4);
        fprintf('生成节点', j);
        j=j+1;
    end
end
```

图 3-41　将 Nn1、Nn2 分别输入 MATLAB 脚本文件的 MotivationPoint 变量中

再次，操作 ANSYS 软件，分别依次单击主菜单的 General Postproc、Read Results、By Load Step，在弹出的窗口中，更改 LSTEP Load step number 的值。POST1 提取横截面计算结果的步骤如图 3-42 所示，输入步数，提取所有有限元节点的计算结果，将结果保存在 .lis 格式的文件中。

最后，根据上述横截面 1 和横截面 2 中所有有限元节点的索引号，提取对应节点号的计算结果，保存为"节点号 x 轴、y 轴和 z 轴方向位移数据"的格式，在 MATLAB 中运行脚本（如图 3-43 所示），绘制横截面振型图。横截面 1 第 $Ns1$ 步的振型图和横截面 2 第 $Ns2$ 步的振型图分别如图 3-44、图 3-45 所示。

第3章 钢轨中超声导波的有限元仿真

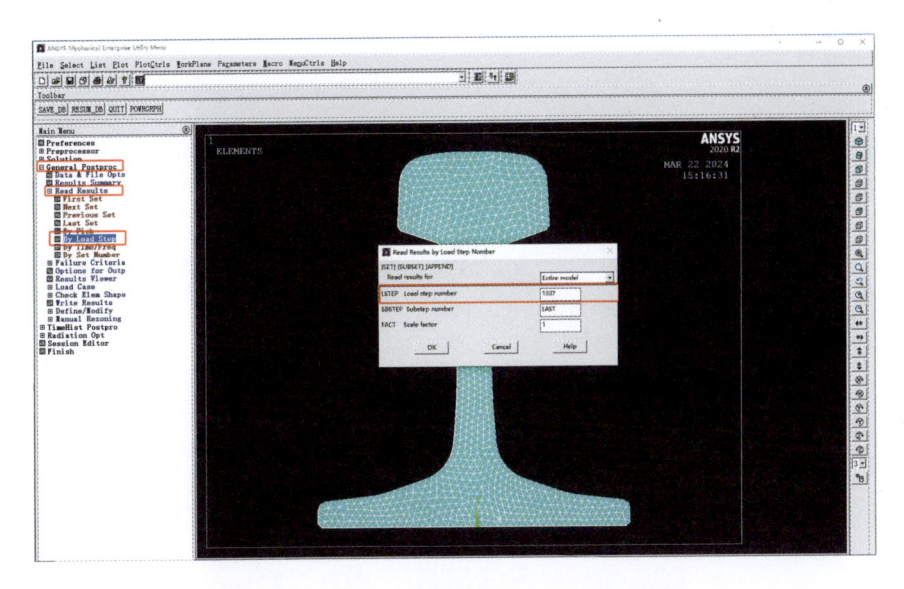

图 3-42 POST1 提取横截面计算结果的步骤

```
%%
load('横截面 1 第 Ns1 步所有节点位移数据.mat');
load('横截面 α 所有节点原始数据.mat');
posX = data_rail5m_2D2500_g35k_node(:,2);   %原始横截面 x 轴方向数据
posY = data_rail5m_2D2500_g35k_node(:,3);   %原始横截面 y 轴方向数据
posZ = data_rail5m_2D2500_g35k_node(:,4);   %原始横截面 z 轴方向数据
figure
vibX = substepNs1(:,2);   %计算后横截面 x 轴方向位移数据
vibY = substepNs1(:,3);   %计算后横截面 y 轴方向位移数据
vibZ = substepNs1(:,4);   %计算后横截面 z 轴方向位移数据
AfterVibX = posX + vibX;
AfterVibY = posY + vibY;
AfterVibZ = posZ + vibZ;
scatter3(AfterVibZ,AfterVibX,AfterVibY,5,'filled','MarkerFaceColor',
'r')
```

图 3-43 在 MATLAB 中运行脚本

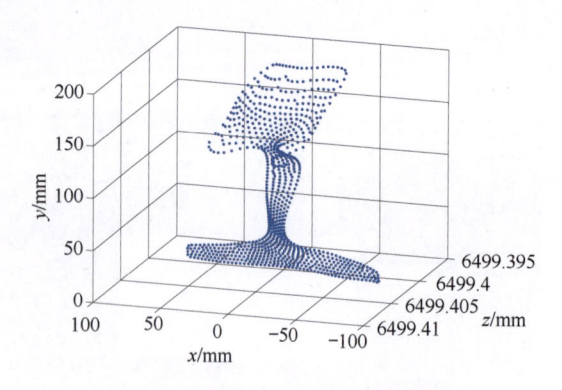

图 3-44　横截面 1 第 Ns1 步的振型图

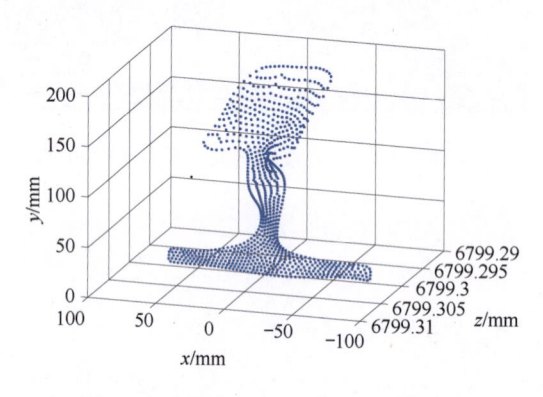

图 3-45　横截面 2 第 Ns2 步的振型图

使用 POST26 模块提取模态振型图时，首先，需要确定一个横截面的位置，使用提取横截面所有节点的 MATLAB 脚本，得出该横截面所有有限元节点的索引号；其次，根据索引号修改命令流文件，将命令流文件导入 ANSYS 软件中，便可得到该横截面节点所有仿真步长的振动位移结果；最后，对结果进行振型分析，可得该横截面在多个时刻的模态振型图，如图 3-46 所示。

3.4　扣件约束下的钢轨有限元仿真

钢轨弹性扣件可以将钢轨固定在铁路轨道上，阻止钢轨纵向和横向位移，防止钢轨倾斜，并能提供适当的弹性，将钢轨承受的力传递至轨枕或道床。在应用 ANSYS 软件进行仿真的过程中，模拟扣件约束可通过特定方式限制钢轨有限元模型轨底部分节点的振动。其中，ANSYS 软件中的线性弹簧单元 COMBIN14 能够模拟实际线路中的扣件的约束作用。COMBIN14 是一个弹簧-阻尼器（Spring-Damper）单元，具备 1D、2D、3D 轴向或扭转能力。它本身无质量特性，可通过其他方式添加。在模拟过程中，可以根据需要仅考虑弹簧或阻尼的作用。

第 3 章 钢轨中超声导波的有限元仿真

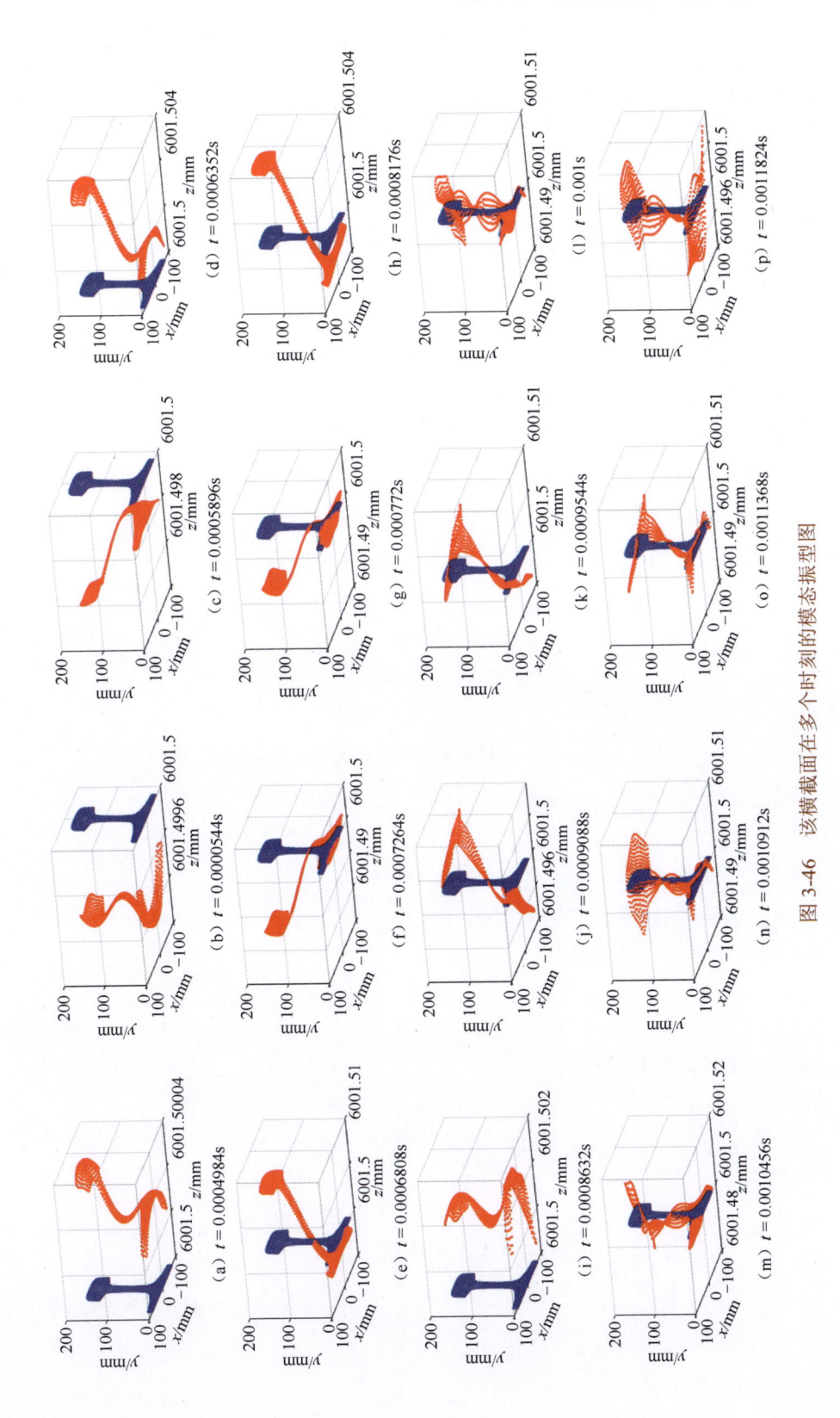

图 3-46 该横截面在多个时刻的模态振型图

在为钢轨添加 COMBIN14 时，首先要使用命令流创建节点（如图 3-47 所示）。

```
!基于1m钢轨
/PREP7
!创建节点
N,100000000,-73,-20,0,
```

图 3-47 使用命令流创建节点

其中，N 表示创建一个节点（Node），数字 100000000 表示创建的节点的编号，其后为创建的节点的三维坐标（x, y, z）。节点创建完成后，需要建立 3 个方向的线性弹簧单元，并将钢轨有限元模型轨底的节点与创建的节点用弹簧连接，此时使用命令流如图 3-48 所示。

```
!建立线性弹簧-阻尼器单元 ux
ET,2,COMBIN14            ! 定义一个弹簧-阻尼器单元
KEYOPT,2,2,1             ! 设置 x 轴方向自由度
R,2,60000000             ! 设置弹簧刚度
TYPE,2
REAL,2
e,100000000,61           ! 连接创建的节点与钢轨有限元模型轨底的节点
!建立线性弹簧-阻尼器单元 uy
ET,3,COMBIN14
KEYOPT,3,2,2             ! 设置 y 轴方向自由度
R,3,60000000
TYPE,3
REAL,3
e,100000000,61
!建立线性弹簧-阻尼器单元 uz
ET,4,COMBIN14
KEYOPT,4,2,3
R,4,60000000             ! 设置 z 轴方向自由度
TYPE,4
REAL,4
e,100000000,61
D,10000000,ALL           ! 固定创建的节点
```

图 3-48 命令流

■ 第3章 钢轨中超声导波的有限元仿真 ■

上述操作已经创建完成一组实现3个方向约束的COMBIN14线性弹簧单元，将创建的节点与钢轨有限元模型轨底的节点相连。将上述命令流输入ANSYS软件，重复上述操作，即可添加多个COMBIN14线性弹簧单元。带扣件的钢轨有限元模型如图3-49所示。

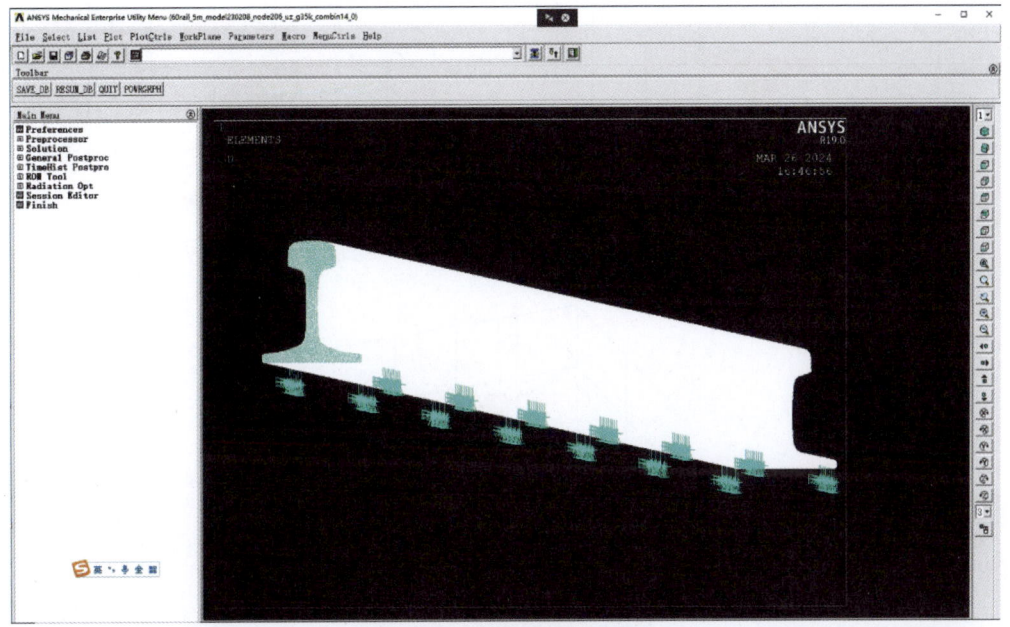

（a）扣件约束下的钢轨有限元模型

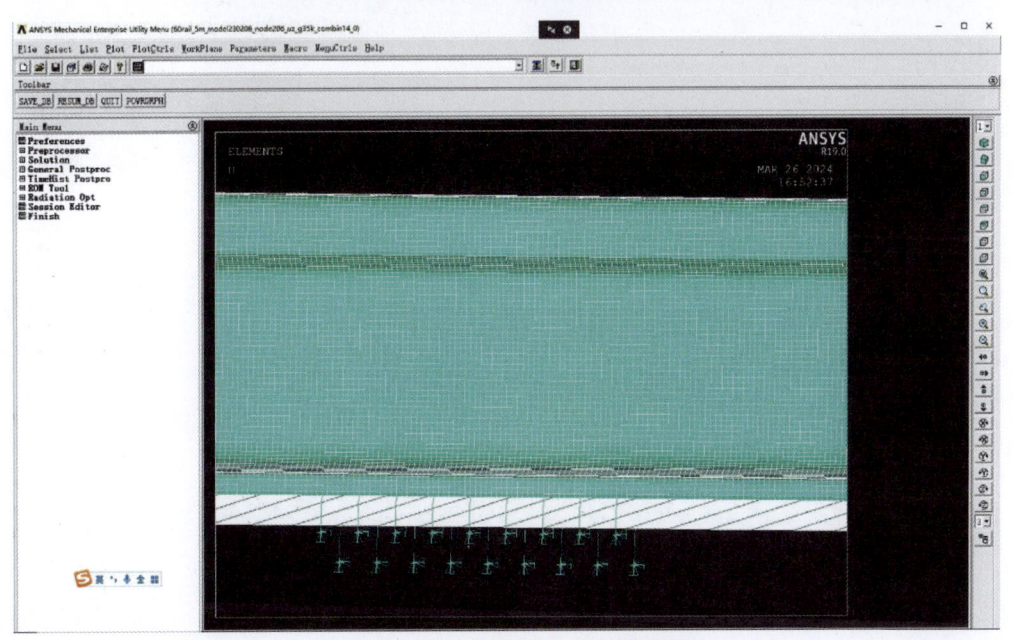

（b）COMBIN14线性弹簧元件连接效果图

图3-49 带扣件的钢轨有限元模型

— 069 —

重复 3.2 中的有限元仿真步骤，即可实现扣件约束下的钢轨有限元仿真。提取部分横截面，绘制其模态振型图，如图 3-50 所示。可见，添加 COMBIN14 线性弹簧单元模拟扣件之后，模态的轨底振动被限制了。

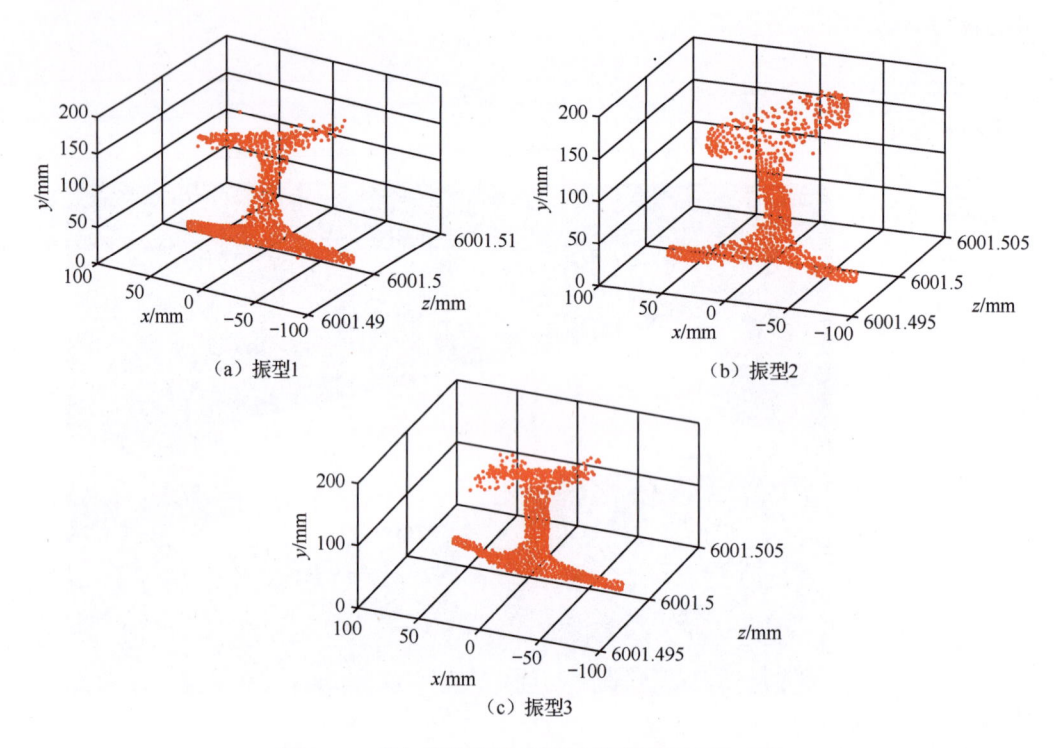

（a）振型1

（b）振型2

（c）振型3

图 3-50　带扣件的钢轨有限元模型的模态振型图

第 4 章

钢轨中超声导波的模态分析方法

超声导波具有多模态特性，与平板、管道相比，钢轨横截面形状不规则，其内部可传播的模态数量更多。多模态为钢轨无损检测提供了多种选择。模态的混叠效应给缺陷信号的识别和提取带来困难。模态分析是研究钢轨中超声导波传播特性、实现特定模态激励控制及提取缺陷信号进行无损检测的理论基础，本章将从时域分析、模态振型分析、小波分析、2D-FFT 分析、模态振型矩阵分析方面介绍模态分析方法。

4.1 时域分析

时域分析通过采集不同位置的时域信号，根据信号的波包到达时间和两个位置之间的距离，估算模态传播的群速度，从而判断信号中的模态成分。

下面基于仿真数据介绍时域分析方法。在钢轨轨头侧面沿纵向施加 5 周期经汉宁窗调制的正弦波，激励信号的中心频率为 2kHz。在距离激励点 30m 处采集接收信号。应用半解析有限元法对钢轨的振动响应进行仿真。激励信号与接收信号的波形如图 4-1 所示。

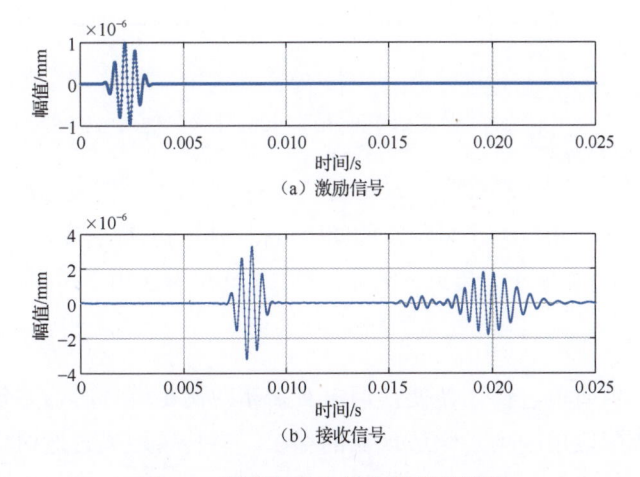

图 4-1　激励信号与接收信号的波形

由图 4-1 中在 30m 处采集的接收信号可以看出，波形由激励信号的 1 个波包分散为 3 个波包，由此可以判断，在 30m 处采集的波形至少存在 3 种超声导波模态。由通过半解析有限元法计算得到的频散曲线可知，在中心频率为 2kHz 时，钢轨中共存在 4 种模态。在中心频率为 2kHz 时钢轨中 4 种模态的相速度和群速度如表 4-1 所示。

表 4-1　在中心频率为 2kHz 时钢轨中 4 种模态的相速度和群速度

模态序号	模　态	相速度/（m/s）	群速度/（m/s）
1	水平弯曲模态	1041	1704
2	垂直弯曲模态	1578	2102
3	扭转模态	1355	2007
4	伸展模态	5153	5138

图 4-1 中激励信号的峰值点时间为 2.125ms，接收信号的 3 个波包的峰值点时间分别为 8.325ms、16.57ms、19.54ms。根据采集点与激励点的间距，可以计算 3 种模态的群速度，分别为 4838.71m/s、2076.84m/s、1722.65m/s，通过对比第 2 章半解析有限元法得到的 2kHz 频率下 4 种模态超声导波的群速度可知，上述 3 种群速度分别对应模态 4、模态 2 和模态 1。

以同样的激励方式采集距离激励点 10m 处和 20m 处的信号，这些信号波形如图 4-2 所示。

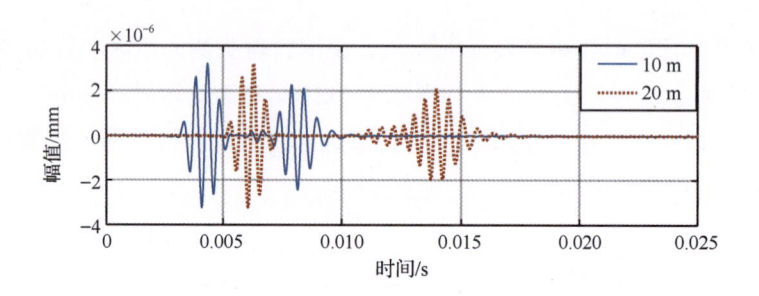

图 4-2　在距离激励点 10m 处和 20m 处采集的信号的波形

由图 4-2 可知，在距离激励点 10m 处和 20m 处第 1 个波包的峰值点时间分别为 4.085ms 和 6.152ms，根据两个采集点的间距可得该模态的群速度，即 4837.93m/s，与表 4-1 中模态 4 的群速度十分接近。此外，模态 2 和模态 3 由于传播距离较短，并未完全散开。

时域分析原理简单，操作便捷，但只有传播距离足够远时，才能将不同模态区分开。然而在实际应用中由于频散现象的存在，当传播距离过远时，模态会扩展，更难以分辨模态的成分。同时，不同模态的衰减率不同，这会导致模态长距离传播后，背景噪声过大而无法被检测到。上述示例的激励信号为2kHz的低频信号，当中心频率增大到35kHz及以上时，模态更加复杂，难以分辨，并且高频模态的群速度十分接近，这更增大了通过时域分析区分差异较小的模态的难度。因此，时域分析方法不适用于钢轨中高频模态的辨识。

4.2 超声导波模态振型分析

在利用半解析有限元法求解钢轨中超声导波的频散曲线时，求解特征值问题时得到的特征向量代表每种模态的振型信息，也称为波结构。波结构给出了半解析有限元离散后所有节点的 3 个自由度振动值，描述了模态的振动形态，是分析超声导波传播规律、确定模态激励位置的重要数据。通过三维有限元仿真分析可以获取整个钢轨模型的模态振型数据。通过提取同一横截面所有节点在相同步长下的仿真结果，可以绘制钢轨中当前正在传播的模态的波结构图，将其与通过半解析有限元法得到的振型图进行对比，可以确定当前正在传播的模态的信息。下面介绍基于模态振型数据来分析钢轨中超声导波模态成分的方法。

在 SolidWorks 软件中建立 75kg/m 钢轨的三维实体模型，长度为 5m。将该模型导入 HyperMesh 软件中进行三维网格化分，并将 U78CrV 型钢轨的材料属性赋给钢轨模型和各有限元单元；导出网格文件，通过 ANSYS 软件进行三维仿真计算，并通过 ANSYS 瞬态动力学仿真分析激发的模态成分。在钢轨一端的轨腰下方，沿着钢轨纵向施加中心频率为 35kHz 的 5 周期经汉宁窗调制的正弦信号。仿真总时长为 0.003s，仿真步长为 0.000001s。下面绘制通过三维有限元法得到的横截面振型图，将其与通过半解析有限元法求解出的横截面振型图进行比较，确定在当前仿真条件下激发的模态成分。

仿真完成后，通过 ANSYS 软件的通用后处理器可以得到钢轨随时间的形变过程。钢轨仿真图如图 4-3 所示。观察钢轨的振动变化，可以看出，大约在 0.0016s 时，振动从钢轨一端传到了另一端。因此，可以估算当中心频率为 35kHz 时，超声导波在 U78CrV 型钢轨中传播的群速度大约为 3125m/s。

对距离激励端面 2080mm 的钢轨横截面（命名为截面 Ω）的振型进行分析。绘制截面 Ω 从 $t=0.000520s$ 到 $t=0.001120s$ 的振型图，如图 4-4 所示。从图 4-4 中可以看出，在 $t=0.000760s$ 时，截面 Ω 的振型图与通过半解析有限元法求解出的模态 9 的振型图（见图 4-5）相似。

通过半解析有限元法求解出的模态 9 的理论群速度为 2669m/s，根据该群速度可

以计算模态 9 到达截面 Ω 的时间约为

$$t = \frac{0.208\text{m}}{2669\text{m/s}} = 0.000779\text{s}$$

图 4-3　钢轨仿真图

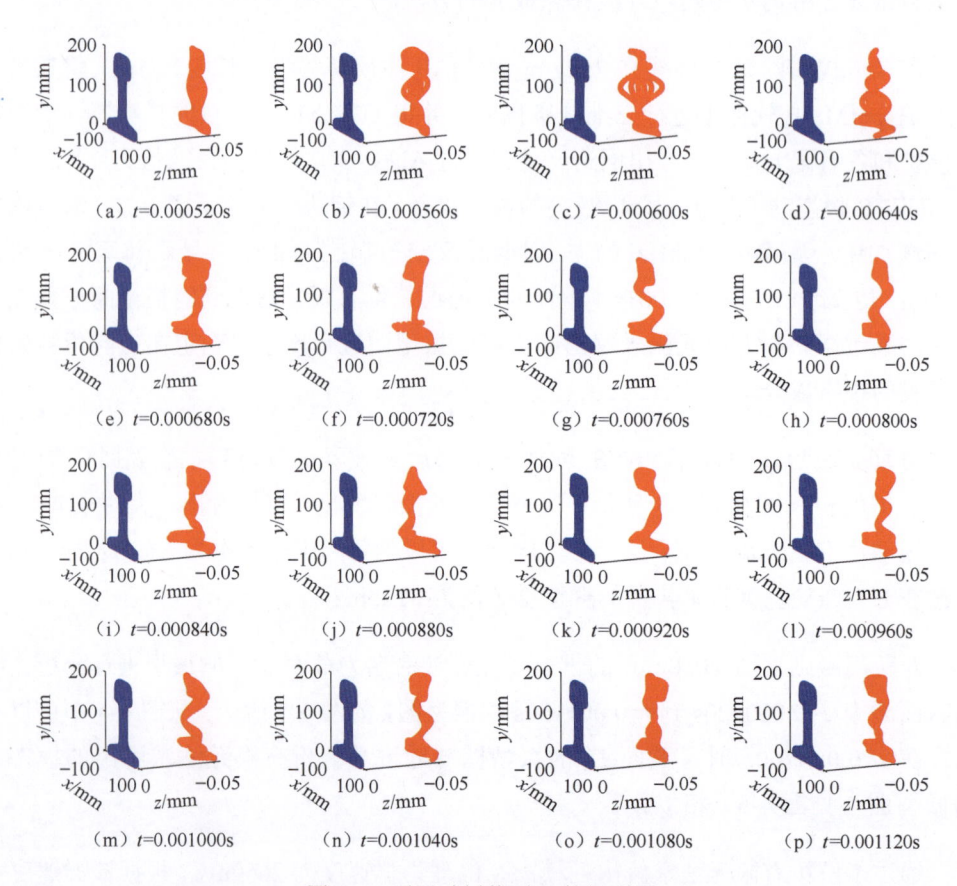

(a) $t=0.000520$s　　(b) $t=0.000560$s　　(c) $t=0.000600$s　　(d) $t=0.000640$s

(e) $t=0.000680$s　　(f) $t=0.000720$s　　(g) $t=0.000760$s　　(h) $t=0.000800$s

(i) $t=0.000840$s　　(j) $t=0.000880$s　　(k) $t=0.000920$s　　(l) $t=0.000960$s

(m) $t=0.001000$s　　(n) $t=0.001040$s　　(o) $t=0.001080$s　　(p) $t=0.001120$s

图 4-4　不同时刻截面 Ω 的振型图

第 4 章 钢轨中超声导波的模态分析方法

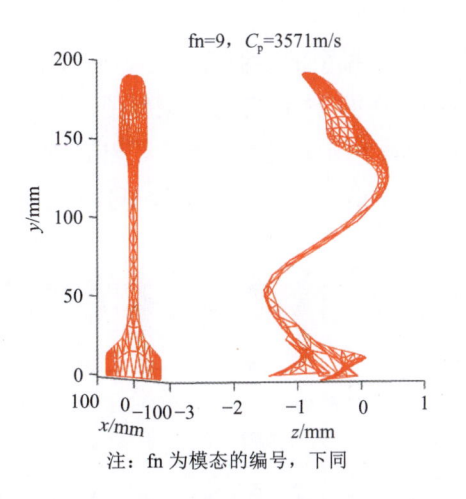

fn=9，C_p=3571m/s

注：fn 为模态的编号，下同

图 4-5 模态 9 的振型图

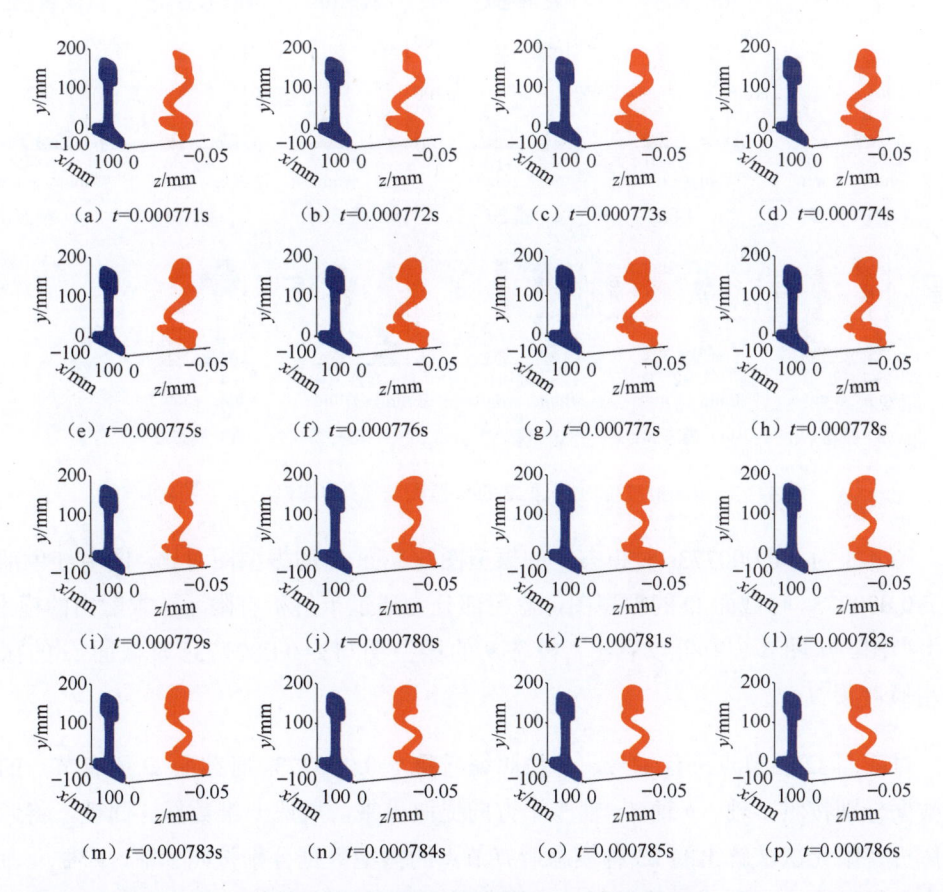

绘制截面 Ω 在 t=0.000779s 左右的振型图，如图 4-6 所示。从图 4-6 中可以看出，在 0.000771～0.000774s 时，截面 Ω 的振型图与模态 9 的振型图相似。

(a) t=0.000771s (b) t=0.000772s (c) t=0.000773s (d) t=0.000774s
(e) t=0.000775s (f) t=0.000776s (g) t=0.000777s (h) t=0.000778s
(i) t=0.000779s (j) t=0.000780s (k) t=0.000781s (l) t=0.000782s
(m) t=0.000783s (n) t=0.000784s (o) t=0.000785s (p) t=0.000786s

图 4-6 截面 Ω 在 t=0.000779s 左右的振型图

将 t=0.000773s 时的截面 Ω 的振型图与通过半解析有限元法求解得到的 23 种模

态的振型图进行比较，分析其振型的相似度。绘制通过半解析有限元法求解出的中心频率为 35kHz 时钢轨中存在的 23 种模态的振型图，并与截面 Ω 在 $t=0.000773$s 时的振型图进行对比，如图 4-7 所示。在图 4-7 中，红色部分为 $t=0.000773$s 时截面 Ω 的振型图，蓝色部分为通过半解析有限元法求解得到的 23 种模态的振型图。

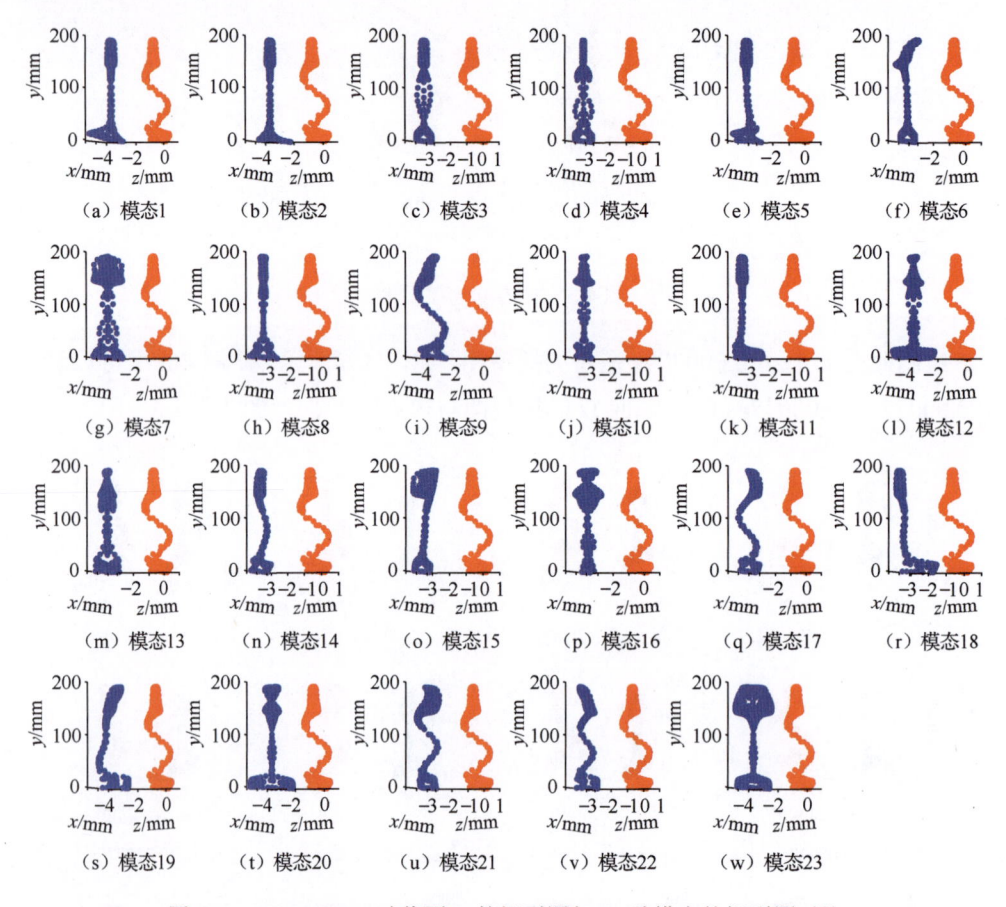

（a）模态1　（b）模态2　（c）模态3　（d）模态4　（e）模态5　（f）模态6
（g）模态7　（h）模态8　（i）模态9　（j）模态10　（k）模态11　（l）模态12
（m）模态13　（n）模态14　（o）模态15　（p）模态16　（q）模态17　（r）模态18
（s）模态19　（t）模态20　（u）模态21　（v）模态22　（w）模态23

图 4-7　$t=0.000773$s 时截面 Ω 的振型图与 23 种模态的振型图对比

图 4-8 为 $t=0.000773$s 时模态 9 的振型图与截面 Ω 的振型图对比。图中红色部分为 $t=0.000773$s 时截面 Ω 的振型图，蓝色部分为通过半解析有限元法求解出的模态 9 的振型图。从图 4-8 中可以看出，模态 9 的振型图与 $t=0.000773$s 时截面 Ω 的振型图相似度最高。

对截面 Ω 的节点进行编号，并按照编号将 $t=0.000773$s 时截面 Ω 所有节点的振型数据分别按照 x 轴、y 轴、z 轴 3 个方向提取出来，展成一维数据。同理，将通过半解析有限元法求解出的 23 种模态所有节点的振型数据分别按照 x 轴、y 轴、z 轴 3 个方向提取出来，展成一维数据。对所有的振型数据进行归一化处理，即将以上 3 个方向的振型数据分别除以相应方向最大振型值的绝对值。

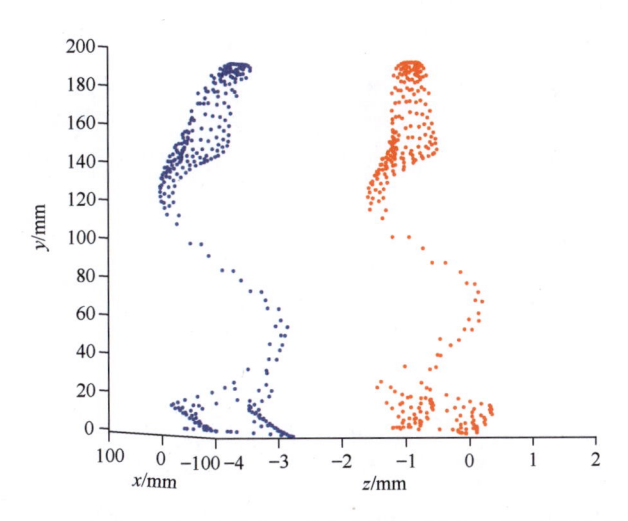

图 4-8　t=0.000773s 时模态 9 的振型图与截面 Ω 的振型图对比

4.2.1　利用差值验证相似

使 23 种模态归一化之后的振型数据分别与 t=0.000773s 时截面 Ω 的归一化振型数据相减，即得到 t=0.000773s 时截面 Ω 与某模态 3 个方向的差值。模型在每个方向有 340 个节点，在 3 个方向共 1020 个差值，对所有差值取绝对值并求和，得到一个总的差值。每种模态都对应一个差值，对求解出的 23 个差值进行升序排序（见表 4-2）。

表 4-2　t=0.000773s 时截面 Ω 与各模态的差值排序

模态序号	差值	模态序号	差值	模态序号	差值	模态序号	差值
9	256.191	14	323.66	23	388.882	10	412.244
2	263.364	15	338.766	13	392.897	21	414.294
1	266.852	4	347.047	22	396.923	17	418.862
5	270.507	18	368.785	6	399.557	20	425.008
3	273.262	11	371.102	12	403.021	16	481.862
8	288.312	19	377.082	7	406.022	—	—

从表 4-2 中可以看出，t=0.000773s 时截面 Ω 与模态 9 的差值最小，即此时截面 Ω 的振型图与模态 9 的振型图最相似。

从表 4-2 中还能看出，模态 2、模态 1、模态 5 与截面 Ω 的差值也很小，将这 3 种模态的信息单独提取出来。模态 2、模态 1、模态 5 的振型图、相速度和群速度如图 4-9 所示。其中，蓝色曲线代表群速度，红色曲线代表相速度。

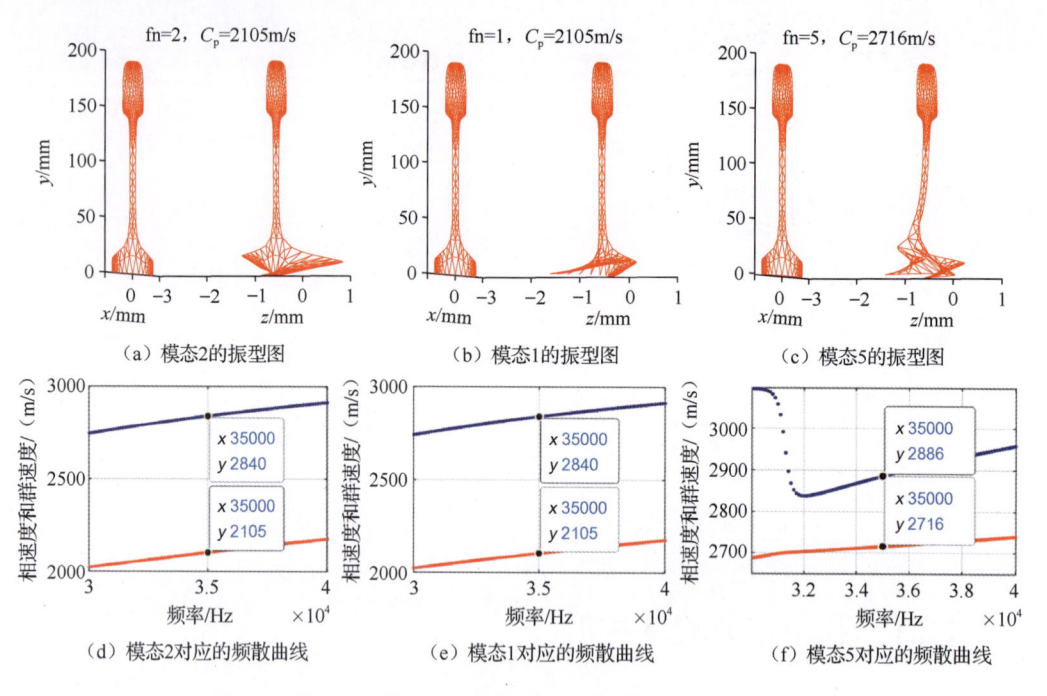

图 4-9 模态 2、模态 1、模态 5 的振型图、相速度和群速度

从图 4-9 中可以看出，当中心频率为 35kHz 时，模态 2、模态 1、模态 5 的群速度分别为 2840m/s、2840m/s、2886m/s，略大于模态 9 的群速度 2669m/s，因此，可以认为这 3 种模态刚好经过截面 Ω，此时，这 3 种模态的振动正在逐渐减弱。也就是说，通过该激励方法同样激发了模态 2、模态 1、模态 5。总体来说，此时截面 Ω 的振型值与模态 9 的振型值的差值最小，说明模态 9 也成功被激发出来。

4.2.2 利用互相关验证相似

与利用差值验证相似类似，利用互相关验证相似将 23 种模态和 $t=0.000773\mathrm{s}$ 时截面 Ω 的归一化振型数据分别按 x 轴、y 轴、z 轴 3 个方向提取出来，并分别按照这 3 个方向做互相关，将得到的互相关系数按照从小到大排序（见表 4-3～表 4-5）。

表 4-3 $t=0.000773\mathrm{s}$ 时截面 Ω 与各模态振型在 x 轴方向的互相关系数

模态序号	互相关系数	模态序号	互相关系数	模态序号	互相关系数	模态序号	互相关系数
3	0.013	23	0.0793	20	0.14	14	0.5485
4	0.0379	16	0.0967	13	0.1431	11	0.584
2	0.0453	10	0.1028	17	0.163	21	0.587
5	0.0516	8	0.1131	19	0.2844	18	0.6367
1	0.0549	12	0.1321	22	0.4091	9	0.7283
7	0.0764	6	0.1377	15	0.4448	—	—

表 4-4 t=0.000773s 时截面 Ω 与各模态振型在 y 轴方向的互相关系数

模态序号	互相关系数	模态序号	互相关系数	模态序号	互相关系数	模态序号	互相关系数
16	0.0265	7	0.1236	6	0.2128	14	0.5017
3	0.0668	10	0.1258	15	0.2542	2	0.5796
21	0.0857	13	0.1429	22	0.2665	17	0.7097
18	0.1032	4	0.147	5	0.4073	19	0.7273
23	0.1121	9	0.1981	12	0.4471	11	0.7464
8	0.1203	20	0.2076	1	0.463	—	—

表 4-5 t=0.000773s 时截面 Ω 与各模态振型在 z 轴方向的互相关系数

模态序号	互相关系数	模态序号	互相关系数	模态序号	互相关系数	模态序号	互相关系数
14	0.0129	22	0.1786	16	0.2758	15	0.4362
11	0.0144	10	0.1969	18	0.2944	13	0.5383
1	0.0672	7	0.2273	4	0.3178	12	0.5522
23	0.0851	2	0.2573	5	0.329	17	0.6004
21	0.1304	20	0.2709	19	0.3343	9	0.6056
3	0.1507	6	0.2729	8	0.3516	—	—

由以上 3 个表可以看出，t=0.000773s 时，相比于其他模态，模态 9 和截面 Ω 在 x 轴方向（钢轨横向）与 z 轴方向（钢轨纵向）的振型相似度最高。为得到整体相似度，对各模态与截面 Ω 的振型在这 3 个方向的互相关系数取绝对值并求和，得到总互相关系数，如表 4-6 所示。从表 4-6 中可以看出，模态 9 与截面 Ω 的振型图相似度最高，其次是模态 17、模态 19 和模态 11。

表 4-6 t=0.000773s 时截面 Ω 与各模态振型的总互相关系数

模态序号	总互相关系数	模态序号	总互相关系数	模态序号	总互相关系数	模态序号	总互相关系数
3	0.2305	8	0.585	13	0.8243	15	1.1352
23	0.2765	1	0.5851	22	0.8542	11	1.3448
16	0.399	20	0.6185	2	0.8822	19	1.346
10	0.4255	6	0.6234	18	1.0343	17	1.4731
7	0.4273	5	0.7879	14	1.0631	9	1.532
4	0.5027	21	0.8031	12	1.1314	—	—

将模态 17、模态 19 和模态 11 的信息单独提取出来，绘制以上 3 个模态的振型图、相速度和群速度如图 4-10 所示。其中，蓝色曲线代表群速度，红色曲线代表相速度。

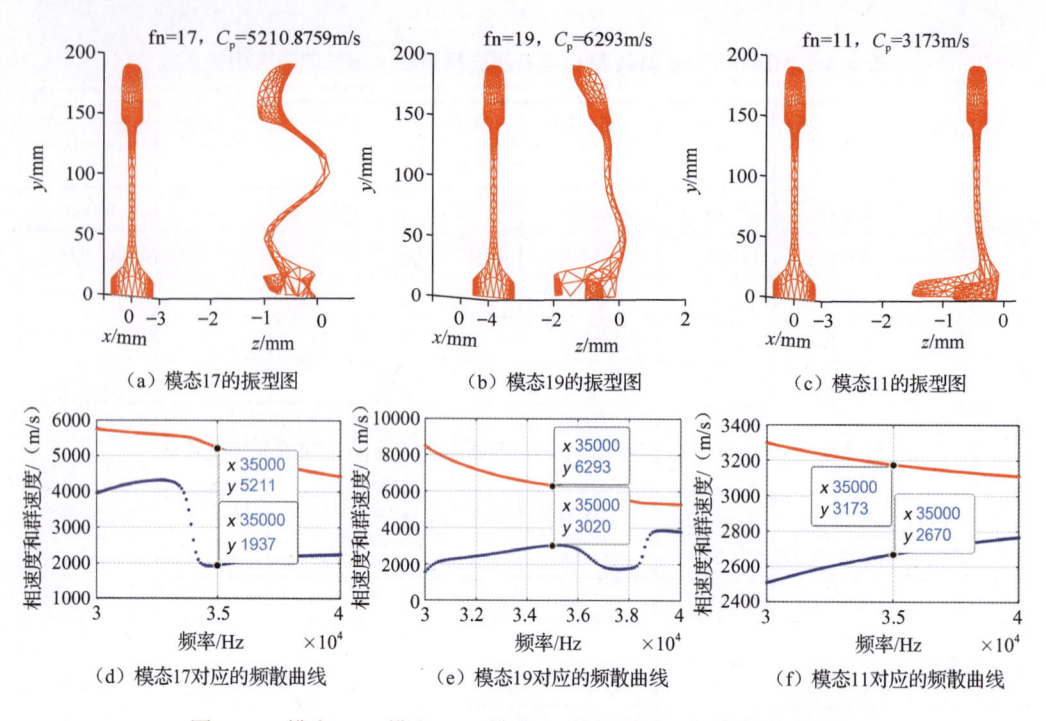

图 4-10 模态 17、模态 19、模态 11 的振型图、相速度和群速度

从图 4-10 中可以看出，模态 17 的群速度为 1937m/s，t=0.000773s 时还没有到达截面 Ω，因此，可以排除模态 17。对于模态 19 和模态 11，由表 4-4 可知，其总互相关系数主要是由 y 轴方向的互相关系数贡献的，即在垂直方向上，t=0.000773s 时，模态 19 和模态 11 的振型图与截面 Ω 的振型图相似，但在另外两个方向上并不相似。总体来说，t=0.000773s 时模态 9 的振型图与截面 Ω 的振型图是最相似的，说明在当前激励条件下，钢轨中激发的超声导波的主要模态成分是模态 9。此外，综合前文的分析，可以求出通过 ANSYS 仿真得到的模态 9 的群速度为

$$v = \frac{0.208\text{m}}{0.000773\text{s}} \approx 2691\text{m/s}$$

该群速度比通过半解析有限元法求出的群速度（2669m/s）高约 0.82%。

4.3 小波分析

计算钢轨中超声导波传播的群速度，将其与通过半解析有限元法求解的群速度进行对比，是对钢轨中超声导波模态成分进行分析的相对简单的一种方法。由于超声导波的多模态和频散特性，直接通过时域波包时间差计算群速度时产生的误差较大，通过分析超声导波信号频域信息，根据中心频率能量峰值计算群速度，可以在

第 4 章　钢轨中超声导波的模态分析方法

一定程度上提高测量精度，提升超声导波模态分析的准确度。

通过傅里叶变换可以获取频域信息，但获得的结果是信号在时域内的积分，相当于一个统计量，无法得到频率出现的时刻。通过短时傅里叶变换不断地移动窗口，使各分段信号都进行傅里叶变换，从而获取整段信号的时频信息，但是通过这种方式得到的时间信息对于计算群速度来说分辨率太低，因此，需要使用小波变换。小波变换是在 FFT 的基础上进一步发展而来的，保留了 FFT 加窗的思想，又克服了 FFT 窗函数无法改变的缺点，是一种很好的局部信号时频域分析方法，也称小波分析方法。

下面以 2.5mm 厚的铝板为例，根据激励响应结果进行小波变换，求解群速度，对铝板中兰姆波的模态进行分析。钢轨中超声导波的模态分析方法与此类似。

在铝板左侧中心点沿 x 轴方向施加激励信号，分别计算距离施加点 100mm 处和 200mm 处的响应信号（见图 4-11）。

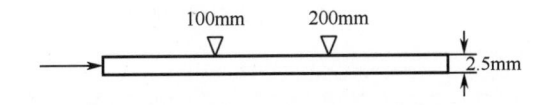

图 4-11　激励响应计算布置图

激励信号为三角波信号，如图 4-12 所示。三角波信号的频谱较宽，通过分析响应信号可以得到多个频率点的群速度，进而和群速度频散曲线进行对比验证。

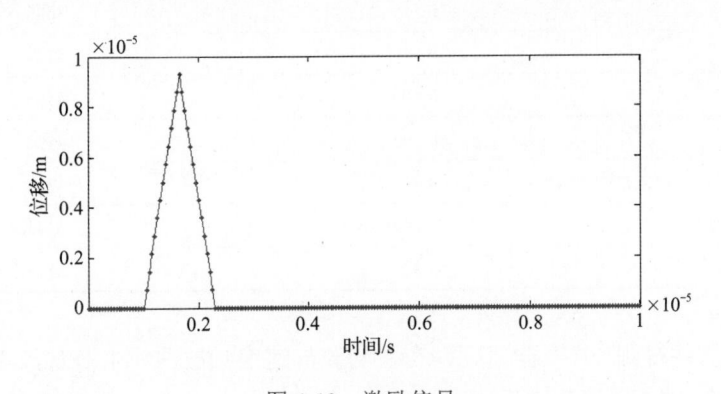

图 4-12　激励信号

激励信号被施加在纵向铝板中间节点，响应信号计算结果如图 4-13 所示。

由图 4-13 可见，兰姆波在传播过程中波包变宽，出现了频散现象。对图 4-13 中的响应信号结果进行小波分析得到小波时频图，如图 4-14 所示。

在图 4-14 中用星号标注了不同频率下的峰值点，根据图 4-14 中峰值点出现的时间，可以计算不同频率下兰姆波的群速度，如表 4-7 所示。

(a) 0.1m处的响应信号计算结果

(a) 0.1m处响应信号的小波分析结果

(b) 0.2m处的响应信号计算结果

(b) 0.2m处响应信号的小波分析结果

图 4-13　响应信号计算结果

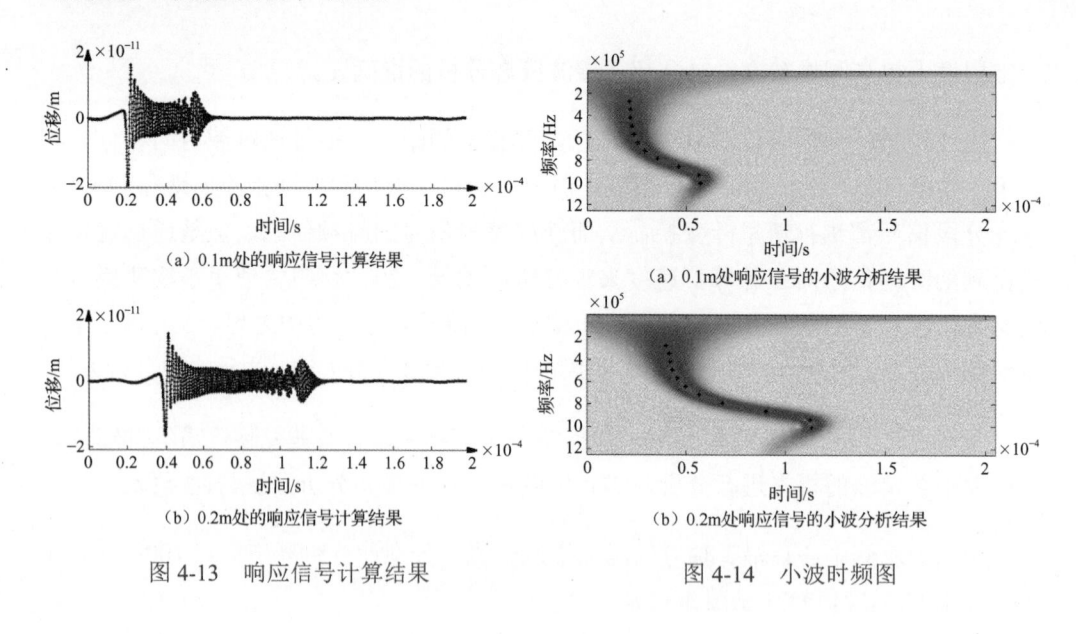

图 4-14　小波时频图

表 4-7　不同频率下兰姆波的群速度

序号	频率/MHz	群速度/（m/s）
1	1.008	1787
2	0.935	1787
3	0.862	2262
4	0.789	3053
5	0.715	3643
6	0.642	4124
7	0.569	4505
8	0.496	4902
9	0.422	4914
10	0.349	5141
11	0.276	5319

通过计算共得到 11 个群速度，在兰姆波群速度频散曲线上叠加绘制了这 11 个群速度，在图 4-15 中用圆圈绘出。从图 4-15 中可以看出，11 个群速度均在 S0 模态的群速度频散曲线附近，这一结果说明，在 2.5mm 厚的铝板中心施加三角波激励信号，可以激发与 S0 模态对称的兰姆波。

对于 U78CrV 型钢轨，在 4.2 节中建立了一个横截面网格大小为 3mm×3mm、长度为 5m 的钢轨模型，沿该模型端面激励，激励信号为经汉宁窗调制的中心频率为 35kHz 的 5 个周期的正弦波信号，对其进行瞬态动力学仿真分析。仿真分析结束后，提取与激励点在同一水平位置，距离激励点 1184～3104mm 的共 240 个接收节点的

第4章 钢轨中超声导波的模态分析方法

振动数据，对振动数据做小波变换并进行时频域分析，得出小波时频域分析结果，如图4-16所示，图中的"Dis"表示接收节点到激励点的距离，横坐标为时间，纵坐标为频率，并在图中标注出能量最高的接收节点。

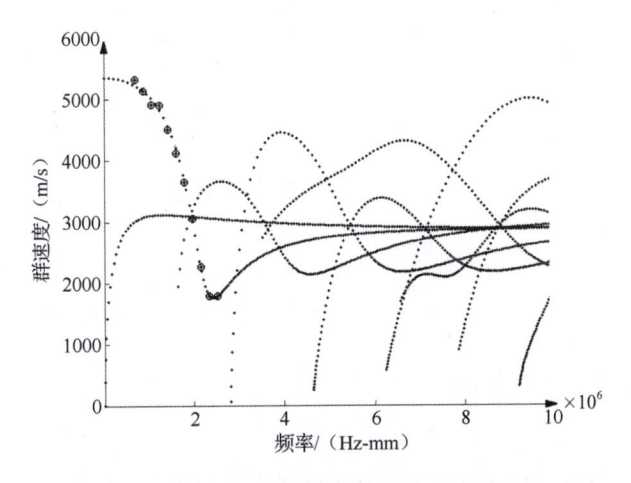

图 4-15 通过计算得到的 11 个群速度

从图 4-16 中可以看出，信号的频率集中点在 35kHz 附近，与 FFT 分析结果一致。根据标注的信息计算出的超声导波能量集中点到达各节点的群速度，如表 4-8 所示，该表中第 4 列的偏差指的是频率集中点的群速度和通过半解析有限元法求解的理论群速度的差。由表 4-8 可以看出，频率集中点的群速度非常接近通过半解析有限元法求解的模态 9 的群速度，因此可以认为在钢轨中传播的超声导波模态主要为模态 9。

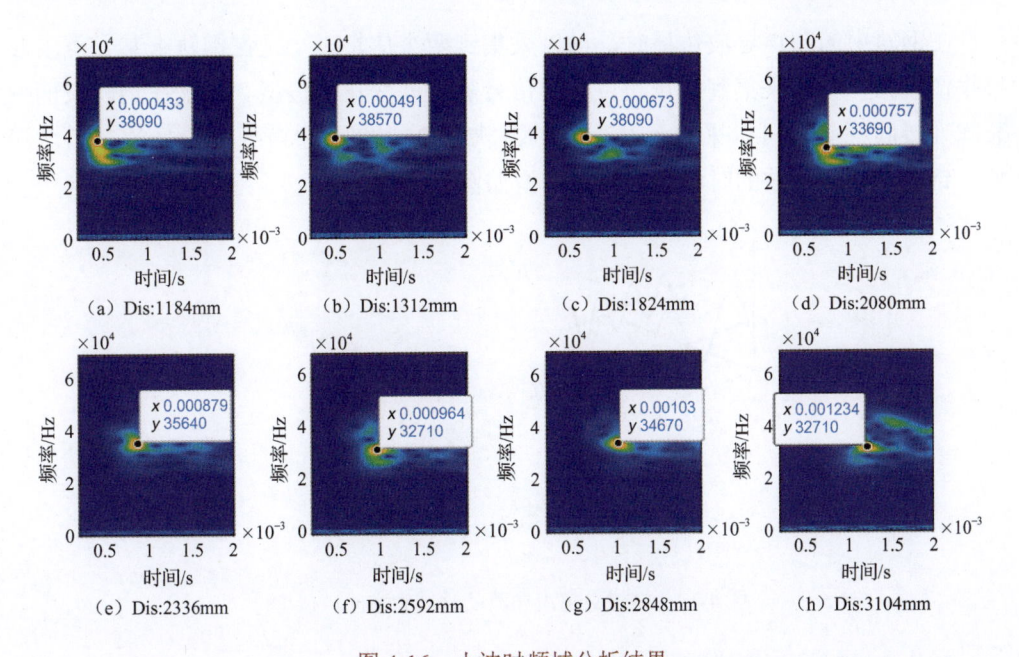

图 4-16 小波时频域分析结果

表 4-8 通过小波时频域分析计算得到的群速度

接收节点到激励点的距离/mm	时间/μs	群速度/（m/s）	偏差/%
1184	433	2734.41	2.45
1312	491	2672.10	0.12
1824	673	2710.25	1.55
2080	757	2747.69	2.95
2336	879	2657.57	−0.43
2592	964	2688.80	0.74
2848	1030	2765.05	3.60
3104	1234	2515.40	−5.76

4.4 2D-FFT 分析

通过计算得到钢轨中超声导波接收信号的相速度后，将其和通过半解析有限元法求解的相速度进行对比，并进行模态成分分析。超声导波相速度的计算公式为

$$C_\mathrm{p} = f\lambda = \frac{f}{k} \tag{4-1}$$

式中，C_p 为相速度（m/s）；f 为超声导波的频率（Hz）；λ 为波长（m）；k 为波数（rad/m）。

在钢轨中的超声导波传播时，可以采集到两个信息。一是在钢轨上某一点安装接收换能器，可以采集到该点超声导波信号随时间变化的振型。二是在钢轨表面安装阵列接收探头，可以采集到某一时刻钢轨上 256 个点超声导波信号的空间域振型。钢轨中超声导波的时域和空间域振型如图 4-17 所示。

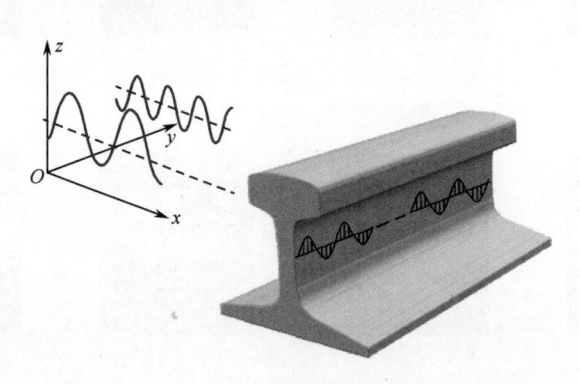

图 4-17 钢轨中超声导波的时域和空间域振型

对各点的时域振型进行傅里叶变换可以得到超声导波信号的频谱，对某一时刻

钢轨上 256 个点的空间域振型在空域进行傅里叶变换,可以得到超声导波信号的波数谱。将频率和波数代入式(4-1)中,可以得到钢轨中超声导波的相速度。在时域、空间域同时进行傅里叶变换可以采用 2D-FFT 方法。目前,2D-FFT 在层析成像、图像处理、计算机视觉和核磁共振响应成像等方面都有广泛的应用。下面介绍 2D-FFT 的具体实现方法。

已知一个连续、非周期性的二维信号 $f(x,y)$,其正、逆变换分别如式(4-2)和式(4-3)所示。

$$F(u,v) = \frac{1}{2\pi} \int_{-\infty}^{\infty} \int_{-\infty}^{\infty} f(x,y) e^{-i2\pi(ux+vy)} dxdy \tag{4-2}$$

$$f(x,y) = \int_{-\infty}^{\infty} \int_{-\infty}^{\infty} F(u,v) e^{i2\pi(ux+vy)} dudv \tag{4-3}$$

通过 2D-FFT 即可求得二维频谱信号 $F(u,v)$,其可以用来描述该信号在 x 轴方向频率 u 及 y 轴方向频率 v 处的分量。式(4-3)是复指数 $e^{i2\pi(ux+vy)}$ 与权系数 $F(u,v)$ 乘积的线性组合。展开 $e^{i2\pi(ux+vy)}$,如式(4-4)所示。

$$\begin{aligned} e^{i2\pi(ux+vy)} = &[\cos(2\pi ux)\cos(2\pi vy) - \sin(2\pi ux)\sin(2\pi vy)] + \\ &i[\sin(2\pi ux)\cos(2\pi vy) + \sin(2\pi vy)\cos(2\pi ux)] \end{aligned} \tag{4-4}$$

由式(4-4)可看出,2D-FFT 的正交基是两个三角函数的乘积,即

$$\begin{aligned} &\cos(2\pi ux)\cos(2\pi vy), \quad \sin(2\pi ux)\sin(2\pi vy) \\ &\sin(2\pi ux)\cos(2\pi vy), \quad \sin(2\pi vy)\cos(2\pi ux) \end{aligned} \tag{4-5}$$

因此,2D-FFT 可以用多组 x 轴方向和 y 轴方向的三角函数乘积的线性组合来描述一个满足一定条件的二维信号。

超声导波在钢轨中传播一定的距离后,可以在钢轨不同位置采集时间和空间数据。将这些数据组成一个矩阵,其中每个元素代表在某个时间和位置的振动信息。波数是在空间中描述波动的一种物理量,通常用符号 k 表示,其值定义为波长 λ 的倒数,即 $k=1/\lambda$。波数的单位是 1/m,波数的物理意义是单位长度内波形的整周期数量。在同一介质、同一中心频率下,相速度与波长和波数呈一一对应的关系。对通过阵列采集的信号进行 2D-FFT,可以得到频率与波数的关系,将其与半解析有限元法计算结果进行对比,分析出信号中的模态成分。

设沿钢轨 z 轴采集的时域信号为 $u(z,t)$,则

$$u(z,t) = [u_1 u_2 \cdots u_n] \tag{4-6}$$

式中，$u_i(i=1,2,\cdots,n)$ 为在第 i 个采样点采集到的时域信号；n 为采样点数。

对时域信号 $u(z,t)$ 进行一维时域傅里叶变换，如式(4-7)所示：

$$U(z,f) = \int_{-\infty}^{\infty} u(z,t)\,\mathrm{e}^{-\mathrm{i}ft}\mathrm{d}t \qquad (4\text{-}7)$$

式中，f 为频率；$U(z,f)$ 为空间域-频域信号。

对 $U(z,f)$ 进行二维时域、空间域傅里叶变换，如式（4-8）所示：

$$H(k,f) = \iint_{-\infty}^{\infty} u(z,t)\,\mathrm{e}^{-\mathrm{i}(\lambda c+\hat{f}t)}\mathrm{d}z\mathrm{d}t \qquad (4\text{-}8)$$

式中，k 为波数；f 为频率。

保持频率 f 不变，即可得到 k。根据波数的定义，以及波数、波长与频率之间的关系，通过式（4-1）即可得出相速度 C_p。

根据计算结果绘制相速度-频率能量图，该能量图中显示的不同亮带即对应超声导波模态的相速度曲线。

接下来进行仿真验证。建立一个 x-y 横截面网格大小为 3mm，轴向长度为 2mm，纵向长度为 3.5m 的 CHN60 型钢轨模型，沿该模型一端激励，激励信号为经汉宁窗调制的中心频率为 35kHz、周期为 5 的正弦波信号。仿真完成后，从距离激励点 0.5m 处开始，沿着钢轨纵向采集 512 个点，点的间隔为 2mm。根据采样定理，当空间域采样间隔为 2mm 时，可以分辨波数在 250 以内的超声导波模态。波数的分辨率 Δk 为

$$\Delta k = \frac{k_\mathrm{s}}{N} \qquad (4\text{-}9)$$

式中，k_s 为空间域采样频率（Hz）；N 为空间域采样点的数量。由式（4-9）可得波数的分辨率为 0.981/m。

对采集的每个点的波形信号在时域中进行一次 FFT，得到采样点的频谱图，如图 4-18 所示，可以看出信号的频率主要集中在 30~40kHz，还有一些分布在整个频率段。产生这种情况的主要原因可能有两个：一是激励信号是经汉宁窗调制的 5 周期正弦波信号，其在 FFT 的过程中发生了频率泄漏；二是超声导波在钢轨中传播时发生了频散，导致信号的频谱出现偏移。

对在同一时刻阵列采集的每个点的位移信号在空间域进行 FFT，得到波数随时间的变化情况，如图 4-19 所示。

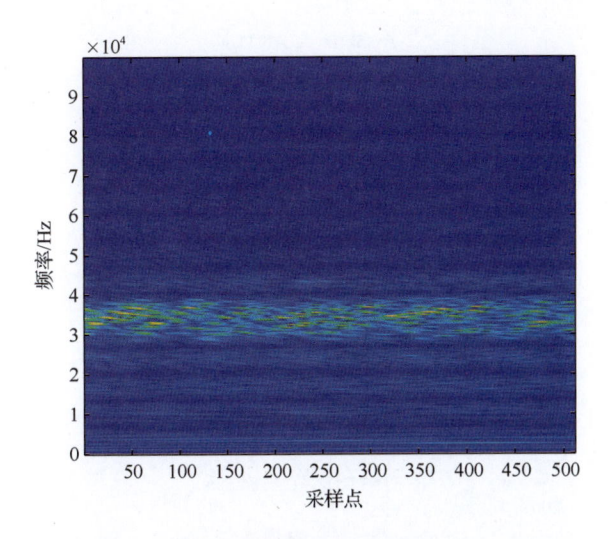

图 4-18　采样点的频谱图

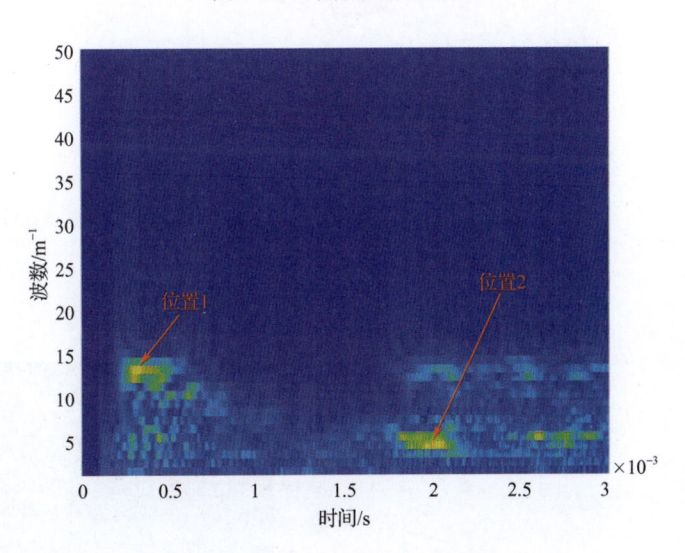

图 4-19　波数随时间的变化情况

从图 4-19 中可以看出,在位置 1 与位置 2 处,即 318μs 处与 2023μs 处出现了两个明显的波数成分。考虑钢轨长度为 3.5m,位置 2 处的波为钢轨末端的反射回波。位置 1 对应的波数为 12.691/m,对应的相速度为 2789.6m/s。查找 35kHz 下模态的相速度,与之接近的有两种模态,分别为模态 7、模态 8,其相速度分别为 2711.6584m/s、2840.0954m/s,其振型图分别如图 4-20 和图 4-21 所示。

将通过半解析有限元法求解的相速度-频率频散曲线转换到波数域,可得波数-频率频散曲线,如图 4-22（a）所示。对阵列采集信号进行 2D-FFT 处理,将 2D-FFT 结果与波数-频率频散曲线进行对比,如图 4-22（b）所示。

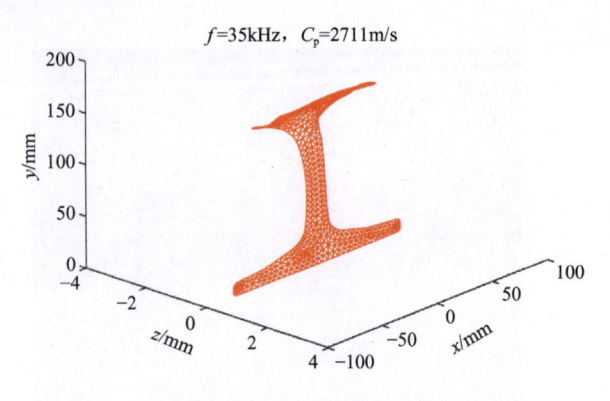

f=35kHz,C_p=2711m/s

图 4-20　模态 7 的振型图

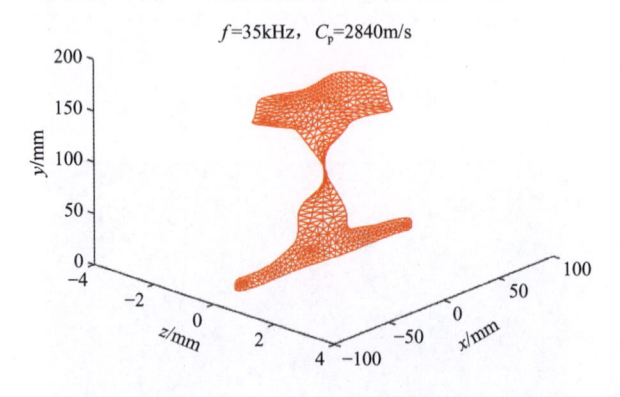

f=35kHz,C_p=2840m/s

图 4-21　模态 8 的振型图

(a) 波数-频率频散曲线

(b) 2D-FFT 结果与波数-频率频散曲线对比

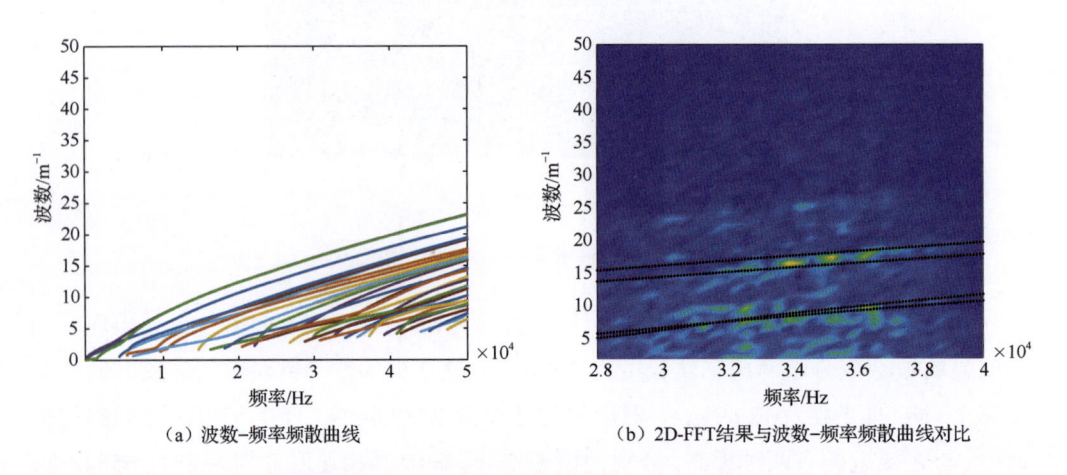

图 4-22　波数-频率频散曲线和 2D-FFT 结果

在图 4-22 中，有 4 条频散曲线与 2D-FFT 结果的峰值重合，分别为模态 1、模态 5、模态 11 和模态 15，4 种模态的振型图如图 4-23 所示。

在仿真数据中提取多点的时域、空间域波形，基于 2D-FFT 方法绘制当前超声导波信号的波数-频率图，与通过半解析有限元法得到的结果进行对比，可得当前仿真数据中超声导波的模态成分。由于应用 2D-FFT 方法时，需要采集多个点的时域、空间域数据，为了有较好的波数分辨率，甚至需要 256 个以上点的数据，这种方法一般只适用于对仿真数据进行分析处理，在实际中难以同时采集如此多的点的数据，这一方法的实际应用受到了制约。

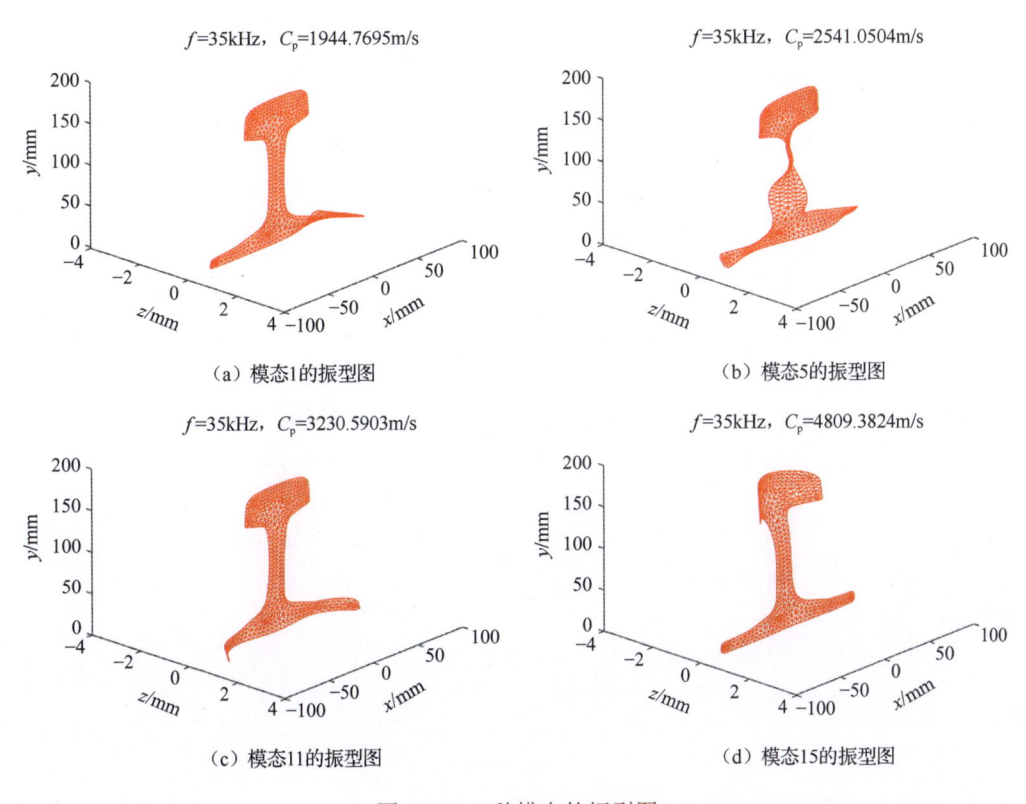

(a) 模态1的振型图

(b) 模态5的振型图

(c) 模态11的振型图

(d) 模态15的振型图

图 4-23　4 种模态的振型图

4.5　超声导波模态振型矩阵分析

由于钢轨中各模态相互正交，因此可以将激发的振型看作各种模态和对应权重的乘积之和，也可以通过多个激发的模态反推各种模态的权重进行模态分析。

对钢轨横截面进行网格单元离散，其波动方程可以表示为

$$[\boldsymbol{K}_1 + \mathrm{i}\xi\boldsymbol{K}_2 + \xi^2\boldsymbol{K}_3 - \omega^2\boldsymbol{M}]U = 0 \qquad (4\text{-}10)$$

式中，

$$\boldsymbol{K}_1 = \bigcup_{e=1}^{n} k_1^e = \bigcup_{e=1}^{n} \int_{\Omega_e} [\boldsymbol{B}_1^{\mathrm{T}} \boldsymbol{c} \boldsymbol{B}_1] \mathrm{d}\Omega_e$$

$$\boldsymbol{K}_2 = \bigcup_{e=1}^{n} k_2^e = \bigcup_{e=1}^{n} \int_{\Omega_e} [\boldsymbol{B}_1^{\mathrm{T}} \boldsymbol{c} \boldsymbol{B}_2 - \boldsymbol{B}_2^{\mathrm{T}} \boldsymbol{c} \boldsymbol{B}_1] \mathrm{d}\Omega_e \quad (4\text{-}11)$$

$$\boldsymbol{K}_3 = \bigcup_{e=1}^{n} k_3^e = \bigcup_{e=1}^{n} \int_{\Omega_e} [\boldsymbol{B}_2^{\mathrm{T}} \boldsymbol{c} \boldsymbol{B}_2] \mathrm{d}\Omega_e$$

$$\boldsymbol{M} = \bigcup_{e=1}^{n} m^e = \bigcup_{e=1}^{n} \int_{\Omega_e} [\boldsymbol{N}^{\mathrm{T}} \boldsymbol{\rho}_e \boldsymbol{N}] \mathrm{d}\Omega_e$$

式中，$\boldsymbol{K}_1$、$\boldsymbol{K}_2$、$\boldsymbol{K}_3$ 为总体刚度矩阵；$\boldsymbol{M}$ 为质量矩阵；e 为单元序号。式（4-10）的求解是特征方程的求解，给定角频率 ω，可以计算得到特征值 ξ 和特征向量 $[\hat{\boldsymbol{U}} \cdots \xi \hat{\boldsymbol{U}}]^{\mathrm{T}}$，其中，$\xi$ 为超声导波的波数，$\hat{\boldsymbol{U}}$ 为超声导波在钢轨中各节点处的振动位移，3 个自由度分量按节点序号排列。

将式（4-10）改写成 $(\boldsymbol{A} - \xi \boldsymbol{B})\boldsymbol{U} = 0$ 的形式：

$$\left(\begin{bmatrix} 0 & \boldsymbol{K}_1 - \omega^2 \boldsymbol{M} \\ \boldsymbol{K}_1 - \omega^2 \boldsymbol{M} & \boldsymbol{K}_2 \end{bmatrix} - \xi \begin{bmatrix} \boldsymbol{K}_1 - \omega^2 \boldsymbol{M} & 0 \\ 0 & -\boldsymbol{K}_3 \end{bmatrix} \right) \begin{bmatrix} \hat{\boldsymbol{U}} \\ \xi \hat{\boldsymbol{U}} \end{bmatrix} = 0 \quad (4\text{-}12)$$

$$\boldsymbol{A} = \begin{bmatrix} 0 & \boldsymbol{K}_1 - \omega^2 \boldsymbol{M} \\ \boldsymbol{K}_1 - \omega^2 \boldsymbol{M} & \boldsymbol{K}_2 \end{bmatrix}, \boldsymbol{B} = \begin{bmatrix} \boldsymbol{K}_1 - \omega^2 \boldsymbol{M} & 0 \\ 0 & -\boldsymbol{K}_3 \end{bmatrix} \quad (4\text{-}13)$$

激励信号 $v_1(t)$ 的频域表达式为

$$V_1(\omega) = F[v_1(t)] = \int_{-\infty}^{\infty} v_1(t) \mathrm{e}^{-\mathrm{i}\omega t} \mathrm{d}t \quad (4\text{-}14)$$

式中，$F[v_1(t)]$ 为时域函数 $v_1(t)$ 的频域转换。

钢轨的系统频率响应函数为

$$H(\mathrm{i}\omega) = \sum_{m=1}^{2M} -\frac{\boldsymbol{\phi}_m^L \tilde{p}}{B_m} \boldsymbol{\phi}_m^{R_1} \mathrm{e}^{\mathrm{i}[\xi_m(z-z_0)]} \quad (4\text{-}15)$$

式中，N 为模态的数量；$\tilde{p}$ 为激励信号的幅值；$\boldsymbol{\phi}_n^L$ 和 $\boldsymbol{\phi}_n^{R_1}$ 分别为模态 n 的左特征向量和右特征向量的上半部分；z 和 z_0 分别为响应点和激励点的纵向坐标。

$$B_n = \boldsymbol{\phi}_n^L \boldsymbol{B} \boldsymbol{\phi}_n^{R_1} \quad (4\text{-}16)$$

式中，$\boldsymbol{B}$ 如式（4-17）所示。

$$\boldsymbol{B} = \begin{bmatrix} \boldsymbol{K}_1 - \omega^2 \boldsymbol{M} & 0 \\ 0 & -\boldsymbol{K}_3 \end{bmatrix} \quad (4\text{-}17)$$

则钢轨的激励响应结果在频域可以表示为

$$G(i\omega) = V(i\omega)H(i\omega) \tag{4-18}$$

设频率为 ω 时共 m 种模态,采集钢轨 d 个不同位置点的信号,各采集点信号的频域响应为 $G_d(i\omega)$,则频域响应可以表示为所有导波模态传播的叠加形式:

$$V(\omega)\begin{bmatrix} \phi_{11}^{R_1}e^{i[\xi_1(\omega)(z_1-z_0)]} & \phi_{12}^{R_1}e^{i[\xi_2(\omega)(z_1-z_0)]} & \cdots & \phi_{1m}^{R_1}e^{i[\xi_m(\omega)(z_1-z_0)]} \\ \phi_{21}^{R_1}e^{i[\xi_1(\omega)(z_2-z_0)]} & \phi_{22}^{R_1}e^{i[\xi_2(\omega)(z_2-z_0)]} & \cdots & \phi_{2m}^{R_1}e^{i[\xi_m(\omega)(z_2-z_0)]} \\ \vdots & \vdots & & \vdots \\ \phi_{d1}^{R_1}e^{i[\xi_1(\omega)(z_d-z_0)]} & \phi_{d2}^{R_1}e^{i[\xi_2(\omega)(z_d-z_0)]} & \cdots & \phi_{dm}^{R_1}e^{i[\xi_m(\omega)(z_d-z_0)]} \end{bmatrix} \times \begin{bmatrix} \alpha_1(\omega) \\ \alpha_2(\omega) \\ \vdots \\ \alpha_m(\omega) \end{bmatrix} = \begin{bmatrix} G_1(\omega) \\ G_2(\omega) \\ \vdots \\ G_d(\omega) \end{bmatrix} \tag{4-19}$$

若信号中存在有效频段内对应的所有模态,则通过对钢轨中传播的超声导波信号进行阵列采集,并将其转换为频域序列 $G(i\omega)$。将激励信号的频域序列 $V(\omega)$,d 个采样点的纵向位置 z_d,各采样点在采集方向上的振动响应的频域信号矩阵 $[G_1(\omega) \quad G_2(\omega) \quad \cdots \quad G_m(\omega)]^T$,不同频率下所有模态在采集点相应采集方向上的振型数据 $\phi_{dm}^{R_1}$,以及波数 $\xi_m(\omega)$ 全部代入式(4-19)中,即可得出所有模态的占比矩阵,实现钢轨中超声导波模态的定量辨识。

由式(4-19)可知,在给定频率下,钢轨上任意一点的振动位移是所有模态在该点振动位移的叠加。反之,每种模态在任意一点的振动位移可以由该点的总位移拆分得到。对于 ω 下的模态 m,经过辨识可得比例系数 α_m,当纵向坐标为 z,对于半解析横截面离散单元的所有节点,如 69 号节点,在该节点由模态 m 产生的 x 轴方向的振动位移的频域响应可以表示为

$$G_{69x}(i\omega) = V(i\omega) \cdot \alpha_m \phi_m^{R_{69x}} e^{i[\xi_m(\omega)(z-z_0)]} \tag{4-20}$$

根据采样信号的频谱分析结果,选定有效频段 $[\omega_{\min}, \omega_{\max}]$,设频率间隔为 $\Delta\omega$,根据式(4-20)计算此有效频段内所有频率点的振动位移幅值,并组成向量的形式:

$$\boldsymbol{G}_{69x} = \{G_{69x}(i\omega_{\min}), G_{69x}[i(\omega_{\min}+\Delta\omega)], \cdots, G_{69x}(i\omega_{\max})\} \tag{4-21}$$

通过傅里叶逆变换,即可获取该点的时域响应:

$$g_{69x}(t) = \frac{1}{2\pi}\int \boldsymbol{G}_{69x} e^{i\omega t} d\omega \tag{4-22}$$

若发生振动位移的质点与钢轨横截面的网格节点不重合,则需要应用有限差分法计算该质点的振动位移。假设该质点所在三角形单元的 3 个节点坐标分别为 $i(x_i, y_i)$、$j(x_j, y_j)$ 和 $k(x_k, y_k)$,在这 3 个节点处计算得到的单模态在求解方向上对应的振动响应信号为 $g_i(t)$、$g_j(t)$ 和 $g_k(t)$,则在单元内任一质点处,由该单模态产生的

振动响应可以表示为

$$g_v(t) = N(x,y)q^{(e)} \quad (4\text{-}23)$$

式中，$N(x,y)$ 为形函数矩阵；$q^{(e)}$ 为单元节点的振动响应矩阵。

$$N(x,y) = [N_i \quad N_j \quad N_k] \quad (4\text{-}24)$$

$$q^{(e)} = [g_i(t) \quad g_j(t) \quad g_k(t)]^T \quad (4\text{-}25)$$

单元节点的形函数可以根据式（4-26）计算：

$$\begin{aligned} N_i &= \frac{1}{2S}(\alpha_i + \beta_i x + \delta_i y) \\ N_j &= \frac{1}{2S}(\alpha_j + \beta_j x + \delta_j y) \\ N_k &= \frac{1}{2S}(\alpha_k + \beta_k x + \delta_k y) \end{aligned} \quad (4\text{-}26)$$

式中，S 为单元面积；α、β、δ 为中间系数，它们可以根据单元节点的坐标计算得到。

由此可以实现在完整钢轨上任意质点处，3 个方向单模态振动响应信号的提取，该质点处的总信号即所有单模态信号的叠加。为了研究基于模态定量辨识的超声导波单模态提取算法在完整钢轨中的应用，需要建立完整的钢轨三维模型，轨长设定为 200 m。应用 ANSYS 软件仿真计算钢轨的振动响应，通过选取节点并提取其位移计算结果来模拟采集的接收信号。

为了能清楚地展示结果，选取了 5 周期的中心频率为 200Hz 的低频信号，在该频率下，钢轨存在水平弯曲模态、垂直弯曲模态、扭转模态及伸展模态 4 种模态。在距离钢轨端面[100m,101.55m]处，设置 32 个横截面，采样横截面间隔为 0.05m。在每个横截面上设置 8 个节点进行采样，共计 256 个采样节点，如图 4-24 所示。

在轨头侧面中点处，分别对钢轨施加纵向激励、横向激励、垂向激励，仿真时间步长为 2×10^{-4}s。进行纵向激励时，激发的纵向传播模态速度较大，仿真步数设置为 450，运算时间共计 0.09s；进行横向激励时，仿真步数设置为 750，运算时间共计 0.15s；进行垂向激励时，仿真步数设置为 600，运算时间共计 0.12s。运行并进行计算，得到仿真结果。共采集了 32×8 个节点的振动位移信号，其中，进行横向激励时，在 32 个横截面上 69 号节点处的时域信号波形图如图 4-25 所示。

第 4 章　钢轨中超声导波的模态分析方法

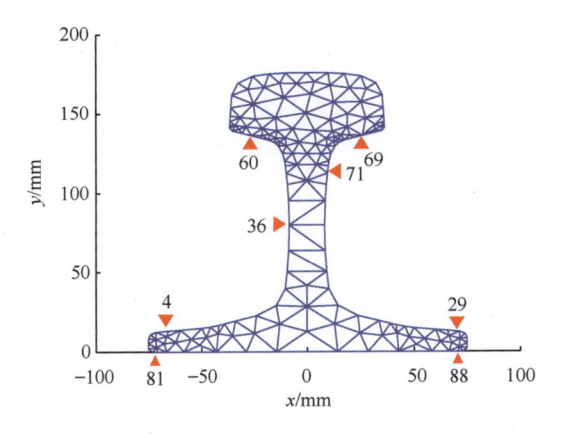

图 4-24　采样节点

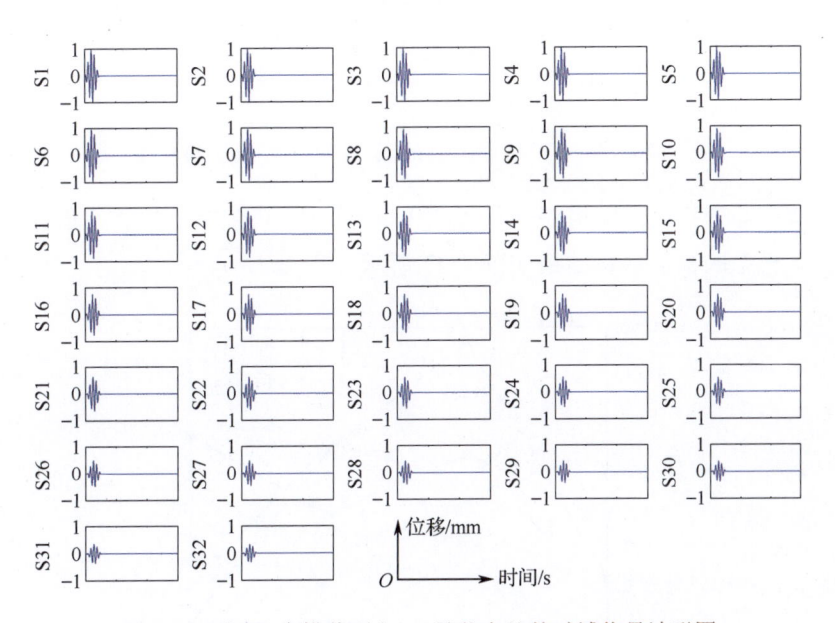

图 4-25　在 32 个横截面上 69 号节点处的时域信号波形图

由图 4-25 可以看出，69 号节点处的时域信号波形在[100m,101.55m]区间内几乎没有发生变化，且未发生模态分离，仅在幅值上有所变动。然后，对时域信号进行 FFT，分析各模型的频谱成分，在 32 个横截面上 69 号节点处的频谱分析结果如图 4-26 所示。

由图 4-26 可以看出，在[100m,101.55m]区间内 32 个横截面的 69 号节点处频率成分均集中于[100Hz,300Hz]区间内，200Hz 附近的频率成分最多，与激励信号的中心频率一致。频率成分的幅值变化情况与时域信号波形的振幅变化情况相同，频率成分的幅值取决于节点处的能量。

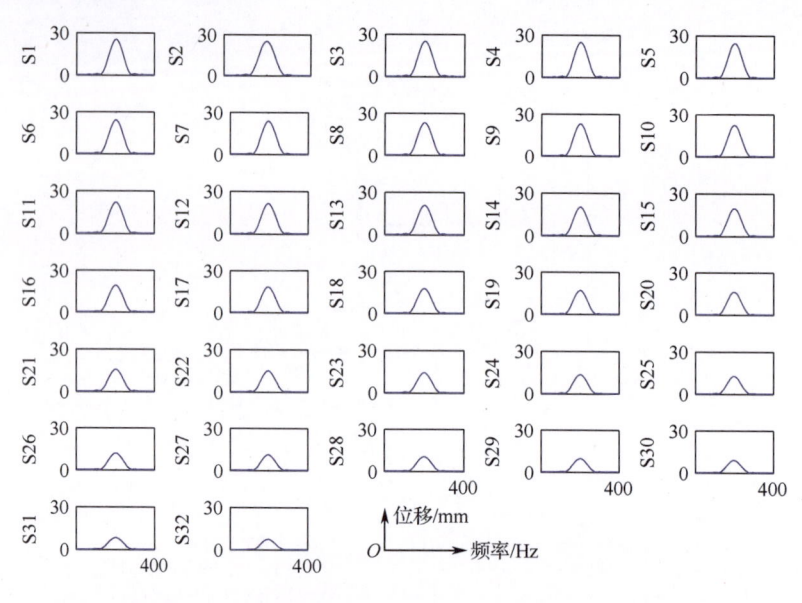

图 4-26 在 32 个横截面上 69 号节点处的频谱分析结果

将经傅里叶变换后的频域序列代入式（4-19）中，辨识钢轨中的超声导波模态成分含量，各模态的幅值计算结果如图 4-27 所示。

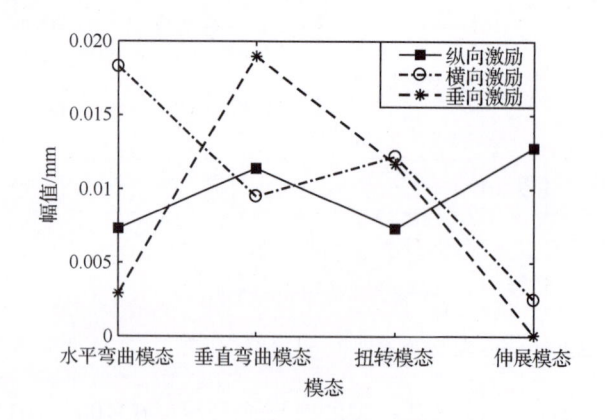

图 4-27 各模态的幅值计算结果

由图 4-27 可知，当纵向激励钢轨时，钢轨中的伸展模态较多；当横向激励钢轨时，钢轨中的水平弯曲模态和扭转模态较多；当垂向激励钢轨时，钢轨中的垂直弯曲模态较多。

选定有效频段为[100Hz,300Hz]，应用单模态提取算法分别计算当纵向、横向、垂向激励钢轨时，距离激励点 30m 处，轨头同向接收的总波形及单模态的波形图如图 4-28 所示。

第4章 钢轨中超声导波的模态分析方法

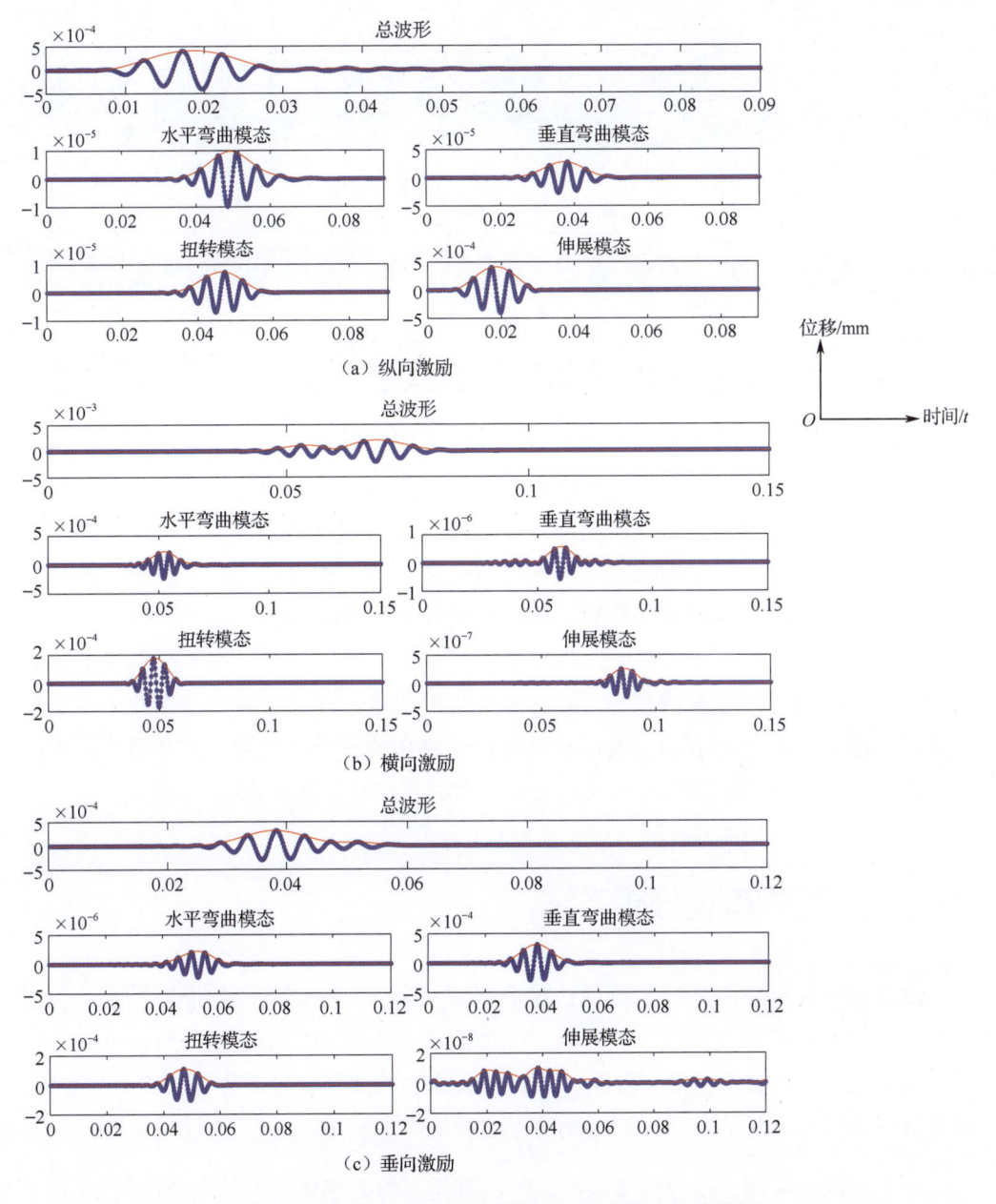

(a) 纵向激励

(b) 横向激励

(c) 垂向激励

图 4-28 轨头同向接收的总波形及单个模态的波形图

从图 4-28 中可以清晰地看出，当纵向激励钢轨时，主模态为伸展模态；当横向激励钢轨时，主模态为水平弯曲模态和扭转模态；当垂向激励钢轨时，主模态为垂直弯曲模态。此结论与模态定量辨识结果一致。

第 5 章

钢轨中超声导波模态的激励控制

针对钢轨内部不同区域和不同类型的裂纹，需要激励对该类型裂纹敏感的超声导波模态，以提高裂纹识别率。在确定需要激励的超声导波模态后，下一步就需要研究如何在钢轨中激发该模态的超声导波信号。成功激发单模态的超声导波信号是消除多模态影响、降低后期模态分析和信号处理复杂度的有效途径。对于平板和管道这类横截面形状简单的波导介质，其内部的模态种类也较少，通过相位和时间控制容易实现对模态的选择与控制。而钢轨的几何结构相对复杂，在高频情况下模态的数量较多，对超声导波模态的控制与分析相对困难。因此如何实现钢轨中超声导波模态的激励控制是许多研究人员和学者正在攻克的难题。本章主要介绍激励响应分析方法，以及基于振型矩阵和相控延时技术的超声导波模态激励控制方法。

5.1 激励响应分析方法

激励响应分析方法是一种通过计算求解输入信号响应结果的数值分析方法。在进行激励响应分析时，首先，需要确定施加的激励信号的类型，如三角波信号、经汉宁窗调制的正弦波信号等；其次，需要确定施加的激励信号的位置和方向；最后，通过解析求解得到远处某一点的激励信号的振动响应结果。

在求解钢轨中任意信号的激励响应时，首先应得到钢轨近似的系统函数 $H(\omega)$，然后对激励信号做傅里叶变换，得到频域信号 $V(\omega)$，最后对激励响应结果 $G(\omega)=H(\omega)V(\omega)$ 做傅里叶逆变换，就可以得到激励响应的时域图。

对于完整钢轨而言，关于 $v_1(t)$ 的频域表达式为

$$V_1(\omega) = F[v_1(t)] = \int_{-\infty}^{\infty} v_1(t) e^{-i\omega t} dt \tag{5-1}$$

式中，$F[v_1(t)]$ 为时域函数 $v_1(t)$ 的频域转换。

第5章 钢轨中超声导波模态的激励控制

钢轨的系统频率响应函数为

$$H(i\omega) = \sum_{m=1}^{2M} -\frac{\boldsymbol{\phi}_m^L \tilde{p}}{B_m} \boldsymbol{\phi}_m^{R_1} e^{i[\xi_m(z-z_0)]} \tag{5-2}$$

式中，M 为模态的数量；$\tilde{p}$ 为激励信号的幅值；$\boldsymbol{\phi}_m^L$ 和 $\boldsymbol{\phi}_m^{R_1}$ 分别为模态 m 的左特征向量和右特征向量的上半部分；z 和 z_0 分别为响应点和激励点的纵向位置。B_m 如式（5-3）所示：

$$\boldsymbol{B}_m = \boldsymbol{\phi}_m^L \boldsymbol{B} \boldsymbol{\phi}_m^R \tag{5-3}$$

则钢轨的振动响应 $g(t)$ 可以由式（5-4）计算：

$$g(t) = F^{-1}[G(i\omega)] = F^{-1}[V(i\omega) \cdot H(i\omega)] = \frac{1}{2\pi}\int[V(i\omega) \cdot H(i\omega)] e^{i\omega t} d\omega \tag{5-4}$$

式中，$F^{-1}[G(i\omega)]$ 为对 $G(i\omega)$ 进行傅里叶逆变换后的时域信号。由此，可以计算钢轨中的指定节点对激励信号的振动响应。

按照第3章中介绍的钢轨模型建立方法，分别建立2m、3m、5m及10m长钢轨模型，应用三维有限元法，横向激励钢轨一端轨腰的中点，计算1m处轨腰中点的同向振动响应。不同长度钢轨模型振动响应的三维有限元仿真结果如图5-1所示。2m长钢轨模型的仿真结果中包含直达波波包和端面反射回波波包，而3m、5m、10m长钢轨模型的仿真结果中仅存在直达波波包。其中，3m与5m长钢轨模型的仿真结果在相位和幅值上略有差异，而5m和10m长钢轨模型的仿真结果完全重合。由此可以得出，当模型足够长时，模型的长度对振动响应结果无影响。

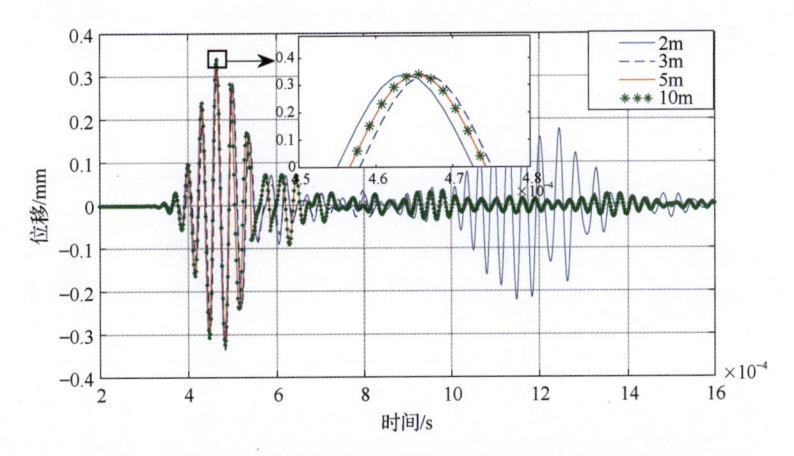

图 5-1 不同长度钢轨模型振动响应的三维有限元仿真结果

针对2m长钢轨模型的三维有限元法的计算结果，应用半解析有限元法求解钢轨中距离激励点1m处节点的振动响应情况。设置与三维有限元仿真相同的激励点及接收点,如图 5-2(a)所示。从图 5-2(a)中可以看出,通过两种仿真方法计算的振动响应的直达波波包几乎重合。而对于三维有限元法,由于仿真钢轨长度较短,因此端面回波波包非常明显;半解析有限元法的计算结果中只存在直达波波包,没有端面回波波包。可见,半解析有限元法不受端面回波的影响,更适用于长距离钢轨的仿真。

再次应用这两种仿真方法分别计算 3m、5m、10m 三种不同长度钢轨模型距离激励点 1m 处的振动响应计算结果,如图 5-2(b)~图 5-2(d)所示。从图 5-2 中可以看出,随着通过三维有限元法仿真的钢轨模型的加长,应用上述两种方法计算得到的振动响应信号的差异性逐渐减小,当钢轨模型加长至 5m 时,两个信号的主波包趋于重合。因此,可以应用半解析有限元法对长距离完整钢轨的振动响应进行仿真。

(a) 2m长钢轨模型距离激励点1m处的振动响应结果

(b) 3m长钢轨模型距离激励点1m处的振动响应结果

(c) 5m长钢轨模型距离激励点1m处的振动响应结果

(d) 10m长钢轨模型距离激励点1m处的振动响应结果

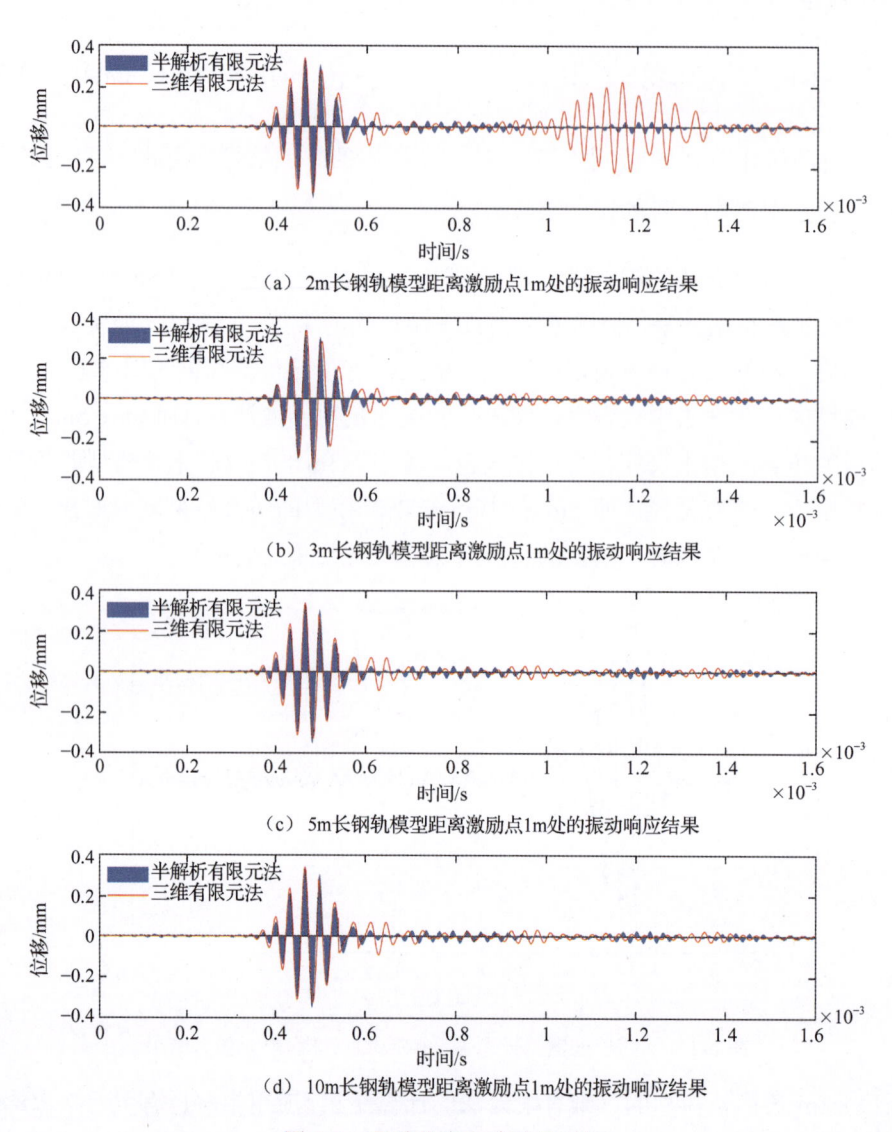

图 5-2 两种仿真方法结果对比

5.2 基于振型矩阵的超声导波模态激励方法

本节基于超声导波模态的振型矩阵研究超声导波模态的激励方法，确定超声导波模态的最佳激励方向、激励系数和激励点，并采用激励响应分析方法对超声导波模态的激励方法进行仿真验证。

5.2.1 超声导波模态激励方向研究

为了实现对特定模态的激励，首先需要对超声导波模态的激励方向进行研究，在激发特定模态的同时抑制其他干扰模态的产生。为了研究模态激励方向之间的关系，本节从各模态振型之间的耦合性入手进行分析。用欧几里得距离（以下简称"欧氏距离"）来描述钢轨中超声导波模态的振动向量之间的相对距离。当超声导波模态的振动向量之间的相对距离较大时，各模态振型之间的耦合性较低。此时，可选择最大欧氏距离所对应的方向作为模态的最佳激励方向。

对钢轨施加激励信号时，只能将其作用在钢轨模型外部特征节点上。钢轨模型外部可施加激励信号的特征节点如图 5-3 所示，用圆点标出了所有的特征节点。钢轨横截面定义为 y-z 平面，沿钢轨纵向为 x 轴方向。

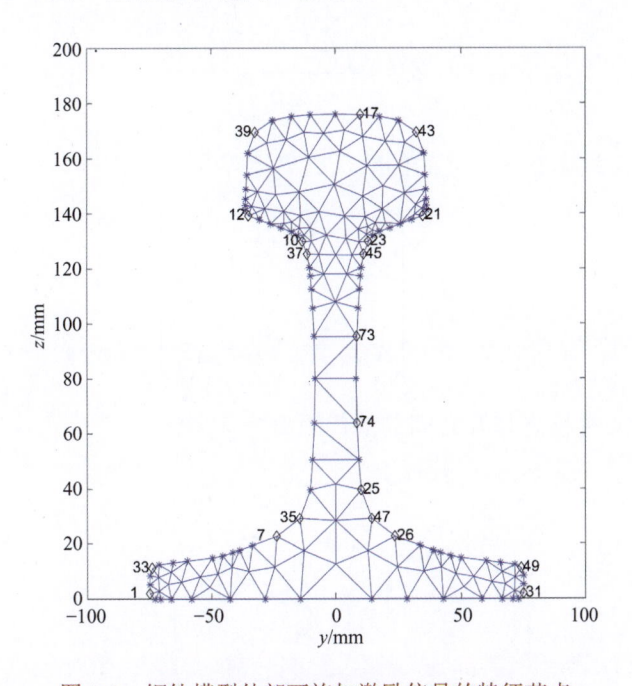

图 5-3 钢轨模型外部可施加激励信号的特征节点

在第 2 章中，通过半解析有限元法求解一般均质波动方程后，可得到图 5-3 中所有特征节点的振动位移矩阵。在图 5-3 中钢轨模型外部可施加激励信号的特征节点共有 97 个，记作 p。每个特征节点的位移矢量分别为 x_i, y_i, z_i。假设在特定频率 f 的激励下，钢轨中出现了 k 种模态，则模态 m 所有特征节点的位移矩阵为

$$\boldsymbol{X}_m = [x_{1m} \quad x_{2m} \quad \cdots \quad x_{pm}]^{\mathrm{T}} \tag{5-5}$$

$$\boldsymbol{Y}_m = [y_{1m} \quad y_{2m} \quad \cdots \quad y_{pm}]^{\mathrm{T}} \tag{5-6}$$

$$\boldsymbol{Z}_m = [z_{1m} \quad z_{2m} \quad \cdots \quad z_{pm}]^{\mathrm{T}} \tag{5-7}$$

欧氏距离可用来描述超声导波各模态在三维空间的相对距离。可定义模态 m、模态 n 在钢轨横截面 x 轴、y 轴和 z 轴方向的欧氏距离为

$$X_{mn} = \frac{\sqrt{\sum_{i=1}^{p}(x_{im}-x_{in})^2}}{p} \tag{5-8}$$

$$Y_{mn} = \frac{\sqrt{\sum_{i=1}^{p}(y_{im}-y_{in})^2}}{p} \tag{5-9}$$

$$Z_{mn} = \frac{\sqrt{\sum_{i=1}^{p}(z_{im}-z_{in})^2}}{p} \tag{5-10}$$

在 x 轴方向 k 种模态相互之间的欧氏距离矩阵为

$$\boldsymbol{X} = \begin{bmatrix} X_{11} & X_{12} & \cdots & X_{1k} \\ X_{21} & X_{22} & \cdots & X_{2k} \\ \vdots & \vdots & & \vdots \\ X_{k1} & X_{k2} & \cdots & X_{kk} \end{bmatrix} \tag{5-11}$$

在 y 轴方向 k 种模态相互之间的欧氏距离矩阵为

$$\boldsymbol{Y} = \begin{bmatrix} Y_{11} & Y_{12} & \cdots & Y_{1k} \\ Y_{21} & Y_{22} & \cdots & Y_{2k} \\ \vdots & \vdots & & \vdots \\ Y_{k1} & Y_{k2} & \cdots & Y_{kk} \end{bmatrix} \tag{5-12}$$

在 z 轴方向 k 种模态相互之间的欧氏距离矩阵为

第 5 章 钢轨中超声导波模态的激励控制

$$\boldsymbol{Z} = \begin{bmatrix} Z_{11} & Z_{12} & \cdots & Z_{1k} \\ Z_{21} & Z_{22} & \cdots & Z_{2k} \\ \vdots & \vdots & & \vdots \\ Z_{k1} & Z_{k2} & \cdots & Z_{kk} \end{bmatrix} \quad (5\text{-}13)$$

计算钢轨在 f 激励下的模态 m 在 x 轴、y 轴和 z 轴方向上的欧氏距离平均值 $\bar{x}_m$、$\bar{y}_m$ 和 $\bar{z}_m$ 后，根据得到的平均值确定模态 m 的最佳激励方向。

基于第 2 章的超声导波频散曲线结果，分别对低频和高频下的超声导波模态进行研究。

（1）低频下的超声导波模态。此时选用的频率为 200Hz，在 200Hz 下超声导波共 4 种模态。在 200Hz 激励下 CHN60 型钢轨的振型图如图 5-4 所示。

(a) C_p=397.7m/s，水平弯曲模态

(b) C_p=628.3m/s，垂直弯曲模态

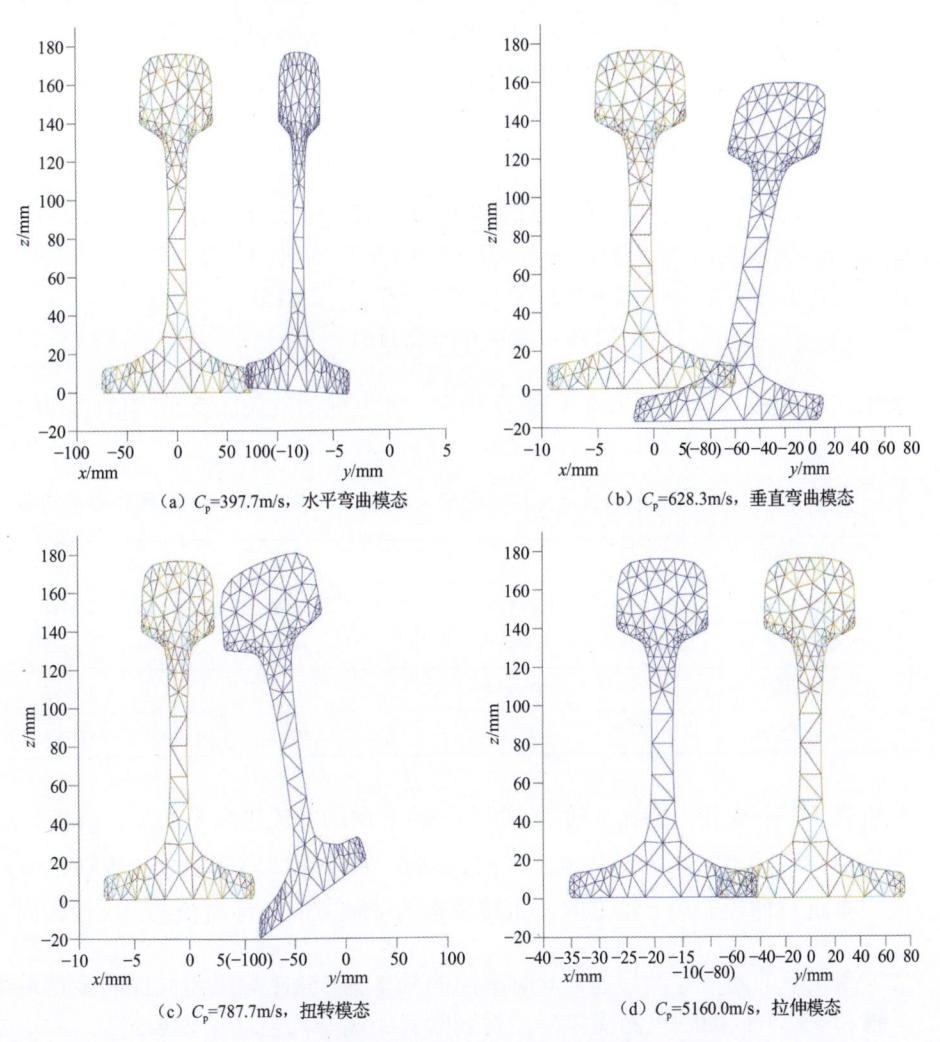

(c) C_p=787.7m/s，扭转模态

(d) C_p=5160.0m/s，拉伸模态

图 5-4 在 200Hz 激励下 CHN60 钢轨的振型图

将以上 4 种模态的 226 个节点在 x 轴、y 轴和 z 轴方向的振动位移代入式(5-11)、式（5-12）和式（5-13）中，得到 3 个大小为 4×4 的欧氏距离矩阵。

x 轴方向的欧氏距离矩阵为

$$\boldsymbol{X} = \begin{bmatrix} 0 & 0.4762 & 0.2394 & 7.4276 \\ 0.4762 & 0 & 0.4623 & 7.4582 \\ 0.2394 & 0.4623 & 0 & 7.4268 \\ 7.4276 & 7.4582 & 7.4268 & 0 \end{bmatrix} \quad (5\text{-}14)$$

y 轴方向的欧氏距离矩阵为

$$\boldsymbol{Y} = \begin{bmatrix} 0 & 0.2718 & 4.3946 & 2.2718 \\ 0.2718 & 0 & 3.6784 & 0.0289 \\ 4.3946 & 3.6784 & 0 & 3.6789 \\ 2.2718 & 0.0289 & 3.6789 & 0 \end{bmatrix} \quad (5\text{-}15)$$

z 轴方向的欧氏距离矩阵为

$$\boldsymbol{Z} = \begin{bmatrix} 0 & 3.4229 & 2.4912 & 0.1794 \\ 3.4229 & 0 & 4.1285 & 3.4164 \\ 2.4912 & 4.1285 & 0 & 2.3151 \\ 0.1794 & 3.4164 & 2.3151 & 0 \end{bmatrix} \quad (5\text{-}16)$$

求出在 200Hz 下 4 种模态在 x 轴、y 轴和 z 轴方向的欧氏距离平均值（见表 5-1）。

表 5-1　在 200Hz 激励下钢轨模型 4 种模态在 x 轴、y 轴和 z 轴方向的欧氏距离平均值

模态	$\bar{x}$/mm	$\bar{y}$/mm	$\bar{z}$/mm
水平弯曲模态	2.7144	2.9794	2.0311
垂直弯曲模态	2.7989	1.9931	3.6559
扭转模态	2.7095	3.9173	2.9782
伸展模态	7.4375	1.9932	1.9703

分析表 5-1 中 4 种模态在 x 轴、y 轴和 z 轴方向的欧氏距离平均值，将最大欧氏距离平均值对应的方向作为最佳激励方向。因此，水平弯曲模态的最佳激励方向为 y 轴方向，垂直弯曲模态为 z 轴方向，扭转模态为 y 轴方向，伸展模态为 x 轴方向。

（2）高频下的超声导波模态。此时选用的频率为 35kHz，采用同样的步骤求出 x 轴、y 轴和 z 轴方向的欧氏距离矩阵，得到欧氏距离平均值（见表 5-2）。

表 5-2 在 35kHz 激励下钢轨模型 4 种模态在 x 轴、y 轴和 z 轴方向的欧氏距离平均值

模态序号	$\bar{x}$/mm	$\bar{y}$/mm	$\bar{z}$/mm
1	0.0927	0.0806	0.1116
2	0.0924	0.0788	0.1096
3	0.1017	0.1197	0.0809
4	0.0927	0.0829	0.1191
5	0.0936	0.1020	0.1125
6	0.0940	0.0946	0.1213
7	0.0925	0.0785	0.1165
8	0.0977	0.1153	0.0926
9	0.0925	0.1064	0.1102
10	0.1062	0.1381	0.0822
11	0.1069	0.1336	0.0951
12	0.0936	0.0931	0.1524
13	0.1043	0.0993	0.1541
14	0.1146	0.1456	0.0976
15	0.1279	0.1456	0.0984
16	0.2109	0.0963	0.1218
17	0.1910	0.1055	0.1592
18	0.1751	0.1903	0.1489
19	0.2364	0.1169	0.0882
20	0.2733	0.1226	0.0916

根据表 5-2 中的数据可以得到不同模态的最佳激励方向。

5.2.2 超声导波模态激励系数研究

在施加激励信号时，希望通过控制施加在钢轨各部位的激励信号的大小来实现对特定模态的激励。为了细化研究施加在钢轨不同部位激励信号的大小与激发的超声导波模态之间的关系，将钢轨横截面划分 3 个区域，如图 5-5 所示。依据外部特征节点的振动位移引入激励系数 γ，根据激励系数的大小在钢轨的不同区域施加一定比例的激励信号。

模态 m 在轨头的激励系数 RH_γ_m 表达式为

$$RH\_\gamma_m = \frac{\sum_{i=1}^{g}|x_i| + \sum_{i=1}^{g}|y_i| + \sum_{i=1}^{g}|z_i|}{\sum_{j=1}^{y}|x_j| + \sum_{j=1}^{y}|y_j| \left| \sum_{j=1}^{y}|z_j| \right.} \tag{5-17}$$

式中，g 为轨头的外部特征节点的数量。

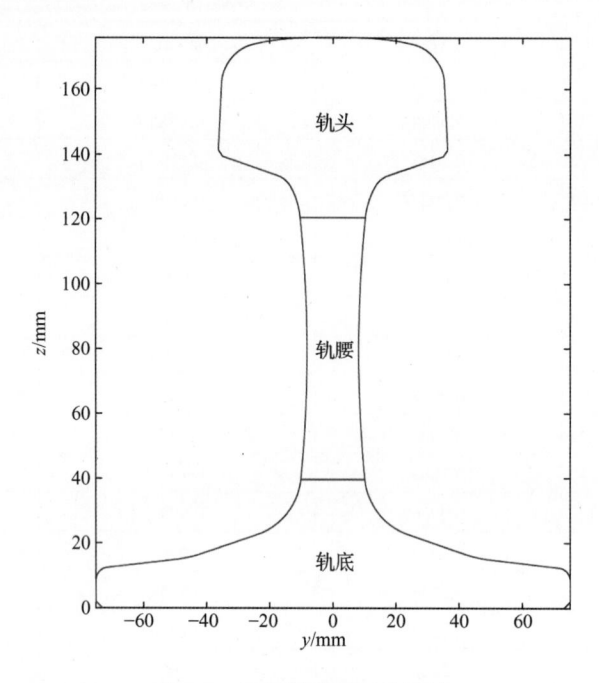

图 5-5 钢轨横截面划分区域

模态 m 在轨腰的激励系数 RW_γ_m 表达式为

$$RW\_\gamma_m = \frac{\sum_{i=1}^{h}|x_i| + \sum_{i=1}^{h}|y_i| + \sum_{i=1}^{h}|z_i|}{\sum_{j=1}^{y}|x_j| + \sum_{j=1}^{y}|y_j|\sum_{j=1}^{y}|z_j|} \tag{5-18}$$

式中，h 为轨腰的外部特征节点的数量。

模态 m 在轨底的激励系数 RB_γ_m 表达式为

$$RB\_\gamma_m = \frac{\sum_{i=1}^{q}|x_i| + \sum_{i=1}^{q}|y_i| + \sum_{i=1}^{q}|z_i|}{\sum_{j=1}^{y}|x_j| + \sum_{j=1}^{y}|y_j|\sum_{j=1}^{y}|z_j|} \tag{5-19}$$

式中，q 为轨底的外部特征节点的数量。

将 200Hz 激励下的轨头、轨腰和轨底外部特征节点的振动位移分别代入式（5-17）、式（5-18）和式（5-19）中，为了简化模态的激励，当激励系数≤0.1时，选择激励系数为0。在200Hz激励下的轨头、轨腰和轨底的激励系数如表5-3所示。

表 5-3 在 200Hz 激励下的轨头、轨腰和轨底的激励系数

模　态	轨头的激励系数	轨腰的激励系数	轨底的激励系数
水平弯曲模态	0.50	0.15	0.35
垂直弯曲模态	0.45	0.15	0.40
扭转模态	0.50	0	0.50
伸展模态	0.50	0.15	0.35

表 5-3 中列出了在 200Hz 下 4 种模态在轨头、轨腰和轨底的激励系数，应首选在激励系数最大的区域布置激励点。水平弯曲模态、垂直弯曲模态和伸展模态的最佳激励区域为轨头，扭转模态的最佳激励区域为轨头和轨底。

由图 2-5 可知，在 35kHz 激励下，钢轨中有超过 20 个模态。按相速度从小到大排列，将前 20 个模态的轨头、轨腰和轨底外部特征节点的振动位移分别代入式（5-17）、式（5-18）和式（5-19）中，得到的结果见表 5-4。

表 5-4 在 35kHz 下轨头、轨腰和轨底的激励系数

模态序号	轨头的激励系数	轨腰的激励系数	轨底的激励系数
1	0	0	1
2	0	0	1
3	0.25	0.75	0
4	0	0	1
5	0.35	0.20	0.45
6	0.24	0.13	0.63
7	1	0	0
8	0.65	0.15	0.20
9	0.60	0	0.40
10	0	0	1
11	0.35	0.10	0.55
12	0.15	0.20	0.65
13	0.25	0.20	0.55
14	0.25	0.20	0.55
15	0.75	0.15	0.10
16	0.20	0	0.80
17	0.40	0.20	0.40
18	0.35	0.15	0.50
19	0.20	0.15	0.65
20	1	0	0

根据表 5-4 中的数据可以得到不同模态下的最佳激励区域。

5.2.3 超声导波模态激励点研究

在确定超声导波模态的激励方向和最佳激励区域之后，需要对激励信号在该区域的施加位置进行研究。基于每个超声导波模态的振型数据，通过分析钢轨模型外部特征节点之间的运动规律确定最佳激励点。用协方差表征钢轨模型外部特征节点的振动位移偏离平均值的情况。根据钢轨模型外部特征节点的整体振动关系选择最佳激励点，选择协方差最大的节点作为钢轨超声导波模态的最佳正向激励点。如果存在负协方差，则协方差最小的节点是最佳反向激励点。

假设在特定频率 f 的激励下，钢轨中出现了 k 种模态，则模态 m 节点 t 和节点 e 在轨头 x 轴、y 轴和 z 轴方向的协方差为

$$\mathrm{RH\_COV}_m(t,e) = \frac{\sum_{s=1}^{3}(t_s - \overline{t})(e_s - \overline{e})}{3-1} \tag{5-20}$$

式中，t_s 表示模态 m 节点 t 在 x 轴、y 轴和 z 轴方向的振动位移；$\overline{t}$ 表示模态 m 节点 t 在 x 轴、y 轴和 z 轴方向的振动位移平均值；e_s 表示模态 m 节点 e 在 x 轴、y 轴和 z 轴方向的振动位移；$\overline{e}$ 表示模态 m 节点 e 在 x 轴、y 轴和 z 轴方向的振动位移平均值。

同理，模态 m 节点 t 和节点 e 分别在轨腰和轨底 x 轴、y 轴和 z 轴方向的协方差为

$$\mathrm{RW\_COV}_m(t,e) = \frac{\sum_{s=1}^{3}(t_s - \overline{t})(e_s - \overline{e})}{3-1} \tag{5-21}$$

$$\mathrm{RB\_COV}_m(t,e) = \frac{\sum_{s=1}^{3}(t_s - \overline{t})(e_s - \overline{e})}{3-1} \tag{5-22}$$

模态 m 在轨头 g 个节点的协方差矩阵为

$$\mathbf{GT\_Cov}_m = \begin{bmatrix} \mathrm{GT\_Cov}(1,1) & \mathrm{GT\_Cov}(1,2) & \cdots & \mathrm{GT\_Cov}(1,g) \\ \mathrm{GT\_Cov}(2,1) & \mathrm{GT\_Cov}(2,2) & \cdots & \mathrm{GT\_Cov}(2,g) \\ \vdots & \vdots & & \vdots \\ \mathrm{GT\_Cov}(g,1) & \mathrm{GT\_Cov}(g,2) & \cdots & \mathrm{GT\_Cov}(g,g) \end{bmatrix} \tag{5-23}$$

同理，模态 m 在轨腰 h 个节点的协方差矩阵为

第5章 钢轨中超声导波模态的激励控制

$$\mathbf{GY\_Cov}_m = \begin{bmatrix} GY\_Cov(1,1) & GY\_Cov(1,2) & \cdots & GY\_Cov(1,h) \\ GY\_Cov(2,1) & GY\_Cov(2,2) & \cdots & GY\_Cov(2,h) \\ \vdots & \vdots & & \vdots \\ GY\_Cov(h,1) & GY\_Cov(h,2) & \cdots & GY\_Cov(h,h) \end{bmatrix} \quad (5-24)$$

模态 m 在轨底 q 个节点的协方差矩阵为

$$\mathbf{GD\_Cov}_m = \begin{bmatrix} GD\_Cov(1,1) & GD\_Cov(1,2) & \cdots & GD\_Cov(1,q) \\ GD\_Cov(2,1) & GD\_Cov(2,2) & \cdots & GD\_Cov(2,q) \\ \vdots & \vdots & & \vdots \\ GD\_Cov(q,1) & GD\_Cov(q,2) & \cdots & GD\_Cov(q,q) \end{bmatrix} \quad (5-25)$$

模态 m 在轨头的协方差矩阵中，如果协方差为正数，则协方差最大的节点就是偏离平均值最多的节点，也就是振动最大节点。因此，选择该节点作为模态 m 在轨头的正向激励点。如果协方差矩阵中有负数，则说明这些协方差反向偏离平均值。根据这些协方差选择轨头的反向激励点。轨腰和轨底的激励点的选取方法相同。选取模态 m 在轨头、轨腰和轨底的正、反向激励点后，再根据模态 m 的特性，选择单侧对称激励的方式或两侧对称激励的方式，以抑制部分模态的产生。

将 200Hz 时 4 种模态的外部特征节点在 x 轴、y 轴和 z 轴方向的振动位移分别代入式（5-23）、式（5-24）和式（5-25）中，得到 12 个协方差矩阵。

在水平弯曲模态的轨头协方差矩阵中，43 号节点的协方差最大，即 43 号节点处水平弯曲模态在轨头的振动位移偏离平均值最多，因此，选择 43 号节点作为轨头的正向激励点。在水平弯曲模态的轨腰协方差矩阵中，45 号节点的协方差最大，因此，选择 45 号节点作为轨腰的正向激励点。在水平弯曲模态的轨底协方差矩阵中，49 号节点的协方差最大，因此，选择 49 号节点作为轨底的正向激励点。根据水平弯曲模态的特性，钢轨横截面沿着钢轨水平方向旋转，因此，选择在钢轨单侧施加激励信号的方式。在钢轨横截面一侧，以平行于 y 轴的轨腰中心线为对称轴选择对称节点，以抑制部分模态的产生。从轨腰选择 25 号节点作为 45 号节点的对称节点，如图 5-6（b）所示。

在垂直弯曲模态的轨头协方差矩阵中，17 号节点的协方差最大，即 17 号节点处垂直弯曲模态在轨头的振动位移偏离平均值最多，因此，选择 17 号节点作为轨头的正向激励点。在垂直弯曲模态的轨腰协方差矩阵中，45 号节点的协方差最大，因此，选择 45 号节点作为轨腰的正向激励点。在垂直弯曲模态的轨底协方差矩阵中，7 号节点的协方差最大，因此，选择 7 号节点作为轨底的正向激励点。

根据垂直弯曲模态的特性，以轨底为轴，钢轨横截面发生前后翻转，因此，选择在钢轨两侧对称施加激励信号的方式。以 z 轴为对称轴，从轨腰选择 37 号节点作为 45 号节点的对称节点，从轨底选择 26 号节点作为 7 号节点的对称节点，如图 5-7（b）所示。

（a）水平弯曲模态振型图

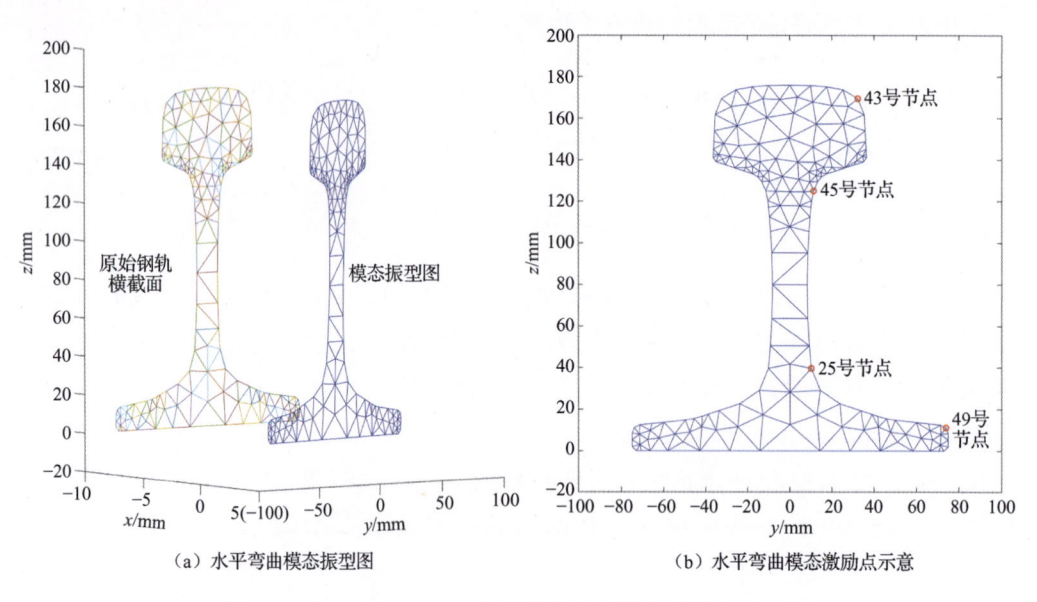

（b）水平弯曲模态激励点示意

图 5-6　在 200Hz 下水平弯曲模态振型图与激励点示意图

（a）垂直弯曲模态振型图

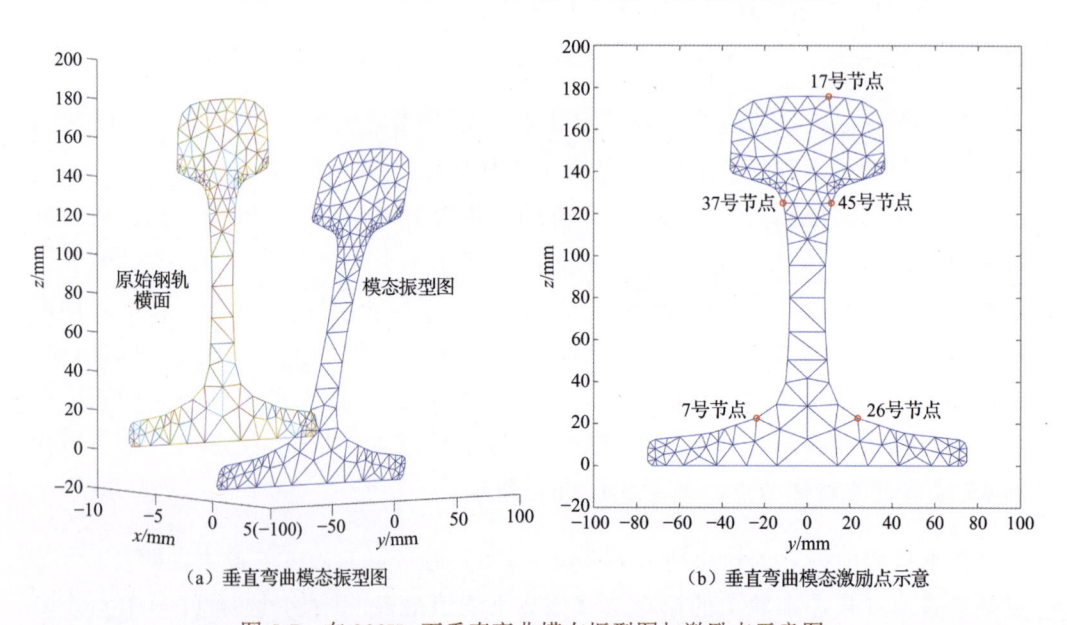

（b）垂直弯曲模态激励点示意

图 5-7　在 200Hz 下垂直弯曲模态振型图与激励点示意图

在扭转模态的轨头协方差矩阵中，43 号节点的协方差最大，即 43 号节点处扭转模态在轨头的振动位移偏离平均值最多，因此，选择 43 号节点作为轨头的正

■第5章　钢轨中超声导波模态的激励控制■

向激励点。在扭转模态的轨腰协方差矩阵中，35号节点的协方差最大，因此，选择35号节点作为轨腰的正向激励点。在扭转模态的轨腰协方差矩阵中存在负数，其中，45号节点的协方差最小，因此，选择45号节点作为轨腰的反向激励点。在扭转模态的轨底协方差矩阵中，33号节点的协方差最大，因此，选择33号节点作为轨底的正向激励点。在扭转模态的轨底协方差矩阵中存在负数，其中，49号节点的协方差最小，因此，选择49号节点作为轨底的反向激励点。根据扭转模态的特性，钢轨横截面沿x轴扭转弯曲，因此，选择在钢轨两侧反方向对称施加激励信号的方式。以z轴为对称轴，从轨头选择39号节点作为43号节点的对称节点，如图5-8所示。

（a）扭转模态振型图

（b）扭转模态激励点示意

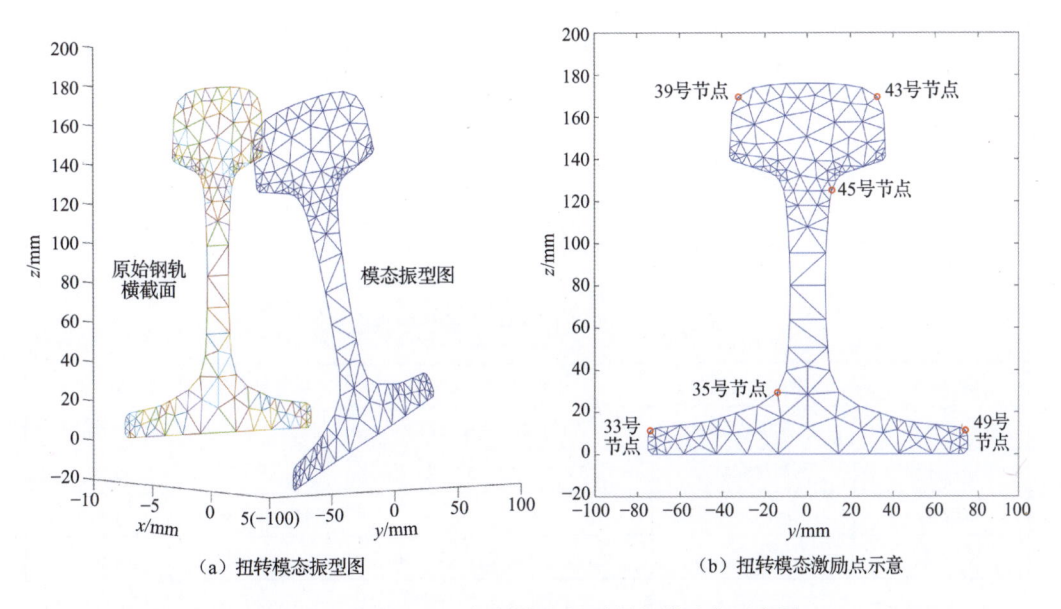

图5-8　在200Hz下扭转模态振型图与激励点示意图

在伸展模态的轨头协方差矩阵中，12号节点的协方差最大，即12号节点处伸展模态在轨头的振动位移偏离平均值最多，因此，选择12号节点作为轨头的正向激励点。在伸展模态的轨腰协方差矩阵中，35号节点的协方差最大，因此，选择35号节点作为轨腰的正向激励点。在伸展模态的轨底协方差矩阵中，1号节点的协方差最大，因此，选择1号节点作为轨底的正向激励点。根据伸展模态的特性，钢轨横截面沿x轴拉伸，因此，选择在钢轨两侧对称施加激励信号的方式。以z轴为对称轴，从轨底选择31号节点作为1号节点的对称节点，从轨腰选择47号节点作为35号节点的对称节点，在轨头选择21号节点作为12号节点的对称节点。在200Hz下伸展模态振型图与激励点示意图如图5-9所示。

— 109 —

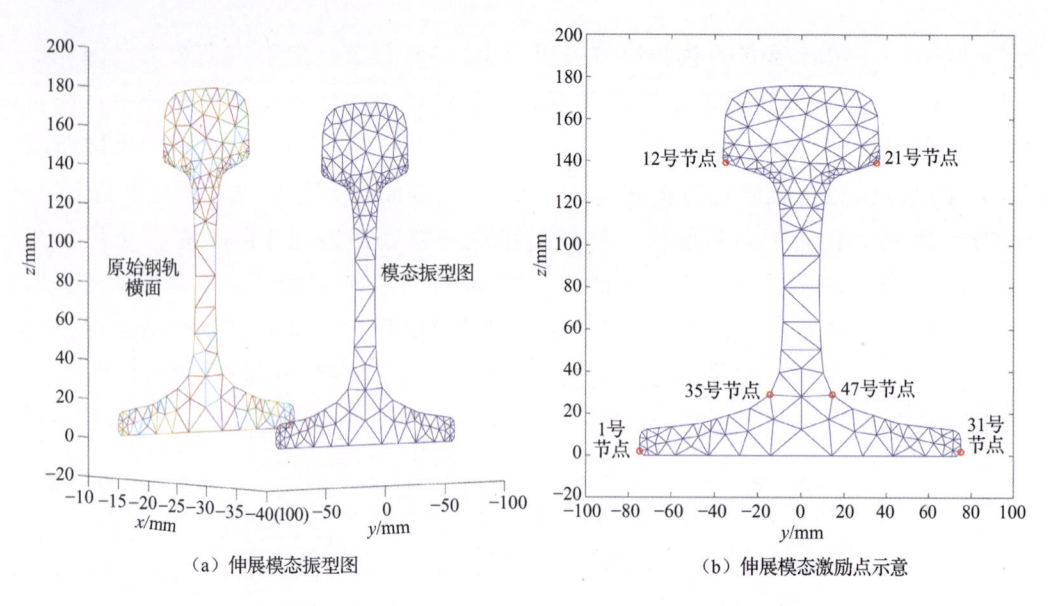

(a) 伸展模态振型图　　　　　　　(b) 伸展模态激励点示意

图 5-9　在 200Hz 下伸展模态振型图与激励点示意图

在 200Hz 下 4 种模态的激励点如表 5-5 所示。

表 5-5　在 200Hz 下 4 种模态的激励点

模态	激励方式	正向激励点	反向激励点	激励方向
水平弯曲模态	单侧激励	43、45、49、25	无	y 轴
垂直弯曲模态	两侧对称激励	7、45、17、37、26	无	z 轴
扭转模态	两侧反向对称激励	43、35、33	45、49、39	y 轴
伸展模态	两侧对称激励	1、35、12、31、47、21	无	x 轴

综上，水平弯曲模态选择 y 轴方向单侧正向激励 43、45、25 和 49 号节点。垂直弯曲模态选择 z 轴方向两侧对称正向激励 17、37、45、7 和 26 号节点。扭转模态选择 y 轴方向两侧对称正向激励 33、35 和 43 号节点，y 轴方向两侧对称反向激励 39、45 和 49 号节点。伸展模态选择 x 轴方向两侧对称正向激励 1、31、35、47、12 和 21 号节点。

分析在 35kHz 下各模态激励点的选取方法。将 20 种模态的外部特征节点在 x 轴、y 轴和 z 轴方向的振动位移分别代入式（5-23）、式（5-24）和式（5-25）中，得到 45 个协方差矩阵。由于在 35kHz 激励下模态较多，这里选取模态 1、模态 2、模态 3、模态 7 和模态 10 进行分析。

在 35kHz 激励下 CHN60 钢轨的振型图如图 5-10 所示。

(a）原始钢轨横截面

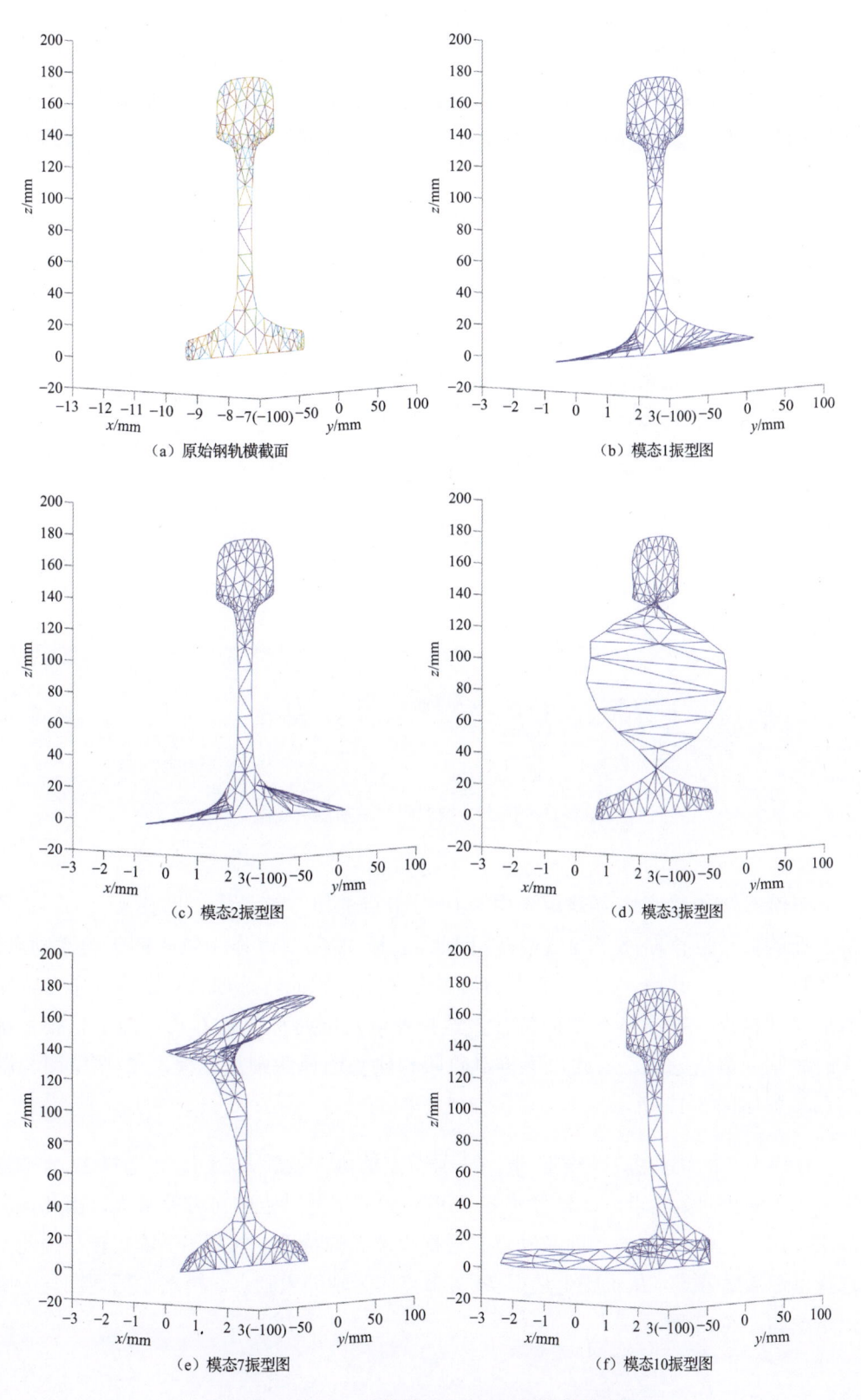

(b）模态1振型图

(c）模态2振型图

(d）模态3振型图

(e）模态7振型图

(f）模态10振型图

图 5-10　在 35kHz 激励下 CHN60 钢轨的振型图

在模态 1 的轨底协方差矩阵中，49 号节点的协方差最大，即模态 1 在 49 号节点处的振动位移偏离平均值最多，因此，选择 49 号节点作为轨底的正向激励点。根据模态 1 的特性，选择两侧对称激励方式，因此，在对称方向选择 33 号节点作为正向激励点。由于轨腰和轨头的激励系数均为 0，因此，不再对轨腰和轨头选择激励点。模态 1 振型图与激励点示意如图 5-11 所示。

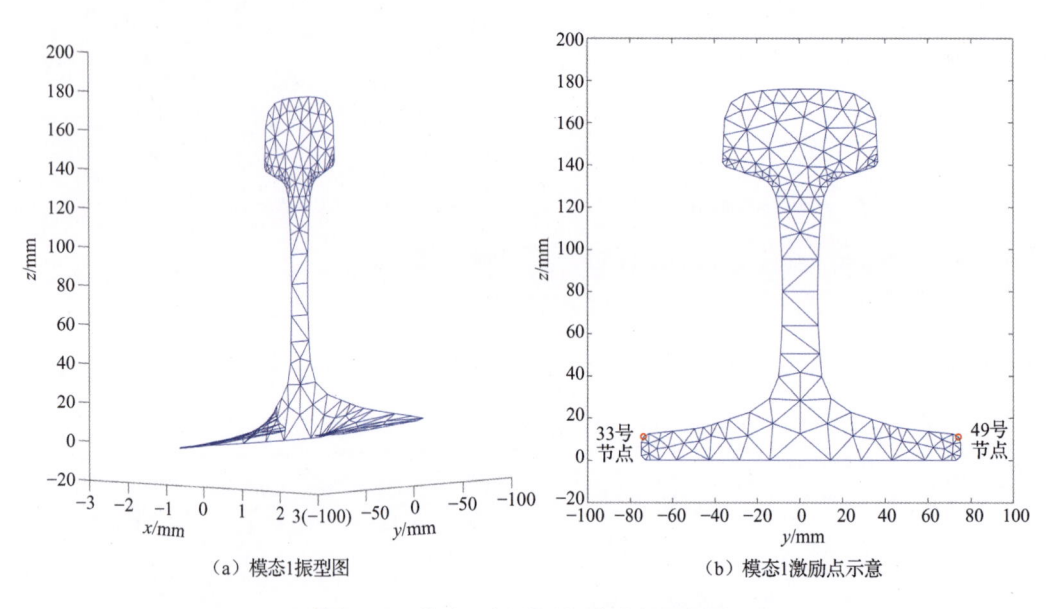

（a）模态1振型图　　　　　　　（b）模态1激励点示意

图 5-11　模态 1 振型图与激励点示意图

在模态 2 的轨底协方差矩阵中，49 号节点的协方差最大，即模态 2 在 49 号节点处的振动位移偏离平均值最多，因此，选择 49 号节点作为轨底的正向激励点。存在负协方差，其中，33 号节点的协方差最小，因此，选取 33 号节点作为轨底的反向激励点。根据模态 2 的特性，选择两侧反向对称激励方式。由于轨腰和轨头的激励系数均为 0，因此，不再对轨腰和轨头选择激励点。模态 2 振型图与激励点示意如图 5-12 所示。

在模态 3 的轨头协方差矩阵中，23 号节点的协方差最大，因此，选择 23 号节点作为轨头的正向激励点。在轨腰协方差矩阵中，73 号节点的协方差最大，因此，选择 73 号节点作为轨腰的正向激励点。根据模态 3 的特性，轨腰沿 z 轴扭转，因此，选择单侧激励方式。从轨腰上选择 74 号节点作为辅助激励点。模态 3 振型图与激励点示意如图 5-13 所示。

第 5 章 钢轨中超声导波模态的激励控制

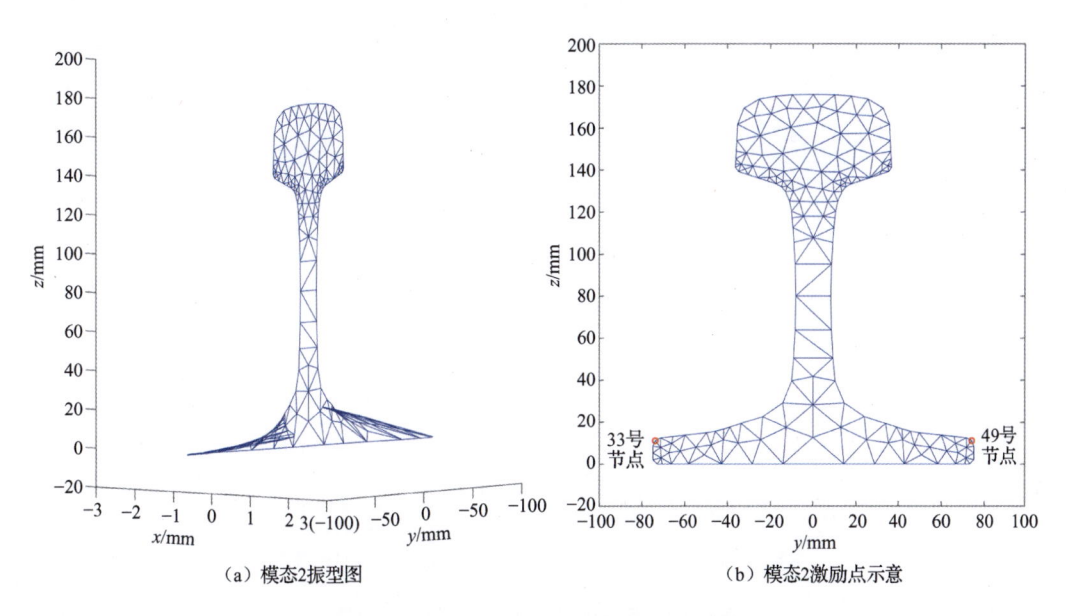

(a) 模态2振型图

(b) 模态2激励点示意

图 5-12 模态 2 振型图与激励点示意图

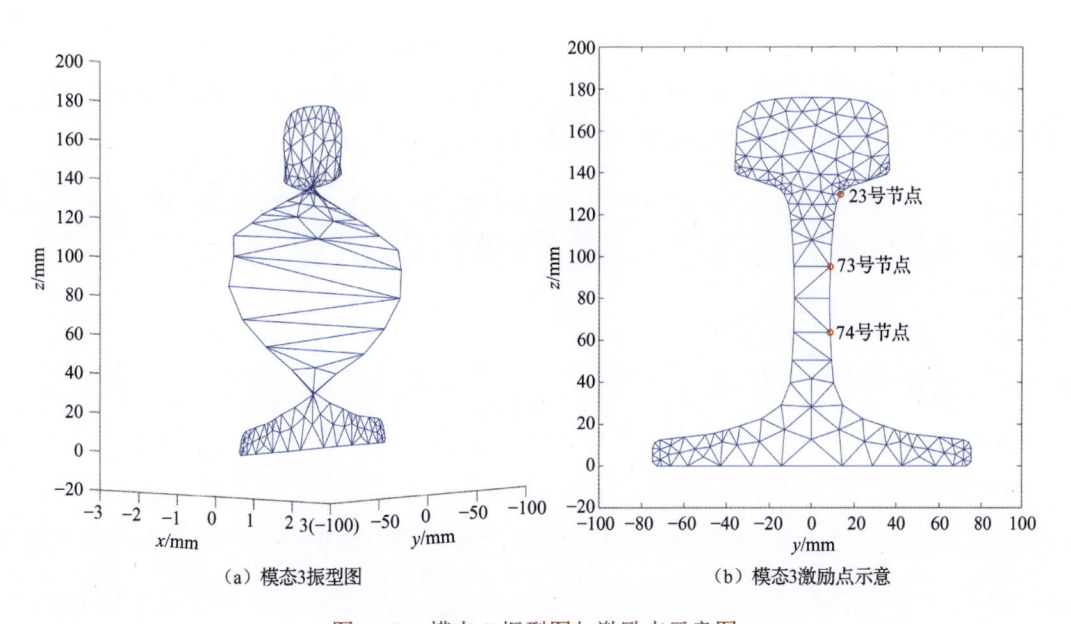

(a) 模态3振型图

(b) 模态3激励点示意

图 5-13 模态 3 振型图与激励点示意图

在模态 7 的轨头协方差矩阵中，43 号、23 号节点的协方差最大，因此，选择 43 号、23 号节点作为轨头的正向激励点。根据模态 7 的特性，选择两侧对称激励方式。因此，将 39 号、10 号节点作为对称节点。模态 7 振型图与激励点示意如图 5-14 所示。

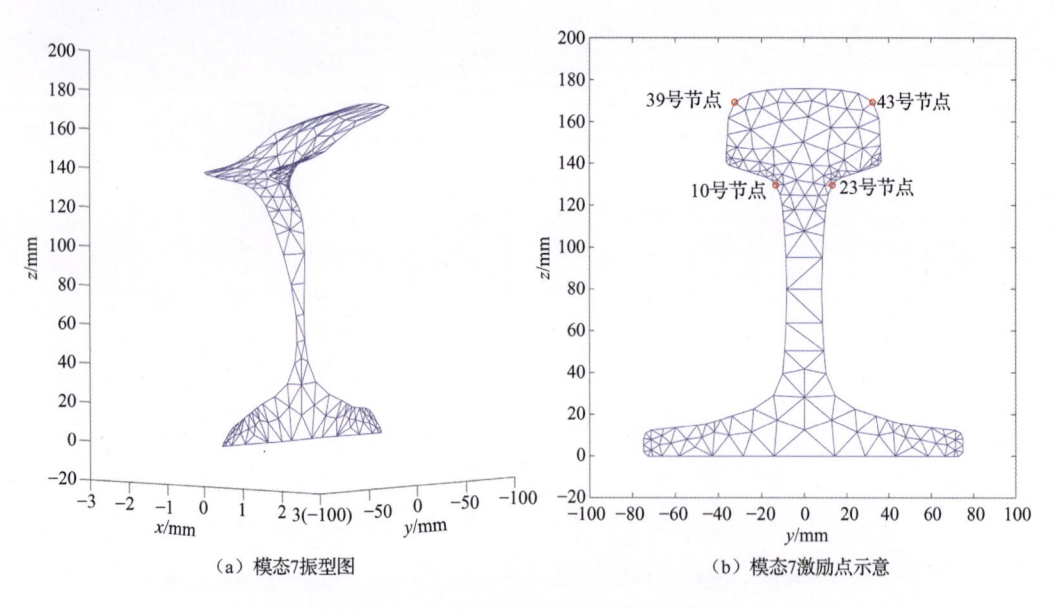

(a) 模态7振型图 (b) 模态7激励点示意

图 5-14 模态 7 振型图与激励点示意图

在模态 10 的轨底协方差矩阵中，30 号节点的协方差最大，因此，选取 30 号节点作为轨底的正向激励点。存在负协方差，其中，51 号节点的负协方差最小，因此，选择 51 号节点作为轨底的反向激励点。根据模态 10 的特性，选择两侧反向对称激励的方式。模态 10 振型图与激励点示意图如图 5-15 所示。

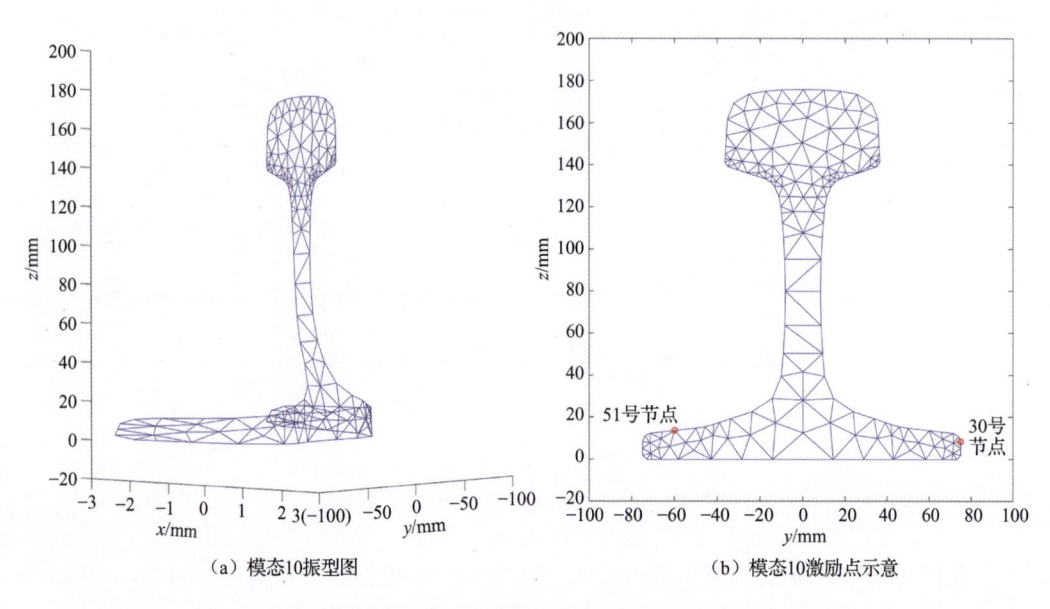

(a) 模态10振型图 (b) 模态10激励点示意

图 5-15 模态 10 振型图与激励点示意图

在 35kHz 激励下模态的激励点如表 5-6 所示。

表 5-6 在 35kHz 激励下模态的激励点

模态序号	激励方式	正向激励点	反向激励点	激励方向
1	两侧对称激励	49、33	无	z 轴
2	两侧反向对称激励	49	33	z 轴
3	单侧激励	23、73、74	无	y 轴
7	两侧对称激励	39、43、23、10	无	z 轴
10	两侧反向对称激励	30	51	y 轴

5.2.4 超声导波模态激励方法的仿真

根据以上提出的超声导波模态激励方法，确定了在低频 200Hz 与高频 35kHz 下模态的激励方法，使用激励响应分析方法进行仿真验证。在所选的最佳激励方向上，对钢轨的最佳激励点施加激励信号，激励信号的大小与激励系数保持一致。模态的最佳接收方向由激励响应仿真结果决定。通过计算超声导波模态的仿真群速度可识别激励的模态。

超声导波在钢轨中传播时会表现出频散特性，因此，在使用超声导波进行无损检测时，通常选用带宽较窄的激励信号源，以减小超声导波的频散效应造成的影响。在无损检测过程中通常使用经汉宁窗调制的正弦波信号作为激励信号。汉宁窗在时域上可以防止信号的两端发生突变，在频域上在不过多增大主瓣宽度的情况下可以尽量减小旁瓣高度。这使激励信号的能量损耗较少，可以保证导波得到最大限度的传播。本节选用的激励信号是经汉宁窗调制的 5 周期正弦波信号。

首先对 200Hz 时的 4 种模态进行激励响应仿真分析与验证。设置仿真距离 $d=250\text{m}$，200Hz 时的激励信号如图 5-16 所示，激励信号包络的峰值出现在 0.01125s 时。

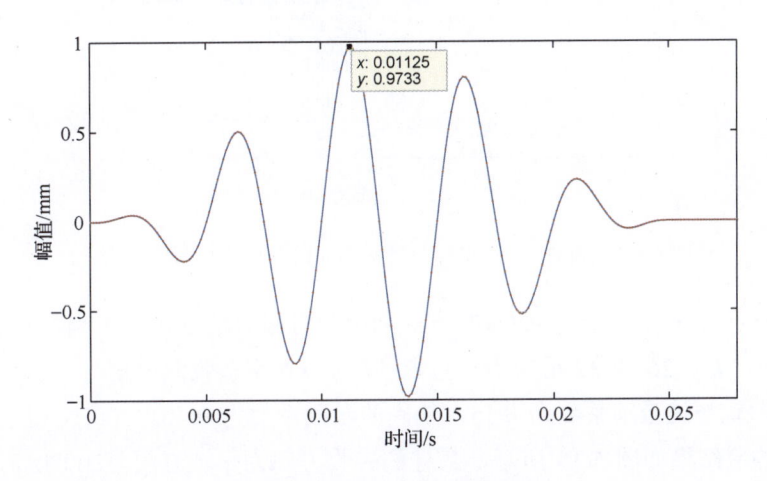

图 5-16 200Hz 时的激励信号

对于水平弯曲模态，选择的激励方式为单侧激励方式，沿 y 轴方向的正方向激励 43、45、25 和 49 号节点，选取 43 号节点来接收激励信号。轨头的激励系数为 0.50，轨腰的激励系数为 0.15，轨底的激励系数为 0.35。200Hz 时水平弯曲模态的激励响应结果如图 5-17 所示，最佳的接收方向为 y 轴方向，200Hz 时水平弯曲模态在 y 轴方向的激励响应结果如图 5-18 所示。

（a）x 轴方向激励响应结果

（b）y 轴方向激励响应结果

（c）z 轴方向激励响应结果

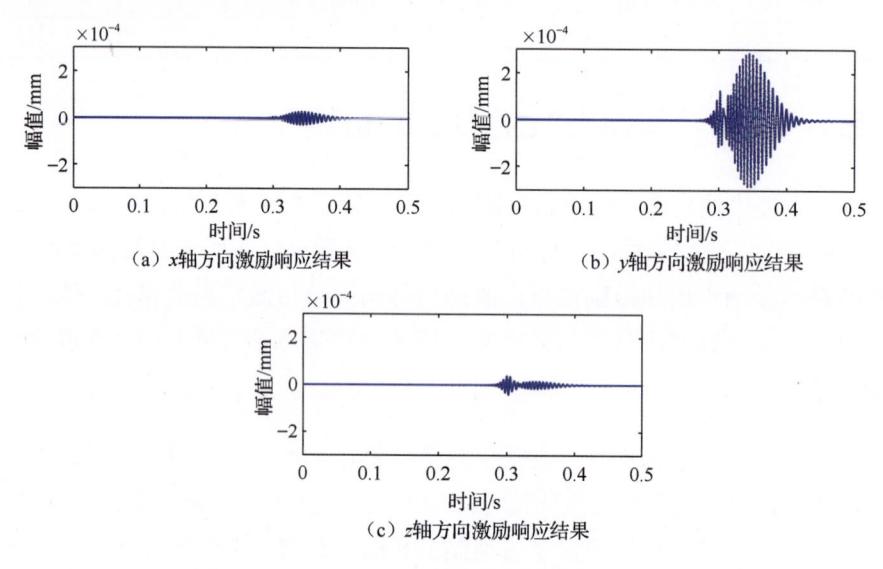

图 5-17　200Hz 时水平弯曲模态的激励响应结果

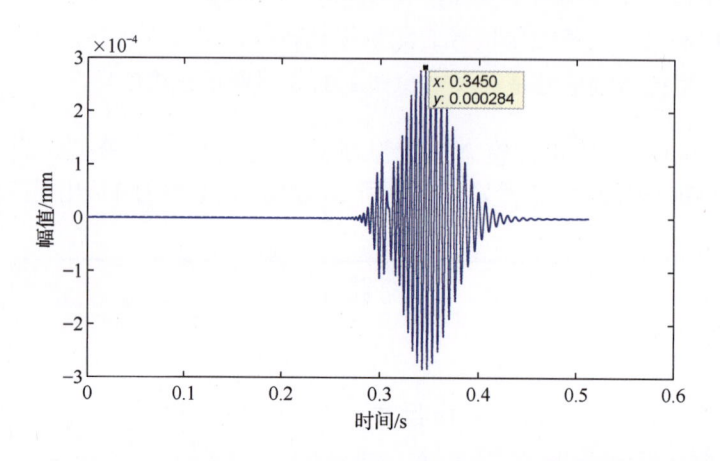

图 5-18　200Hz 时水平弯曲模态在 y 轴方向的激励响应结果

对于垂直弯曲模态，选择的激励方式为两侧对称激励方式，沿 z 轴方向的正方向激励 17、7、45、26 和 37 号节点，选取 17 号节点来接收激励信号。轨头的激励系数为 0.45，轨腰的激励系数为 0.15，轨底的激励系数为 0.40。200Hz 时垂直弯曲模态的激励响应结果如图 5-19 所示，最佳的接收方向为 z 轴方向，200Hz 时垂直弯曲模态在 z 轴方向的激励响应结果如图 5-20 所示。

(a) x 轴方向激励响应结果

(b) y 轴方向激励响应结果

(c) z 轴方向激励响应结果

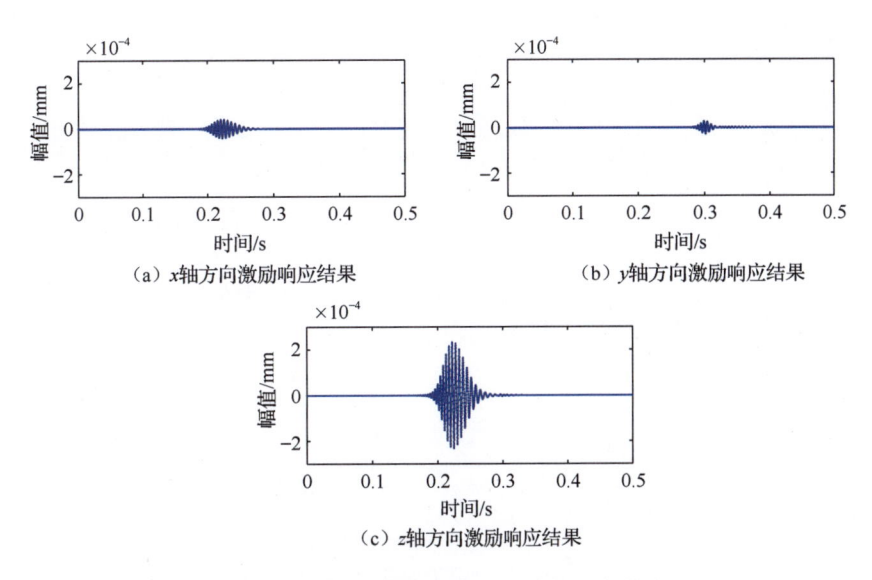

图 5-19　200Hz 时垂直弯曲模态的激励响应结果

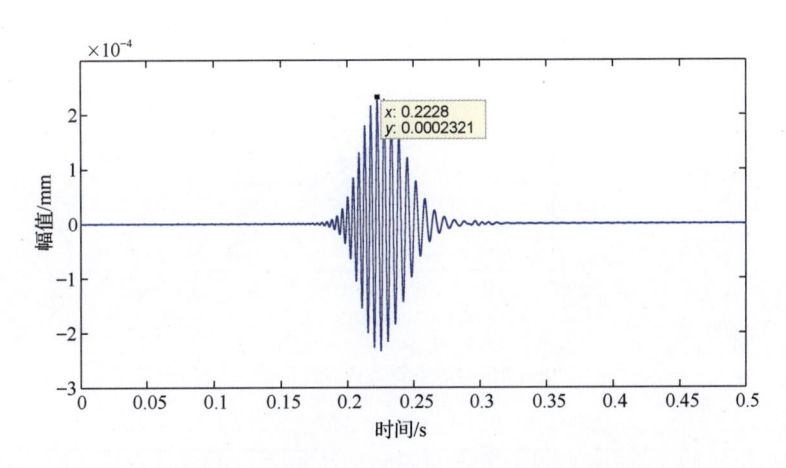

图 5-20　200Hz 时垂直弯曲模态在 z 轴方向的激励响应结果

对于扭转模态，选择的激励方式为两侧反向对称激励方式，沿 y 轴方向的正方向激励 43 和 33 号节点，沿反方向激励 39 和 49 号节点，选取 43 号节点来接收激励信号。轨头的激励系数为 0.50，轨底的激励系数为 0.50。200Hz 时扭转模态的激励响应结果如图 5-21 所示，最佳的接收方向为 y 轴方向，200Hz 时扭转模态在 y 轴方向的激励响应结果如图 5-22 所示。

对于伸展模态，选择的激励方式为两侧对称激励模式，沿 x 轴方向的正方向激励 1、31、35、47、12 和 21 号节点，选取 1 号节点来接收激励信号。轨头的激励系数为 0.50，轨腰的激励系数为 0.15，轨底的激励系数为 0.35。200Hz 时伸展模态的激励响应结果如图 5-23 所示，最佳的接收方向为 x 轴方向，200Hz 时伸展模态在 x 轴方向的激励响应结果如图 5-24 所示。

（a）x 轴方向激励响应结果

（b）y 轴方向激励响应结果

（c）z 轴方向激励响应结果

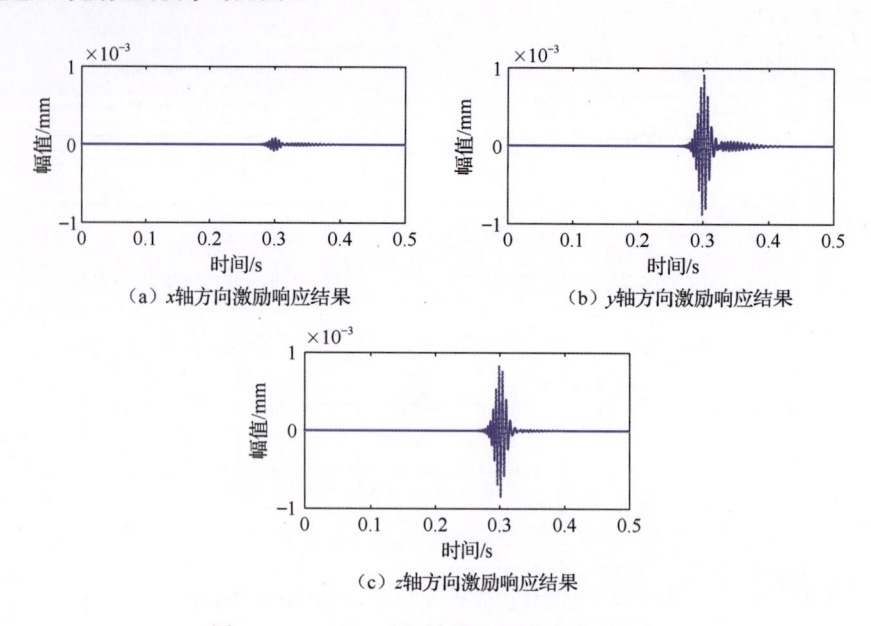

图 5-21　200Hz 时扭转模态的激励响应结果

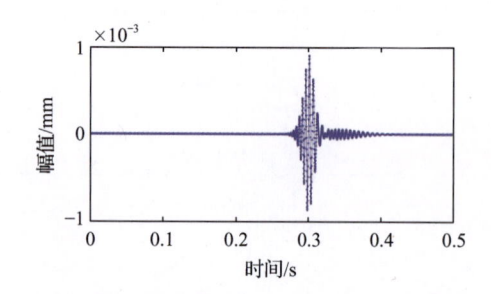

图 5-22　200Hz 时扭转模态在 y 轴方向的激励响应结果

（a）x 轴方向激励响应结果

（b）y 轴方向激励响应结果

（c）z 轴方向激励响应结果

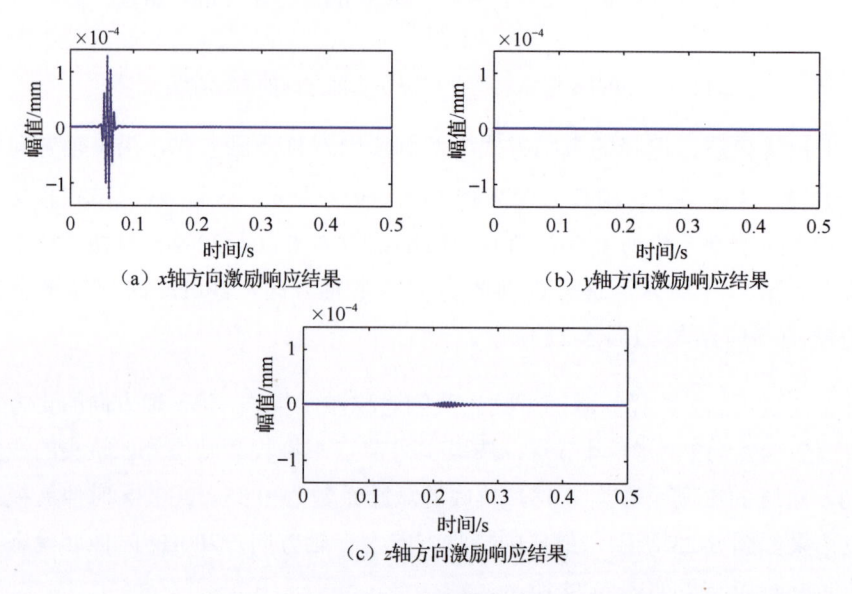

图 5-23　200Hz 时伸展模态的激励响应结果

■ 第5章　钢轨中超声导波模态的激励控制 ■

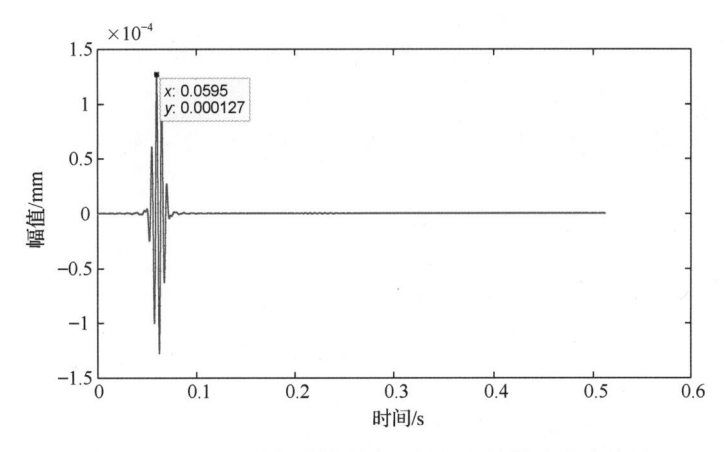

图 5-24　200Hz 时伸展模态在 x 轴方向的激励响应结果

已知仿真过程中超声导波模态的传播距离,根据仿真结果中超声导波信号峰值出现的时间和激励信号峰值出现的时间之差,即可计算群速度。200Hz 时 4 种模态的群速度的仿真计算结果如表 5-7 所示。

表 5-7　200Hz 时 4 种模态的群速度的仿真计算结果

模　态	激励时间/s	响应时间/s	仿真群速度/(m/s)	理论群速度/(m/s)	速度差/(m/s)
水平弯曲模态	0.01125	0.3450	749	772	23
垂直弯曲模态	0.01125	0.2228	1182	1218	36
扭转模态	0.01125	0.2991	869	886	19
伸展模态	0.01125	0.0595	5181	5263	82

由激励响应分析仿真结果可知,通过所用的超声导波模态激励方法在中心频率为 200Hz 时可以很好地激发期望的超声导波模态。

下面针对 35kHz 时的模态 1、2、3、7 和 10 进行激励响应仿真分析与验证,设置仿真距离 $d=6$m,激励信号包络的峰值出现在 6.429×10^{-5}s 处,如图 5-25 所示。

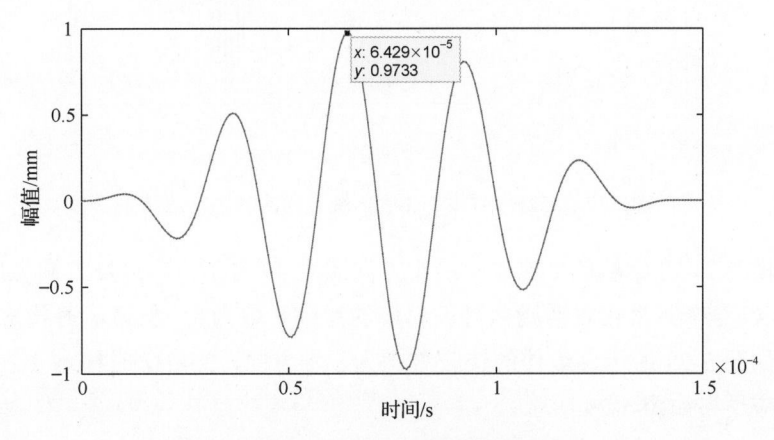

图 5-25　35kHz 时的激励信号

对于模态 1，在钢轨的 z 轴方向沿正方向激励 49 号和 33 号节点，选取 49 号节点来接收激励信号。轨底的激励系数为 1。35kHz 时模态 1 的激励响应结果如图 5-26 所示，最佳的接收方向为 z 轴方向，35kHz 时模态 1 在 z 轴方向的激励响应结果如图 5-27 所示。

（a）x 轴方向激励响应结果

（b）y 轴方向激励响应结果

（c）z 轴方向激励响应结果

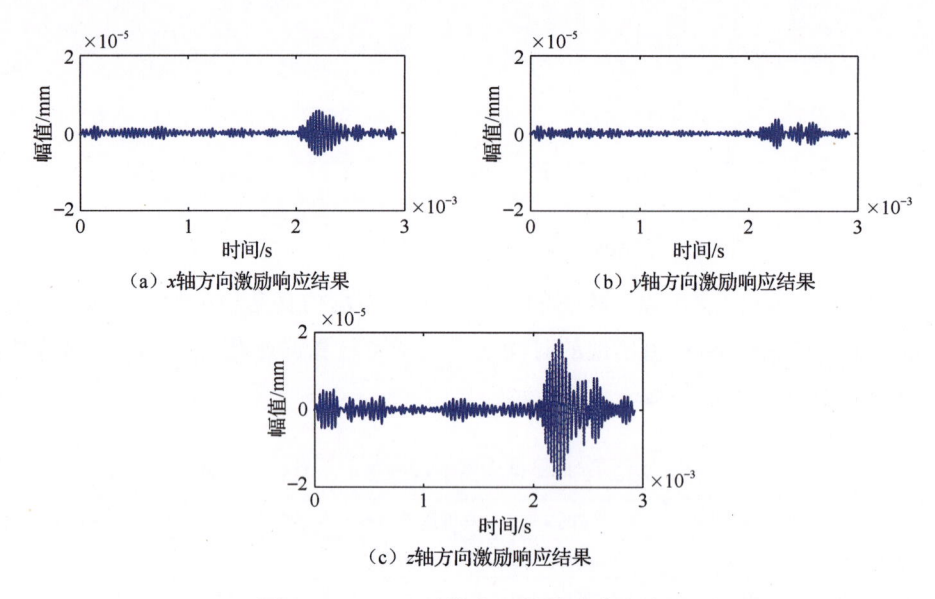

图 5-26　35kHz 时模态 1 的激励响应结果

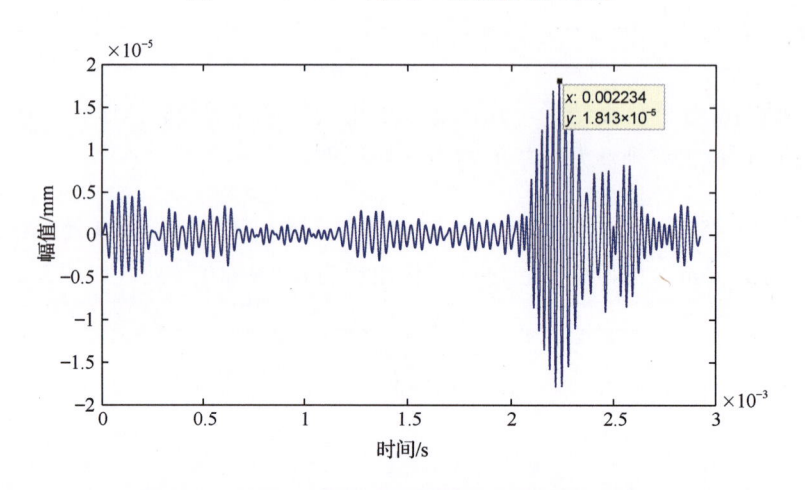

图 5-27　35kHz 时模态 1 在 z 轴方向的激励响应结果

对于模态 2，在钢轨的 z 轴方向沿正方向激励 49 号节点，沿反方向激励 33 号节点，选取 49 号节点来接收激励信号。轨底的激励系数为 1。35kHz 时模态 2 的激励响应结果如图 5-28 所示，最佳的接收方向为 z 轴方向，35kHz 时模态 2 在 z 轴方向的激励响应结果如图 5-29 所示。

第 5 章 钢轨中超声导波模态的激励控制

(a) x 轴方向激励响应结果

(b) y 轴方向激励响应结果

(c) z 轴方向激励响应结果

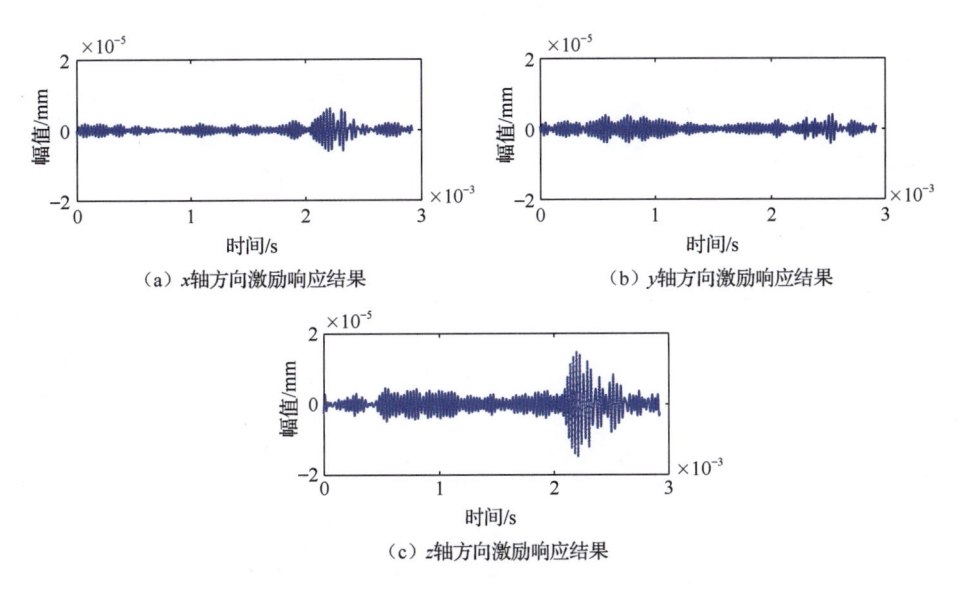

图 5-28 35kHz 时模态 2 的激励响应结果

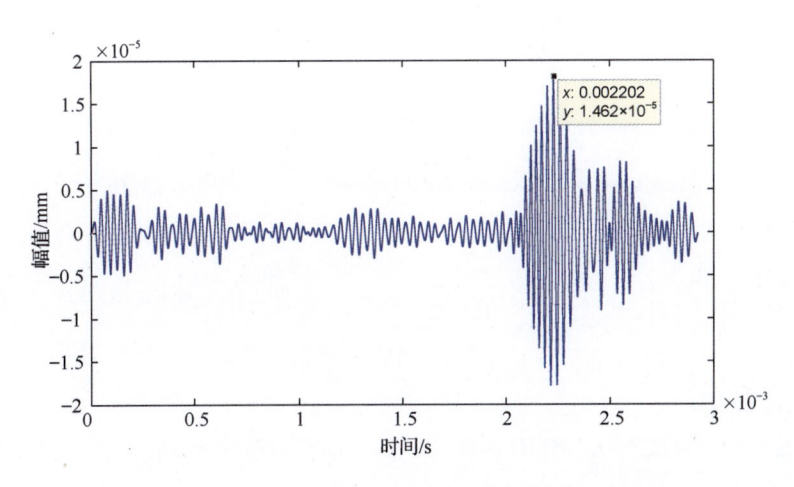

图 5-29 35kHz 时模态 2 在 z 轴方向的激励响应结果

对于模态 3，选择的激励方式为单侧激励方式，沿 y 轴方向的正方向激励 23、73 和 74 号节点，选取 74 号节点来接收激励信号。轨头的激励系数为 0.25，轨腰的激励系数为 0.75。35kHz 时模态 3 的激励响应结果如图 5-30 所示，最佳的接收方向为 y 轴方向，35kHz 时模态 3 在 y 轴方向的激励响应结果如图 5-31 所示。

对于模态 7，选择的激励方式为两侧对称激励方式，沿 z 轴方向的正方向激励 39、43、23 和 10 号节点，选取 43 号节点来接收激励信号。轨头的激励系数为 1。35kHz 时模态 7 的激励响应结果如图 5-32 所示，最佳的接收方向为 z 轴方向，35kHz 时模态 7 在 z 轴方向的激励响应结果如图 5-33 所示。

(a) x 轴方向激励响应结果

(b) y 轴方向激励响应结果

(c) z 轴方向激励响应结果

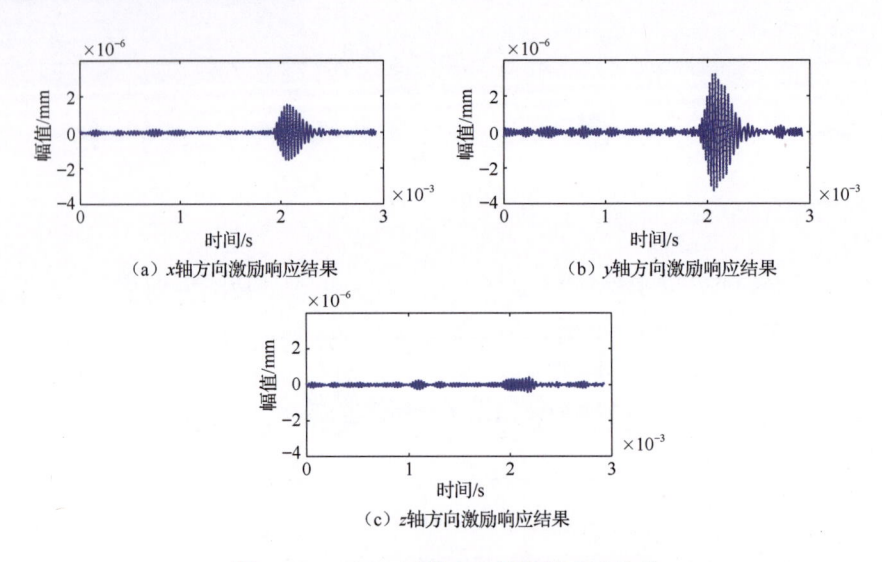

图 5-30　35kHz 时模态 3 的激励响应结果

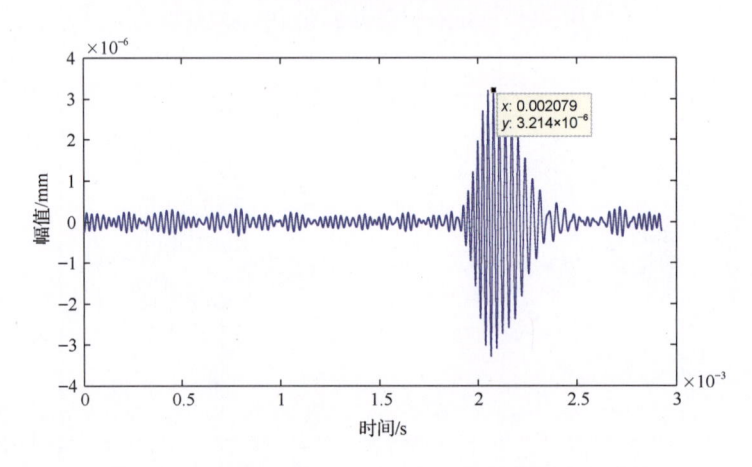

图 5-31　35kHz 时模态 3 在 y 轴方向的激励响应结果

(a) x 轴方向激励响应结果

(b) y 轴方向激励响应结果

(c) z 轴方向激励响应结果

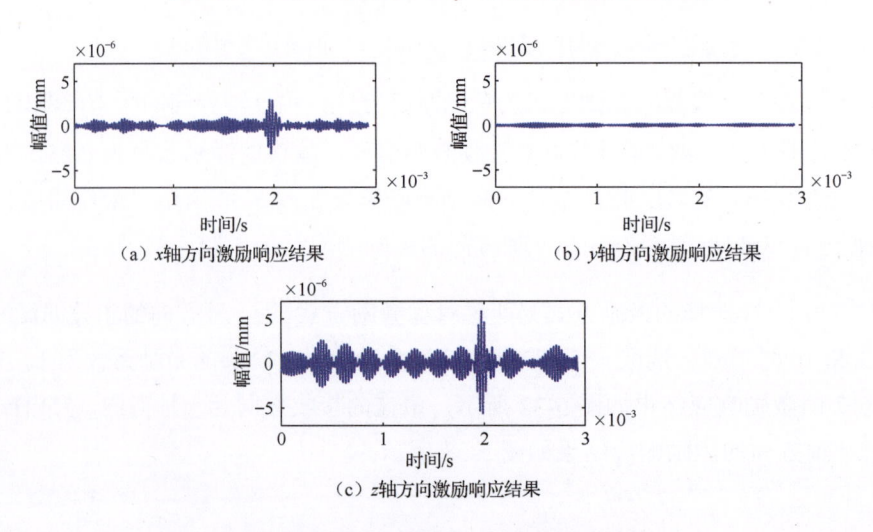

图 5-32　35kHz 时模态 7 的激励响应结果

第5章 钢轨中超声导波模态的激励控制

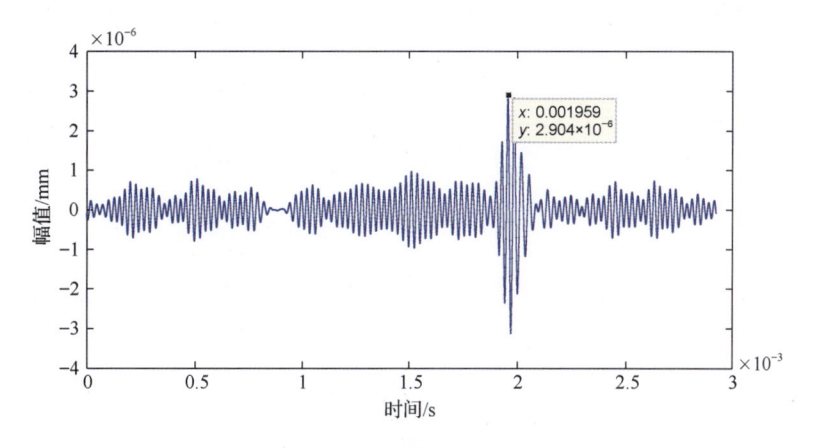

图 5-33 35kHz 时模态 7 在 z 轴方向的激励响应结果

对于模态 10，在钢轨的 y 轴方向沿正方向激励 30 号节点，沿反方向激励 51 号节点，选取 30 号节点接收激励信号。轨底的激励系数为 1。35kHz 时模态 10 的激励响应结果如图 5-34 所示，最佳的接收方向为 y 轴方向，35Hz 时模态 10 在 y 轴方向的激励响应结果如图 5-35 所示。

已知仿真过程中超声导波模态的传播距离，根据仿真结果中超声导波信号峰值出现的时间和激励信号峰值出现的时间之差，即可计算群速度。35kHz 时 4 种模态的群速度的仿真计算结果如表 5-8 所示。

（a）x 轴方向激励响应结果　　（b）y 轴方向激励响应结果

（c）z 轴方向激励响应结果

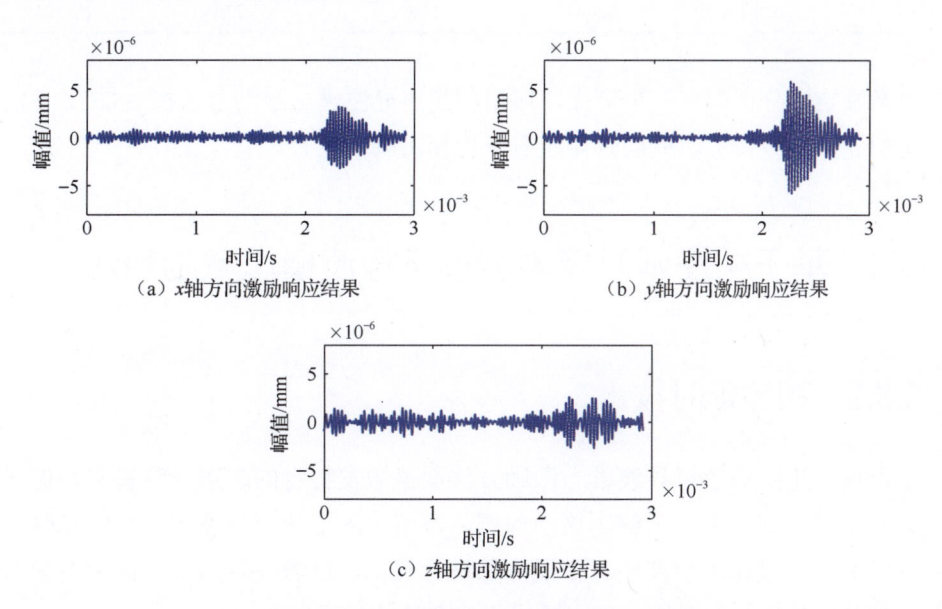

图 5-34 35kHz 时模态 10 的激励响应结果

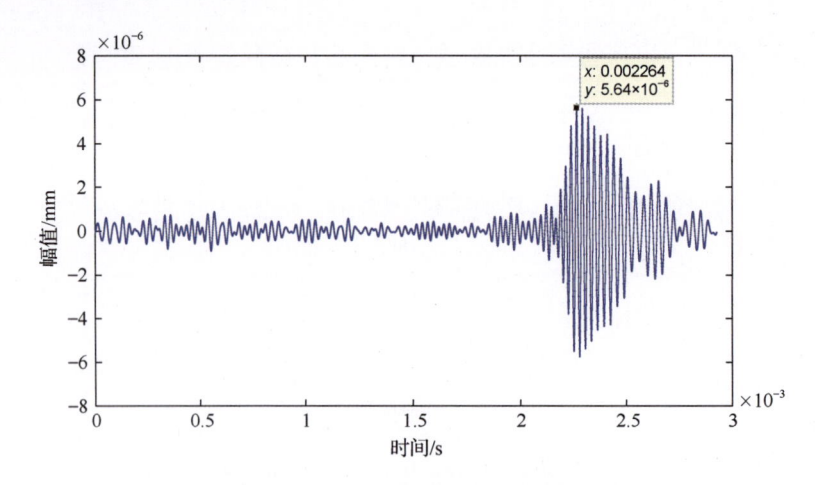

图 5-35　35kHz 时模态 10 在 y 轴方向的激励响应结果

表 5-8　35kHz 时 4 种模态的群速度的仿真计算结果

模态序号	激励时间/ms	响应时间/ms	仿真群速度/（m/s）	理论群速度/（m/s）	速度差/（m/s）
1	0.06429	2.234	2765	2853	88
2	0.06429	2.202	2807	2850	43
3	0.06429	2.079	2978	3020	42
7	0.06429	1.959	3167	3215	48
10	0.06429	2.264	2726	2705	−21

由激励响应分析仿真结果可知，所用的超声导波模态激励方法在 35kHz 下能激发特定的超声导波模态，但同时伴随着干扰模态的产生。

5.3　基于相控延时技术的超声导波模态激励方法

5.3.1　相控延时技术

基于振型矩阵的超声导波模态激励方法能够激发特定的超声导波模态，但同时伴随着干扰模态的产生。为解决这一问题，本节引入了超声导波相位控制策略，采用相控延时技术对超声导波模态激励方法进行优化，以激发较为单一的特定模态。最后通过仿真验证了超声导波模态激励优化方法的正确性。

基于特定的超声导波模态，调整换能器的安装间隔与激发时序，以确保换能器阵列各模块激励的超声导波信号具有相同的相位角。因此，设置阵列换能器激励的

第5章 钢轨中超声导波模态的激励控制

时间间隔为周期 T。根据波的叠加原理,对于相位相同的两个相干波源,通过在特定模态波长 λ 下设置换能器的间隔,可以使合成波的幅值最大化。如图 5-36 所示,5 个超声波换能器被等间隔地安装在钢轨外部。

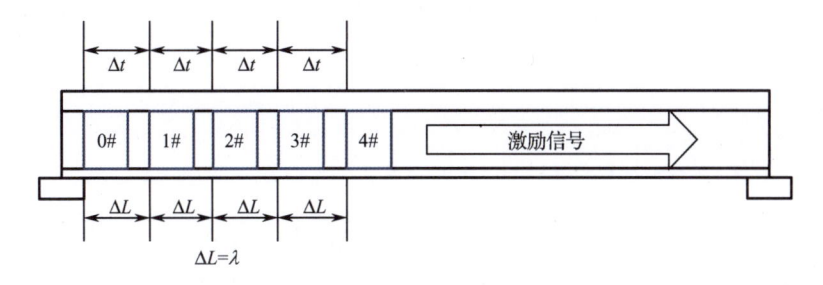

图 5-36 相控阵列激励示意图

换能器 0# 为无延时激励信号。节点的位移函数为 $\boldsymbol{u}_0(x,y,z,t)$:

$$\boldsymbol{u}_0(x,y,z,t) = \begin{bmatrix} u_x(x,y,z,t) \\ u_y(x,y,z,t) \\ u_z(x,y,z,t) \end{bmatrix} = \begin{bmatrix} U_x(y,z) \\ U_y(y,z) \\ U_z(y,z) \end{bmatrix} e^{i(\xi x - \omega t)} \quad (5\text{-}26)$$

式中,ξ 为波数(m^{-1})。

换能器 1# 与换能器 0# 的距离为 λ,延时时间为 T。因此节点的位移函数为 $\boldsymbol{u}_1(x,y,z,t)$:

$$\boldsymbol{u}_1(x,y,z,t) = |u_y(x,y,z,t)| = |U_y(y,z)| e^{i[\xi(x-\lambda) - \omega(t-T)]} \quad (5\text{-}27)$$

已知:

$$\xi\lambda = 2\pi \quad (5\text{-}28)$$

$$\omega T = 2\pi \quad (5\text{-}29)$$

将式(5-28)和式(5-29)代入式(5-26)中可以得到式(5-30):

$$\begin{aligned}\boldsymbol{u}_1(x,y,z,t) &= \begin{bmatrix} u_x(x,y,z,t) \\ u_y(x,y,z,t) \\ u_z(x,y,z,t) \end{bmatrix} = \begin{bmatrix} U_x(y,z) \\ U_y(y,z) \\ U_z(y,z) \end{bmatrix} e^{i[\xi(x-\lambda) - \omega(t-T)]} \\ &= \begin{bmatrix} U_x(y,z) \\ U_y(y,z) \\ U_z(y,z) \end{bmatrix} e^{i[\xi x - \omega t]} = \boldsymbol{u}_0(x,y,z,t)\end{aligned} \quad (5\text{-}30)$$

同理，可推导出换能器阵列 0#、1#、2#、3#、4#位移与相位满足式（5-31）：

$$u_0(x,y,z,t)=u_1(x,y,z,t)=u_2(x,y,z,t)=u_3(x,y,z,t)=u_4(x,y,z,t) \quad (5\text{-}31)$$

当超声导波沿着 x 轴方向传播时，激励的特定模态会增强，干扰模态在一定程度上能够被抑制。

5.3.2 钢轨建模及有限元仿真

通过 HyperMesh 软件和 ANSYS 软件对钢轨进行建模仿真。基于 HyperMesh 软件对钢轨模型进行网格划分，详细过程见第 3 章。将钢轨模型导入 HyperMesh 中，对钢轨横截面进行网格划分后将该横截面作为拉伸横截面，x 轴方向为拉伸方向，被拉伸的网格大小 L_e 需满足：

$$L_e \leqslant \frac{\lambda_{\min}}{10} \quad (5\text{-}32)$$

式中，$\lambda_{\min}$ 为所激励的模态的最小波长（m）。

当激励频率为 200Hz 时，4 种可传播的超声导波模态中模态 1 的相速度最小，它在钢轨中传播时相速度约为 403 m/s，由式（5-33）可推算出：在 200Hz 下超声导波波长约为 2000mm，取网格大小 $L_e \leqslant 200$mm 即可满足要求，本节取 $L_e =100$mm。

$$\lambda = \frac{C_p}{f} \quad (5\text{-}33)$$

当激励频率为 35 kHz 时，20 种可传播的超声导波模态中模态 1 的相速度最小，它在钢轨中传播时相速度约为 1983.80m/s，由式（5-33）可推算出，在 35kHz 下超声导波波长约为 57mm，取网格大小 $L_e \leqslant 5.7$mm 即可满足要求，本节取 $L_e = 5$mm。

通过 ANSYS 软件对上述超声导波模态的激励方法进行有限元仿真。在仿真过程中需要设置仿真时间步长和仿真的总时长。仿真时间步长设置不合理会影响仿真结果，仿真时间步长过长则不能保证仿真计算的准确性，仿真时间步长过短又会耗费大量的仿真时间与运算资源。因此，需要根据公式来确定仿真时间步长，如式（5-34）所示：

$$\Delta t \leqslant \frac{1}{20 f_{\max}} \quad (5\text{-}34)$$

式中，$f_{\max}$ 为所激励的模态的最大频率（Hz）。

第 5 章 钢轨中超声导波模态的激励控制

在 200Hz 下,由式(5-34)可知,仿真时间步长需要满足 $\Delta t \leqslant 0.0025$s,在 35kHz 下,由式(5-34)可知,仿真时间步长需要满足 $\Delta t \leqslant 1.43 \times 10^{-6}$s,因此,选取仿真时间步长 $\Delta t = 1.0 \times 10^{-6}$s。

分别对基于振型矩阵的超声导波模态激励方法与基于相控延时技术的超声导波模态激励方法进行仿真,即分别进行点激励与阵列激励。激励信号的中心频率为 35kHz。激励的目标模态为模态 7、模态 3 和模态 1。进行阵列激励时换能器的安装间隔 ΔL 等于目标模态的波长 λ,计算公式如式(5-35)所示。

$$\Delta L = \lambda = \frac{C_\mathrm{p}}{f} \tag{5-35}$$

由式(5-35)可计算模态 7、模态 3 和模态 1 的换能器的安装间隔,如表 5-9 所示。

表 5-9 模态 7、模态 3 和模态 1 的换能器的安装间隔

模态序号	相速度/(m/s)	ΔL/mm
7	2737.6	78
3	2286.1	65
1	1983.8	57

由于模态 3 轨头部位的激励系数较小,在点激励与阵列激励的三维仿真中将取消轨头节点的激励。为避免仿真过程中钢轨端面回波对仿真结果的影响,选择在距离钢轨有限元模型的右端面 4m 处的钢轨外围施加激励信号,在距离激励位置 0.8~2.7m 处接收激励信号,共有 380 个数据采集点,采集点之间距离为 5mm,如图 5-37~图 5-42 所示。

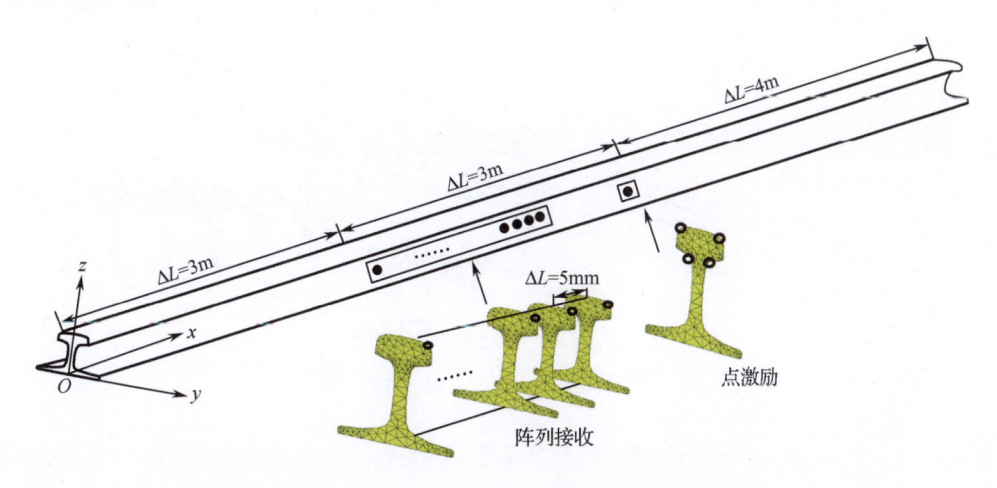

图 5-37 模态 7 点激励的 ANSYS 仿真示意

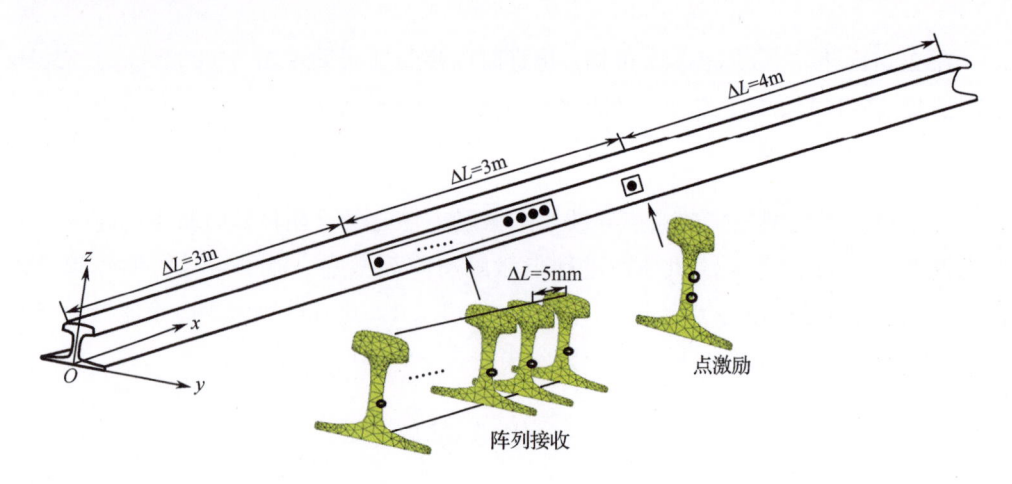

图 5-38　模态 3 点激励的 ANSYS 仿真示意

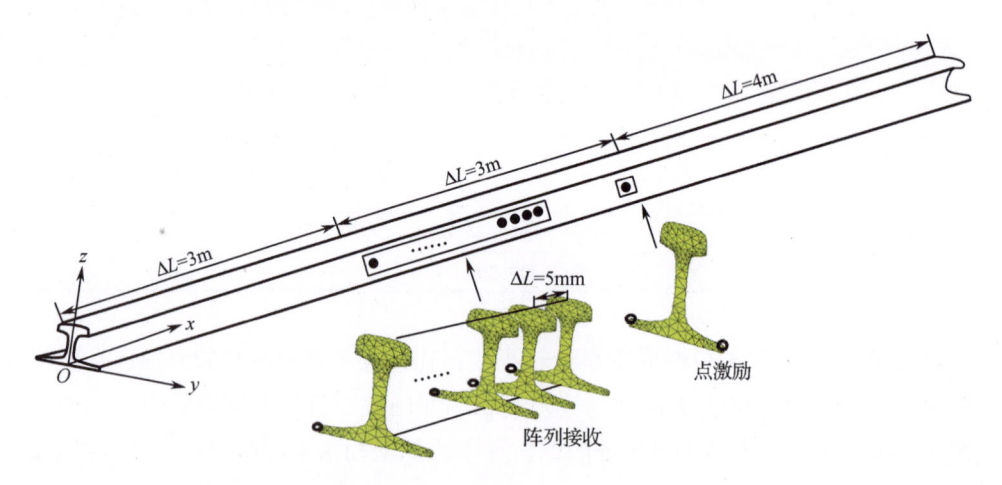

图 5-39　模态 1 点激励的 ANSYS 仿真示意

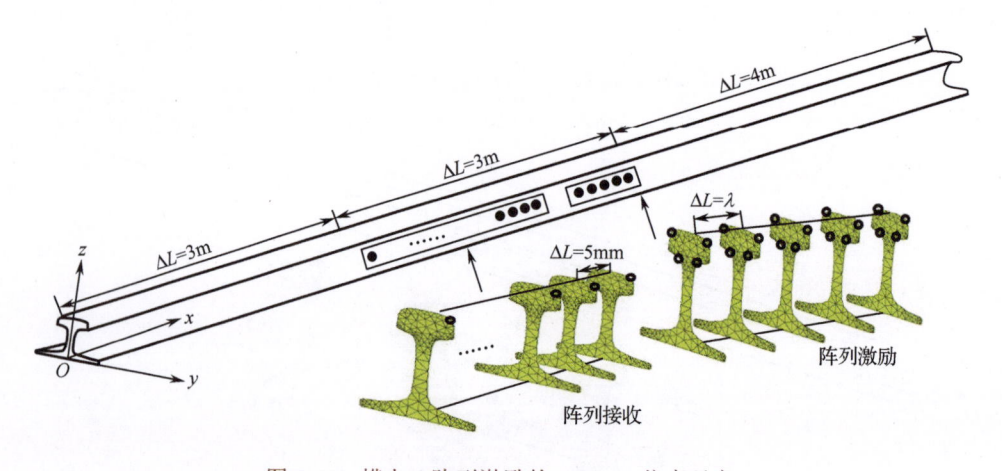

图 5-40　模态 7 阵列激励的 ANSYS 仿真示意

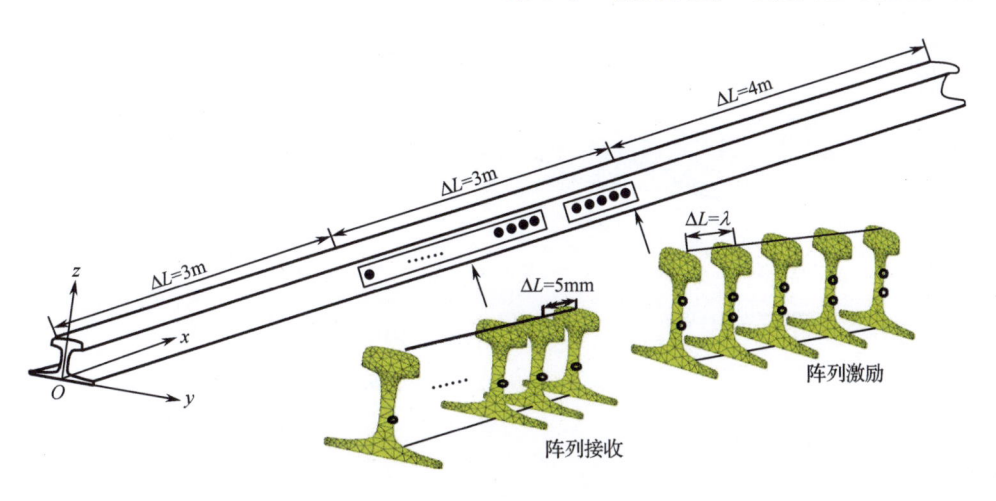

图 5-41　模态 3 阵列激励的 ANSYS 仿真示意

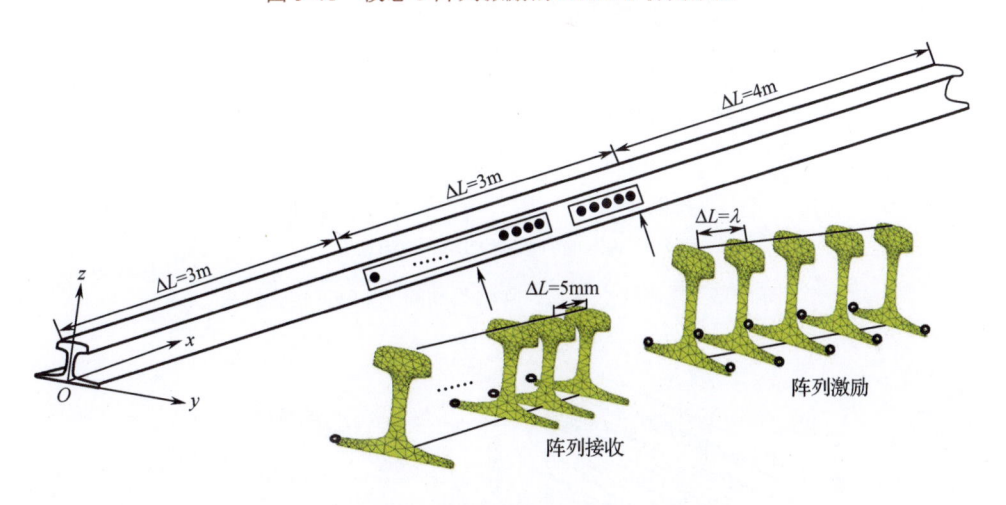

图 5-42　模态 1 阵列激励的 ANSYS 仿真示意

5.3.3　仿真结果及分析

对所采集的数据进行 2D-FFT，识别超声导波模态的相速度，绘制 2D-FFT 仿真结果与应用 SAFE 方法计算得到的频率-波数频散曲线对比图。图 5-43（a）为模态 7 点激励的 2D-FFT 仿真结果，图 5-43（b）为模态 7 阵列激励的 2D-FFT 仿真结果。

图 5-44（a）为模态 3 点激励的 2D-FFT 仿真结果，图 5-44（b）为模态 3 阵列激励的 2D-FFT 仿真结果。

图 5-45（a）为模态 1 点激励的 2D-FFT 仿真结果，图 5-45（b）为模态 1 阵列激励的 2D-FFT 仿真结果。

（a）模态7点激励的2D-FFT仿真结果

（b）模态7阵列激励的2D-FFT仿真结果

图 5-43　模态 7 点激励和阵列激励的 2D-FFT 仿真结果

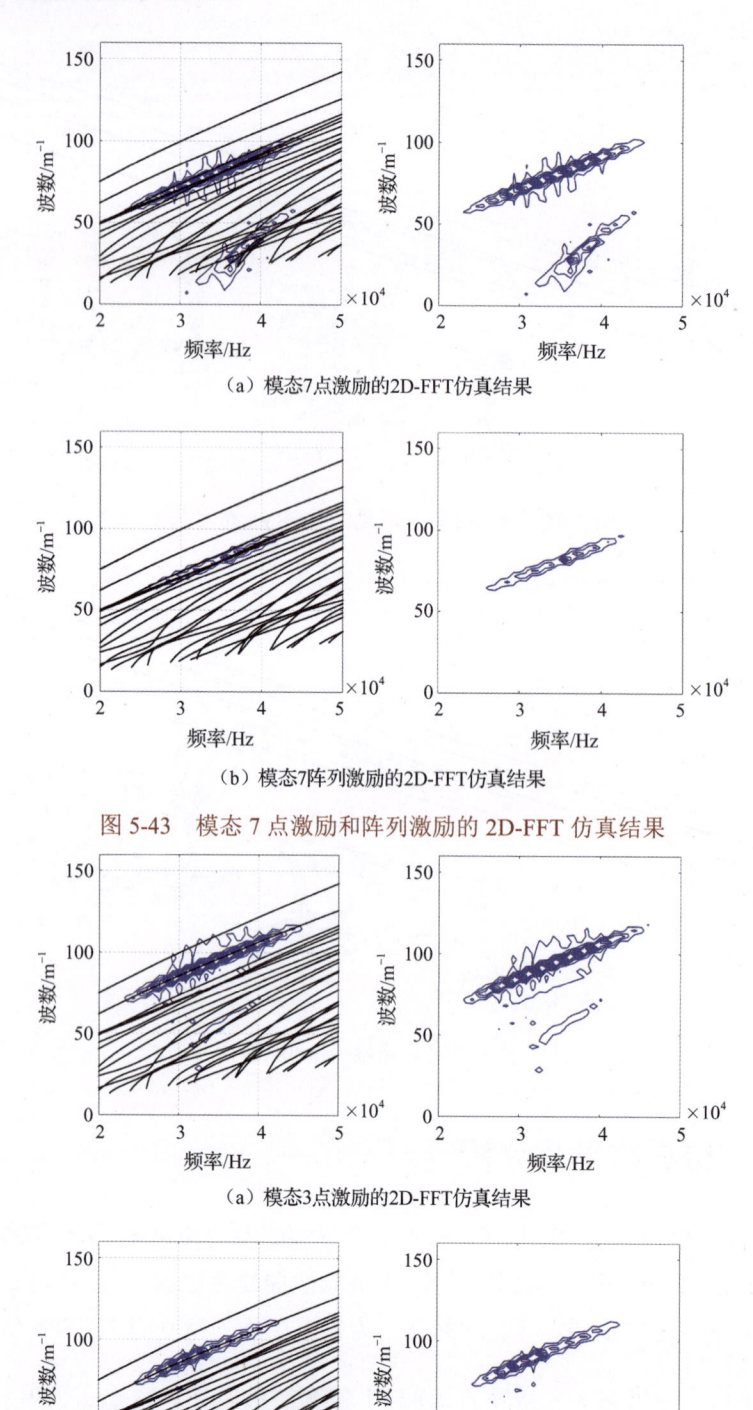

（a）模态3点激励的2D-FFT仿真结果

（b）模态3阵列激励的2D-FFT仿真结果

图 5-44　模态 3 点激励和阵列激励的 2D-FFT 仿真结果

(a) 模态1点激励的2D-FFT仿真结果

(b) 模态1阵列激励的2D-FFT仿真结果

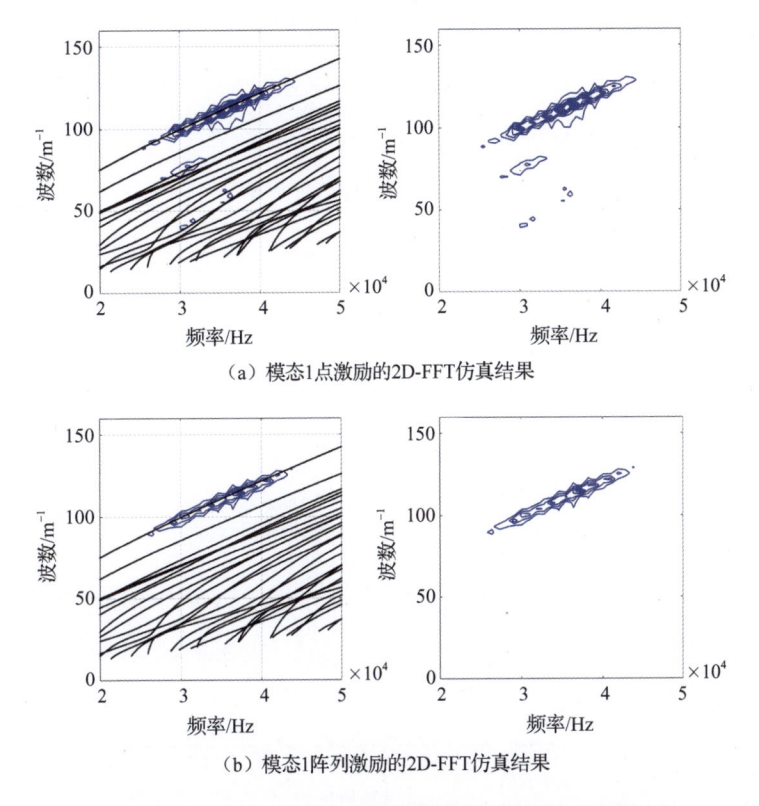

图 5-45　模态 1 点激励和阵列激励的 2D-FFT 仿真结果

从图 5-43～图 5-45 中可以看出，与点激励相比，阵列激励能够激发较为单一的模态。在阵列激励结果中，2D-FFT 结果能够与相应模态的频率-波数曲线很好地吻合，并且没有干扰模态的产生。根据波数和频率可计算仿真相速度，如表 5-10 所示。

表 5-10　模态相速度

模态序号	仿真相速度/(m/s)	理论相速度/(m/s)	相速度误差/%
7	2719.0	2737.6	0.68
3	2281.5	2286.1	0.20
1	1982.0	1983.8	0.09

由表 5-10 可知，仿真相速度与理论相速度的最大误差为 0.68%。

为了识别超声导波模态，本节将同时测量超声导波模态的相速度与群速度。为了进一步计算超声导波模态的仿真群速度，提取距离激励点 1～2.2m 的阵列换能器接收到的数据，各模态仿真结果如图 5-46 所示。

(a) 模态7仿真结果

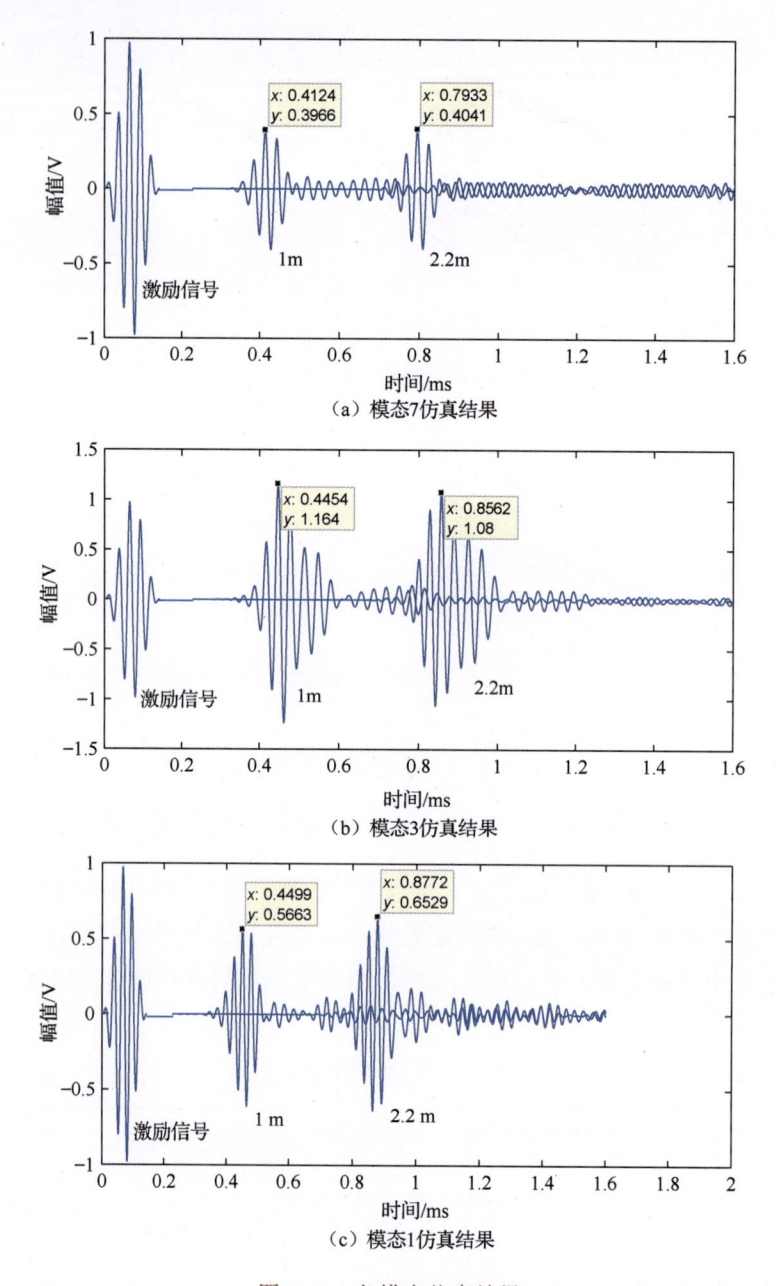

(b) 模态3仿真结果

(c) 模态1仿真结果

图 5-46 各模态仿真结果

仿真群速度可以通过提取 1m 和 2.2m 处的包络峰值时间差来计算，如表 5-11 所示。

表 5-11 模态群速度

模态序号	仿真群速度/(m/s)	理论群速度/(m/s)	群速度误差/%
7	3150.4	3215	2.05

续表

模 态 序 号	仿真群速度/（m/s）	理论群速度/（m/s）	群速度误差/%
3	2994.0	3020	0.87
1	2818.2	2853	1.23

从表 5-11 中可以看出，每种模态的群速度误差均相对较小。结果表明，通过阵列激励方法可以实现目标模态的增强及干扰模态的抑制，最终实现较为单一的特定模态激励。

第 6 章

超声导波检测系统研制

构建超声导波检测系统，能够实现对超声导波数据的采集，并据此对理论研究进行实验验证。超声导波检测系统由换能器、导波激励装置、超声导波信号接收装置和数据采集存储设备组成。依托示波器、函数放大器及高压放大器等标准测试测量设备，可以快速搭建一套超声导波检测系统，该系统适用于实验室环境下的超声导波数据收集与分析工作。然而，这些仪器往往成本高昂，且不适用于工业现场的长期数据监测任务。另外，利用 FPGA 与 ARM 嵌入式处理器技术可以开发超声导波检测系统，该类系统不仅成本低，而且非常适合在工业环境中进行长期的监测应用。不过，这类设备的研发过程相对较长且技术难度较大。本章将依据不同的应用场景需求，阐述超声导波检测系统的设计方法。首先简单介绍常用的超声导波换能器。

6.1 超声导波换能器

6.1.1 磁致伸缩式超声导波换能器

磁致伸缩效应（Magnetostrictive Effect）是指在交变磁场作用下，材料产生与磁场同频率的机械振动，即把电磁能转换为机械能。反之，若材料产生周期性的长度变化，材料内部的磁通量发生变化，则线圈中会产生感应电流，即把机械能转换为电磁能。这种效应在 19 世纪中期被发现。当长度为 l 的磁性材料在磁化方向上的长度变化为 Δl 时，磁致伸缩率可表示为

$$\lambda = \frac{\Delta l}{l} \tag{6-1}$$

由于磁致伸缩率一般在 10^{-5} 数量级以下，因此，对磁致伸缩效应的应用远不如对压电效应的应用广泛。然而，二十世纪六七十年代后，伸缩率在 10^{-3} 数量级的超磁致伸缩材料被发现，磁致伸缩效应才重新受到重视。

第6章 超声导波检测系统研制

铁磁材料包括软磁和硬磁,铁磁材料有一个共性,就是可以被磁化。

根据能够被磁化的程度,即磁导率(Permeability)的大小,铁磁材料又可以分为强磁导率材料(如坡莫合金和硅钢),以及普通磁导率材料(如钴钢和铸钢)等。各铁磁材料的性能如表 6-1 所示,磁性材料磁滞回线如图 6-1 所示。

表 6-1 各铁磁材料的性能

序号	材料	包含元素	元素百分比/%	最大磁通密度/T	相对磁导率	剩余磁通密度/T	矫顽力/(A/m)
1	钴钢 Cobalt Steel	Fe, Co, C	64, 35, 1	1.0	250	0.95	8.0
2	铸钢 Cast Steel	Fe, C	60, 40	2.0	1000	0.85	5.0
3	坡莫合金 78.5 Permalloy	Ni, Fe, Mn	78.5, 20.9, 0.6	1.7	12k-100k	0.6	0.05
4	硅钢 Silicon Steel	Fe, Si	95.5, 4.5	1.9	8300	0.5	0.5

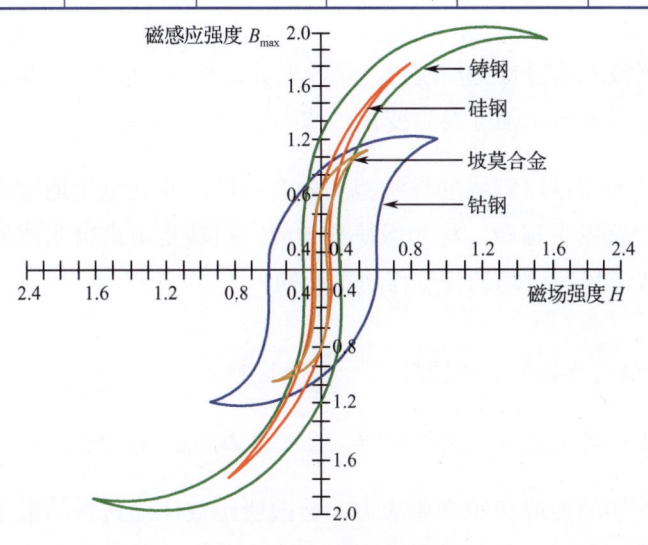

图 6-1 磁性材料磁滞回线

1. 磁导率

磁导率是材料被磁化的难易程度,材料的磁导率越高,就越容易被磁化。从数值上来说,磁导率是感应场与外加磁场强度之比,感应场越强,磁导率越高,吸引力就越大。

2. 磁畴

从微观上来看，铁磁材料内部有很多磁畴。磁畴可认为是铁磁材料内部的许多微小的椭圆形永磁体。当材料没有被磁化时，磁畴是随机排列的。如果材料被磁化，磁畴的方向是大致平行于外磁场，因此，材料的整体尺寸会发生变化。

磁致伸缩的基本原理：未加外磁场，磁畴随机排列，材料处于自然长度状态。施加垂直方向的外磁场，磁畴也垂直排列，导致材料缩短。施加水平方向的外磁场，磁畴也水平排列，导致材料变长。

3. 磁致伸缩效应

几乎所有的铁磁材料，如铁、镍、钴及其合金，都会因磁化强度的变化而发生尺寸和形状的变化，这种效应称为磁致伸缩效应。由于此效应是被焦耳发现的，所以也称焦耳效应。所有铁磁材料都会经历磁致伸缩，当磁致伸缩棒被放置在平行于棒伸长方向的磁场中时，棒的长度将改变。用于磁致伸缩传感器材料的长度变化非常小，通常在 10^{-6} 数量级。

相反，向磁致伸缩材料施加应力，会改变其磁性（磁导率），如扭转磁致伸缩元件或磁化导线会导致磁化强度发生变化，称为维拉里效应。

当向由磁致伸缩材料制成的导线施加轴向磁场，并且电流通过导线时，导线将在轴向磁场的位置发生扭转，称为威德曼效应。扭转是由来自永磁体的轴向磁场与围绕磁致伸缩线的轴向磁场的相互作用引起的。

4. 磁致伸缩传感器的工作原理

磁致伸缩传感器正是基于焦耳定律、维拉里效应及威德曼效应工作的。

一方面，施加的力或扭矩产生应力，会改变磁致伸缩材料的磁导率，导致其磁化强度发生变化。另一方面，施加的磁场会改变磁致伸缩材料的磁性状态，导致其弹性常数发生变化。磁致伸缩位置传感器的工作原理如图 6-2 所示。

图 6-2 为磁致伸缩位置传感器的核心组成部分。电流脉冲被施加到磁致伸缩传感元件（铁磁电线）上，该电线周围会产生圆形磁场。永磁体（矩形或环形位置磁铁）被连接到要测量位置的移动物体上。该位置磁铁的磁场与电流脉冲产生的磁场相互作用，导致磁致伸缩传感元件以机械脉冲的形式发生弹性变形。该波以声速沿磁致伸缩传感元件（铁磁电线）双向传播，最终被脉冲转换器拾取到。

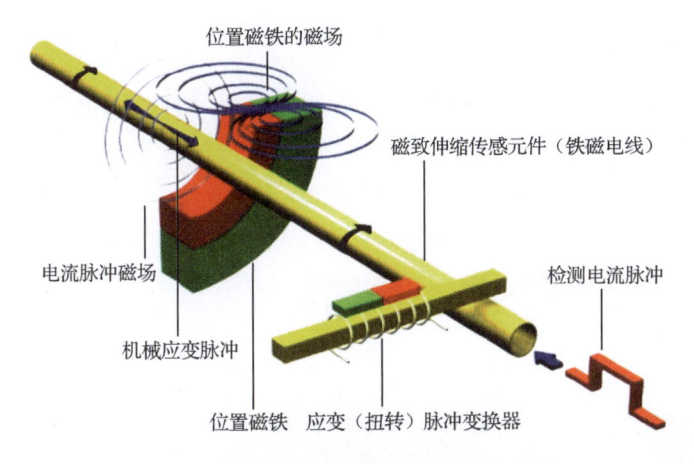

图 6-2 磁致伸缩位置传感器的核心组成

图 6-3 为美国西南研究院基于磁致伸缩效应研制的 MsSRv5 超声导波管道检测系统。

(a) 铁钴合金带 　　(b) 带状线圈

(c) 管道检测系统 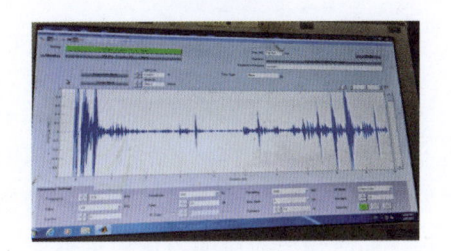　　(d) 检测界面与波形

图 6-3 美国西南研究院基于磁致伸缩效应研制的 MsSRv5 超声导波管道检测系统

6.1.2 激光超声技术

1. 激光发生/接收器

激光超声技术是近几年发展起来的能产生超声波的一项新技术,通过高能激光脉冲在介质中产生超声波,并用激光来检测超声回波(穿透波或发射波)。与传统的压电换能器技术相比,通过激光超声技术可以重复产生很窄的超声脉冲,在时间

和空间上均具有极高的分辨率。激光超声技术具有非接触、远距离探测、频带宽及检测可达性好等优点,尤其适用于一些恶劣环境或器件,如高温、腐蚀、辐射,以及运动速度较快的被检件。对薄膜材料和异型材料等来说,激光超声技术也是理想的检测技术。图 6-4 为一款多通道随机正交干涉仪,它在粗糙的光学平面上仍具有极高的测量灵敏度,使用中等级别的激光能量(≤200MW)时也具有极高的测量灵敏度,检测带宽高达 20MHz。

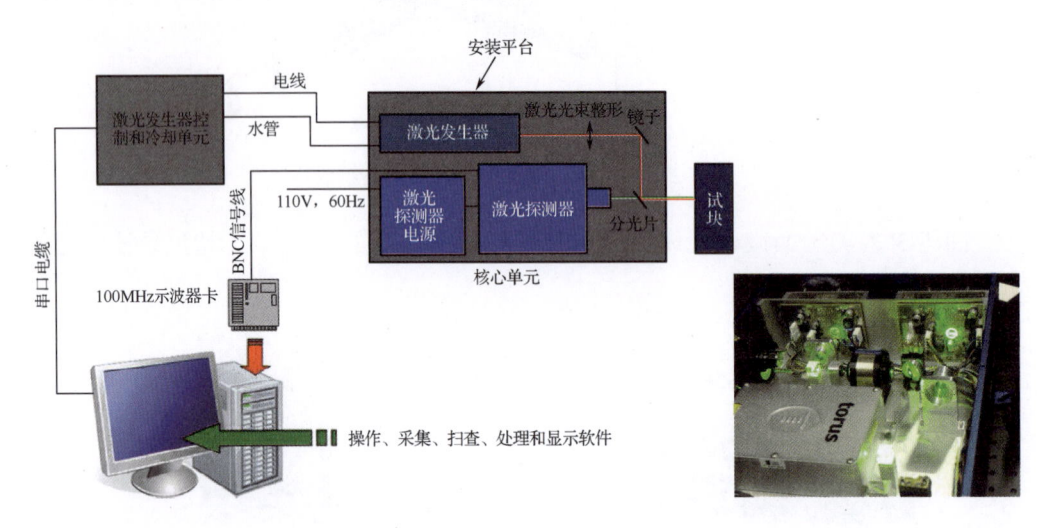

图 6-4　一款多通道随机正交干涉仪

2. 激光测振仪

激光测振仪主要由激光测振仪光学头、激光测振仪控制箱组成,激光测振仪通过非接触动态干涉技术精确测量物体的振动速度、加速度、位移和频率等。信号处理器内置有低功耗嵌入式处理器,数据处理速度快。通过对测试到的干涉信号进行处理,实时输出对应的电压模拟信号(携带被测物体的振动信息)。

激光测振仪的核心部件是一台高精密激光干涉仪和一台信号处理器。高精密激光干涉仪内的激光器发出的偏振光由分光镜分为两路,一路用于测量,另一路用于参考。被测量的偏振光通过声光调制器后有一定的频移,然后被聚焦到被测物体表面,物体振动引起多普勒频移。系统收集反射光,该反射光与参考光共同会聚在传感器上,这样两束光在传感器表面产生干涉,干涉信号的频率携带了被测物体的振动信息。信号处理器将频移信号转换为速度和位移信号。激光测振仪的工作原理如图 6-5 所示。图 6-6 为激光测振仪混凝土钢结构损伤测试。

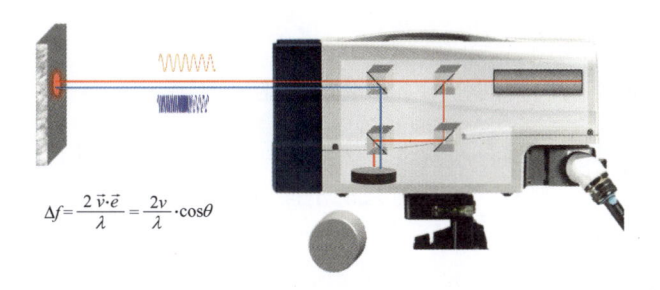

$$\Delta f = \frac{2\vec{v}\cdot\vec{e}}{\lambda} = \frac{2v}{\lambda}\cdot\cos\theta$$

图 6-5　激光测振仪的工作原理

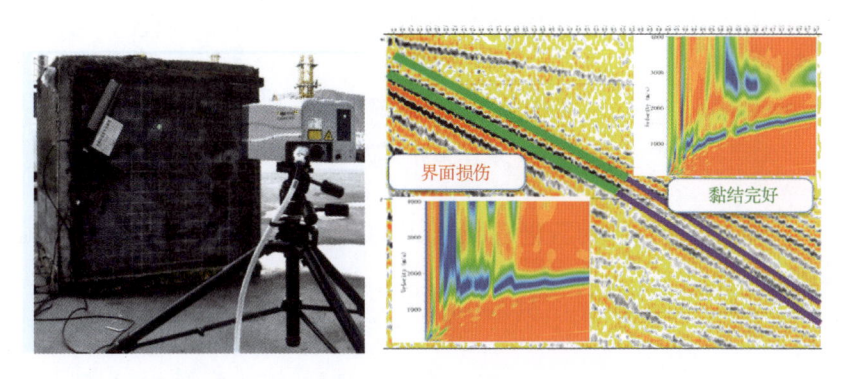

图 6-6　激光测振仪混凝土钢结构损伤测试

6.1.3　压电式超声导波换能器

压电换能器是一种能够将电能转化为机械能的器件。常见的压电换能器有压电陶瓷、压电晶体等。压电陶瓷是一种通过人工焙烧制造的可应用于多领域的多晶材料，而压电晶体则是以压电效应实现电能与声能相互转换的器件。

压电式超声导波换能器的工作原理是利用压电材料的特性来产生和检测超声导波。当对压电材料施加电压时，它会产生振动。反之，当压电材料受到外部扰动并发生形变时，它会产生电压信号，这就是压电效应。在波导结构中，压电式传感器通过耦合介质将压电材料的振动传递到试件中以激发超声导波，因此耦合介质的耦合状态直接影响压电式传感器的激励特性。

具有压电效应的材料主要包括压电晶体（如石英晶体 SiO_2）、压电陶瓷（如钛酸钡、钛酸铅、铌镁酸铅等）和高分子压电材料。

石英晶体是典型的压电晶体，以石英晶体为例来说明其原理。具有天然结构的石英晶体如图 6-7（a）所示。石英晶体各方向的特性是不同的（各向异性体），可以用 3 个相互垂直的轴来表示，其中纵向轴 z 轴称为光轴（或称为中性轴），经过六面体棱线并垂直于光轴的轴称为电轴，即 x 轴，与 x 轴和 z 轴同时垂直的 y 轴称为机械轴，如图 6-7（b）所示。通常把在沿 x 轴方向的力的作用下产生电荷的压电效应称为纵向压电效应,把在沿 y 轴方向的力的作用下产生电荷的压电效应称为横向压电效应。而在沿 z 轴方向的力的作用下不会产生压电效应。

若从石英晶体上沿 y 轴方向切下一块如图 6-7(c)所示的石英晶体切片,若沿 x 轴方向施加作用力 F_x,则在与 x 轴垂直的平面上将产生电荷,其大小为

$$q_x = d_x F_x \qquad (6-2)$$

式中,F_x 为 x 轴方向受的力(N);d_x 为 x 轴方向受的力的压电系数(Vm/N);

若在同一切片上沿 y 轴方向施加作用力 F_y,则在与 x 轴垂直的平面上仍会产生电荷 q_y,其大小为

$$q_y = d_y \frac{a}{b} F_y \qquad (6-3)$$

式中,d_y 为 y 轴方向受的力的压电系数(Vm/N),根据石英晶体的对称性,有 $d_y = -d_x$;a、b 分别为石英晶体切片的长度和厚度(m),如图 6-7(c)所示。

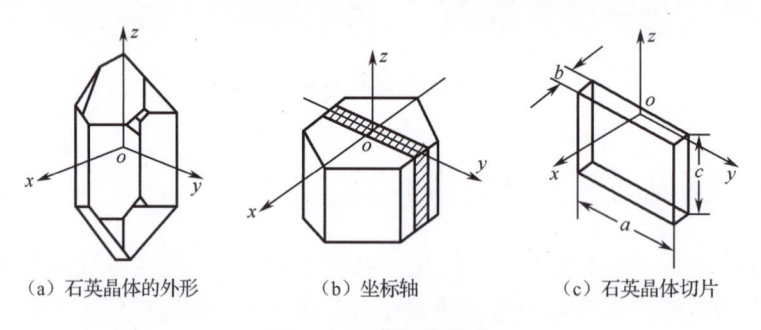

(a)石英晶体的外形　　(b)坐标轴　　(c)石英晶体切片

图 6-7　石英晶体结构

根据电荷 q_x 和 q_y 的符号一方面可以判断压电体是受压力还是受拉力,另一方面也表示沿 x 轴施加的压力所产生的电荷极性与沿 y 轴施加的压力所产生的电荷极性相反。

图 6-8 为铁路现场使用的两种压电式超声导波换能器。

图 6-8　铁路现场使用的两种压电式超声导波换能器

6.2 标准测试测量设备

通过标准测试测量设备可以快速搭建超声导波钢轨检测系统，如图 6-9 所示。

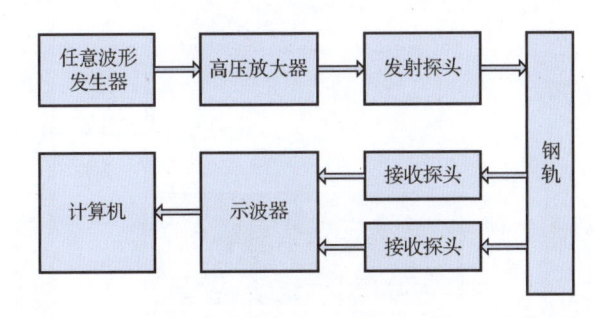

图 6-9 超声导波钢轨检测系统

实验室激励超声导波与采集数据时的连接方式如图 6-10 所示。

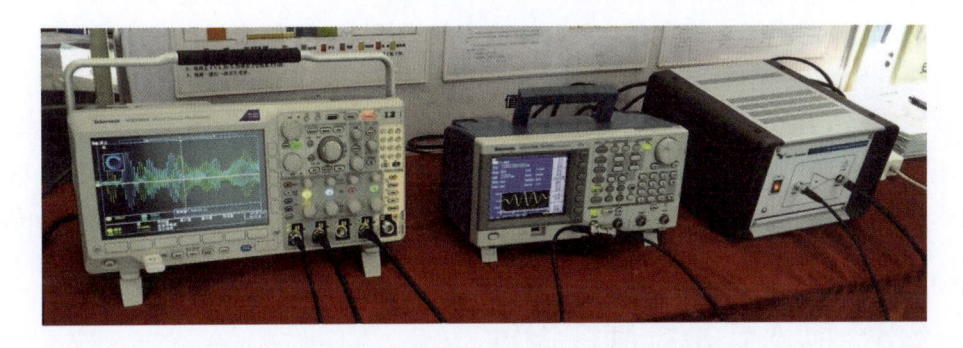

图 6-10 实验室激励超声导波与采集数据时的连接方式

采用标准测试测量设备搭建一套超声导波钢轨检测系统，主要设备包括信号发生器、信号放大器、换能器和数字示波器等。编写经汉宁窗调制的 5 周期正弦波信号程序，并将其存入 U 盘中，插入信号发生器，设置实验参数：自定义波函数波形、激发频率、激发间隔等。信号发生器产生的信号较小，因此需要使其连接信号放大器将信号放大，再将输出的信号连接到换能器，高压脉冲激励超声导波换能器产生机械振动，并将其施加到钢轨上，产生的超声导波在钢轨中传播。接收信号的是另一个换能器，将输出的信号连接到数字示波器上，通过示波器实时监测超声导波信号，并将其存入 U 盘中。

函数发生器配置如图 6-11 所示。

激励信号为经汉宁窗调制的 5 周期正弦波信号，若超声导波的激励频率为 35kHz，则将函数发生器的频率设置为 7kHz。将函数发生器的运行模式设置为"脉冲触发",将 Cycle 设置为"1-Cycle",根据实验需求设置脉冲间隔,10ms 或者 1s 触发一次。

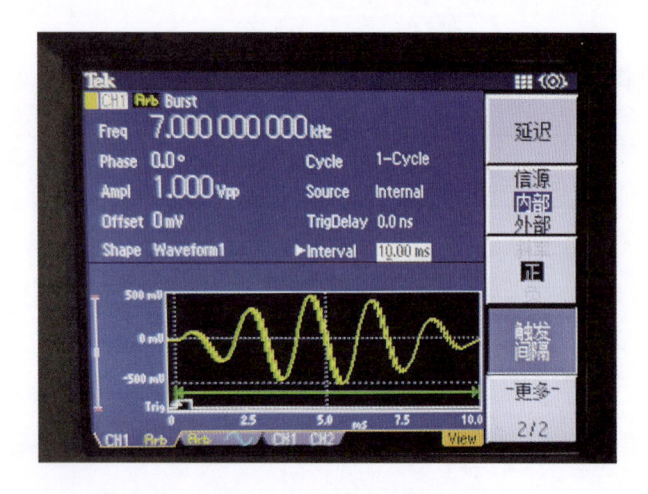

图 6-11 函数发生器配置

基于函数发生器、高压放大器及示波器等通用仪器,结合超声导波换能器,可以快速搭建超声导波检测系统,实现超声导波发射,以及信号接收、存储,但是通用仪器需要使用交流电源,而实际铁路现场一般难以满足仪器供电需求,且供电设备不方便携带,因此,基于嵌入式系统研制超声导波钢轨检测系统是实现超声导波技术产品化应用的前提,下面从嵌入式系统硬件设计和软件设计两个方面进行介绍。

6.3 嵌入式系统硬件设计

硬件系统通过设计电路来实现超声导波信号的激励和高速同步采集,信号的带宽、采样频率、同步性能及采样点数直接决定信号处理及检测的准确性。现场的超声导波往往具有回波信号微弱、幅值变化范围大等特点。硬件系统应具有增益动态调整、采样速率高和采样深度大等特点,以满足基于超声导波技术进行钢轨无损检测的要求。

6.3.1 硬件系统总体设计

超声导波钢轨检测系统在集成超声导波激励与采集功能的同时,还需完成对所采集数据的环境参数的采集,以及系统数据分析、存储与远程传输。超声导波钢轨检测系统组成如图 6-12 所示。

第6章 超声导波检测系统研制

超声导波钢轨检测系统可以同时带载多个激励、接收换能器，可实现多个超声导波换能器同时激励，以及同时接收多个换能器的输出信号，一个系统可同时检测两根并行钢轨的裂纹。现场可编程门阵列（Field Programmable Gate Array，FPGA）数字硬件系统能够实现超声导波激励信号的调制与重建，以及接收信号的调理和采集，系统接收到超声导波激励与数据采集指令后，发出同步脉冲，开启激励信号调制与重建单元，驱动 DAC（数模转换器）发出窄带超声导波信号，同时触发信号采集单元驱动 ADC（模数转换器）采集超声导波信号。将功率放大单元封装在单独的电路板内，减小大功率输出对信号采集电路电源的扰动，放大超声导波激励信号的电压，提升超声导波激励输出的带载能力，增加超声导波在钢轨中的传输距离。

信号调理单元包含钳位电路、滤波电路、程控增益放大电路、固定增益放大电路，对接收换能器输出的信号进行钳位、滤波和放大等处理，提升信噪比。根据系统架构，传输层由高级精简指令集计算机（ARM）处理器及其外部设备（以下简称"外设"）组成的信号处理单元和环境监测单元构成，信号处理单元作为主控模块，通过双口随机存取存储器（RAM）将控制指令发送给 FPGA 系统，启动 FPGA 系统激励超声导波信号并接收信号，同时实时获取环境监测单元的轨温和过车状态，信号获取完成之后，等待远程客户端或本地客户端交互指令，通过百兆网线传输信息。信号处理单元通过百兆网线与 4G 路由相连，组成远程超声导波钢轨检测系统，与微型计算机相连组成超声导波钢轨检测网络平台。

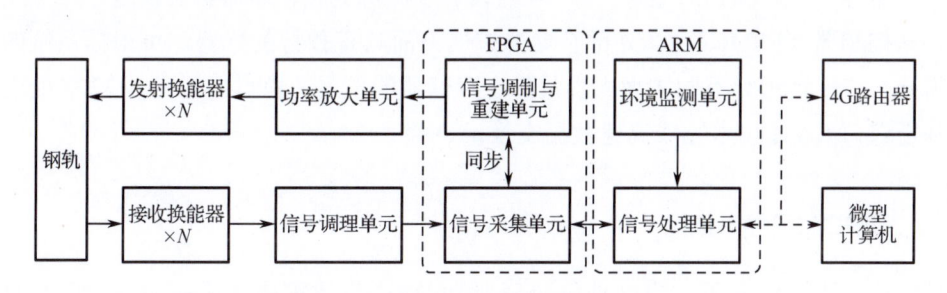

图 6-12 超声导波钢轨检测系统组成

超声导波钢轨检测系统对激励采集性能有较高要求，以双通道激励采集模式为例，若该系统使用 20～100kHz 超声导波信号作为检测信号，信号调理单元满足 20～100kHz 的带宽要求，ADC 转换器采集速率设置为 1MSPS[①]与 10MSPS 可配置模式，DAC 转换器转换速率设置为 60MSPS。硬件系统性能指标如表 6-2 所示。

---

① MSPS（Mega Samples Per Second）指每秒采样的量级，通常用于描述数字信号处理技术或测试仪器的性能指标。

表 6-2 硬件系统性能指标

性　能	指　标	性　能	指　标
采集通道数	2个	激励通道数	2个
采集信号带宽	20～100kHz	激励信号采样率	60MSPS
采样率	1/10MSPS	激励信号分辨率	14bit
采样分辨率	12bit	网口传输速率	100Mbit/s

6.3.2　基于 FPGA 与 ARM 的硬件系统设计

为充分发挥各处理器性能的优势，基于 FPGA 与 ARM 的硬件系统采用基于 FPGA 与 ARM 的双处理器架构，如图 6-13 所示。FPGA 的接口定义灵活，稳定性高，适合并行数据运算与处理，但不适用于大量浮点运算和分支跳转结构的流程程序设计。因此，使用 FPGA 完成前端高速 A/D 与 D/A 的驱动、将采集的数据缓存至双数据率同步动态随机存储器（DDR SDRAM）中。在 FPGA 旁边增加了 STM32 微处理芯片，用于移植复杂的网络协议栈，如轻型 IP（LWIP）协议栈，实现用户数据报协议（UDP）服务端。STM32 微处理芯片集成有丰富的外设，如串行外设接口（SPI）、输入输出 I/O 接口、低速 DAC 和通用串口等外设，便于扩展环境监测、数据传输和数据存储等功能。STM32 系列控制器集成了一种新型的存储器扩展技术——可变静态存储控制器（FSMC），在外部存储器扩展方面具有独特的优势，可根据系统的应用需要，方便地进行不同类型大容量静态存储器的扩展。FPGA 与 STM32 微处理芯片基于双口 RAM 技术完成高速数据交换。

1. FPGA 硬件系统

FPGA 硬件系统要完成的功能包括驱动 DAC 芯片重建窄带正弦波、驱动 ADC 芯片采集超声导波信号。根据上述功能设计出 FPGA 硬件系统，如图 6-14 所示，包括最小系统和系统外设。最小系统是驱动一个 FPGA 正常工作的基本单元，包括联合测试工作组（JTAG）、复位电路、电源转换电路、晶振电路和系统状态指示灯。系统外设包括按键、拨码开关、数模转换电路、模数转换电路、数字 I/O 隔离电路（含输入、输出）与 ARM 芯片共享数据总线和随机存取存储器电路（DDR2×2 MT47H64M16HR）。

第 6 章 超声导波检测系统研制

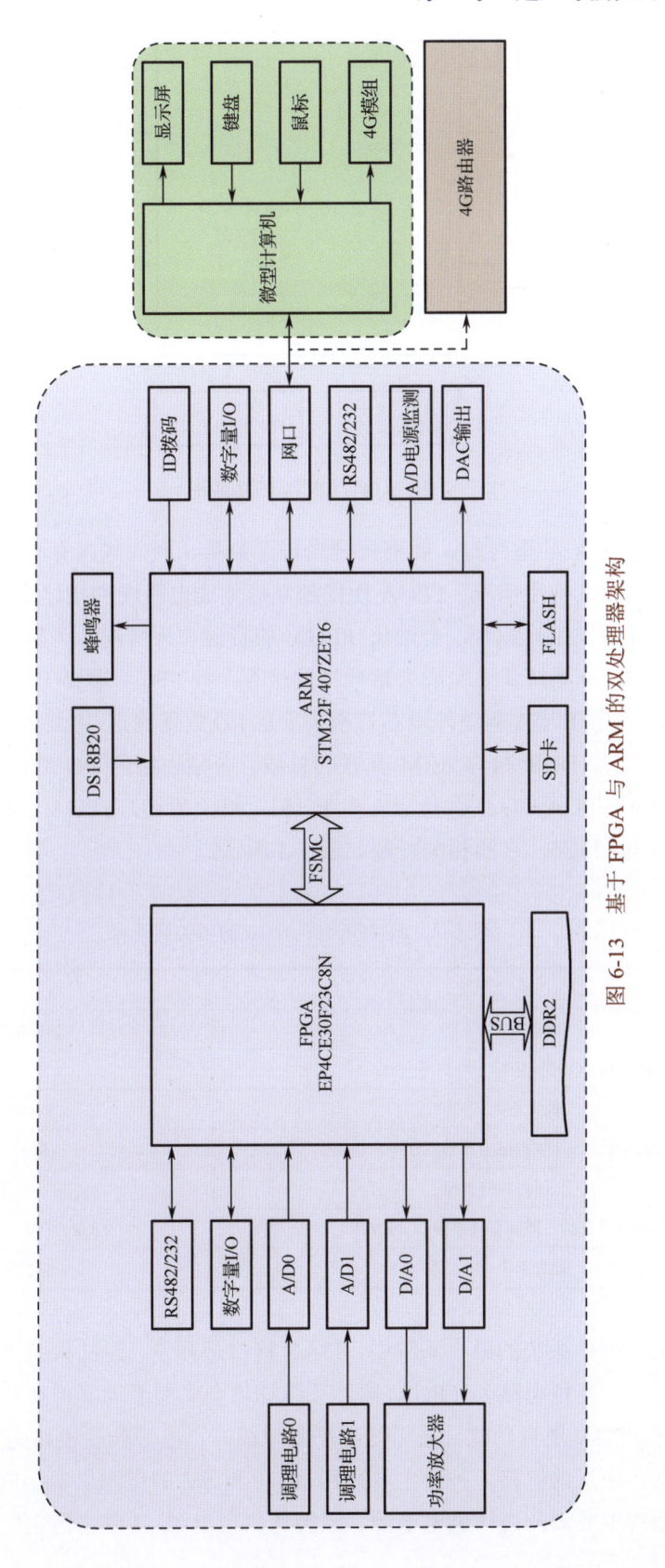

图 6-13 基于 FPGA 与 ARM 的双处理器架构

```
   按键  ─┐                    ┌─ JTAG
   拨码开关 ─┤                    ├─ 复位电路
   数模转换电路 ─┤  FPGA           ├─ 电源转换电路
   模数转换电路 ─┤  EP4CE30F23C6  ├─ 晶振电路
   数字I/O隔离电路 ─┘                └─ 系统状态指示灯
              │                │
         ARM芯片共享数据总线   DDR2×2
                              MT47H64M16HR
```

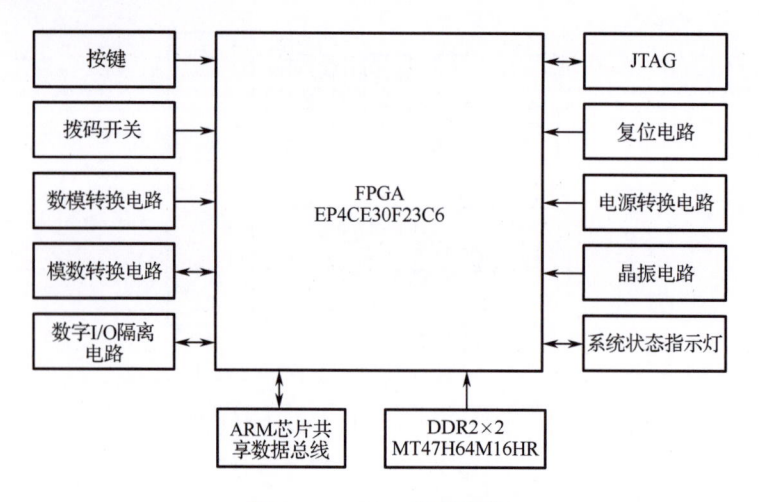

图 6-14 FPGA 硬件系统

在选择 FPGA 的型号时，要根据逻辑资源数量、嵌入式内存和锁相环的逻辑功能复杂程度估计其使用情况。FPGA 使用超高速集成电路硬件描述语言（VHDL）描述电路后，经开发工具综合，会给出 FPGA 的资源占用情况，可据此确定相应的资源指标。考虑研制系统需要完成大量数据的缓存，故 FPGA 端要支持大容量的内存。用户 I/O 数量根据 FPGA 驱动外设芯片所需要的 I/O 数量确定，主要外设有双路 DAC、双路 ADC、双片 DDR 和与 ARM 互联的总线，分别占用的 I/O 数量为 32、26、59 和 34，选用的 FPGA I/O 的数量应不少于 151。综上所述，FPGA 芯片选用 60nm 工艺的 EP4CE30F23C6，它的相关资源如表 6-3 所示。

表 6-3 EP4CE30F23C6 的相关资源

资源	指标
逻辑资源（LE）	29000 块
结构和 I/O 相锁环路［锁相环（PLL）］	4 个
最大嵌入式内存	594KB
数字信号处理［数据服务平台（DSP）区块］	66 个
硬内存控制器	否
外部内存支持［外部存储器接口（EMIF）］	DDR、DDR2、SDR
最大用户 I/O 计数	532 个

在 FPGA 硬件系统的最小系统中，JTAG 接口是开发、调试和固化 FPGA 逻辑电路的电路接口。复位电路为 FPGA 硬件系统提供全局的手动复位按钮，便于手动调试时初始化 FPGA 逻辑功能，采用低电平复位模式。电源转换电路是为 FPGA 及其外设提供运行电压的电路。外设主要采用 3.3V 和 5V 的电源供电。FPGA 供电电源较多，该系统主要涉及内核供电电源、锁相环供电电源、I/O 扇区供电电源，分别为

1.2V、2.5V 和 3.3V，均由 1.2A、24V、1.4MHz 异步降压转换器 MP2359 生成。系统状态指示灯包括电源指示灯和运行状态指示灯。

FPGA 驱动双路 D/A 转换芯片产生激励超声导波的信号，驱动双路 A/D 转换芯片采集超声导波信号。为了实现超声导波信号的大容量缓存，FPGA 端挂载了两个 1Gbit 的 DDR2 芯片，型号为 MT47H64M16HR。DDR2 时钟线、片选线和地址线等功能线并联，数据线串联，组成 32 位的数据访问内存，容量为 2048Mbit，即 2Gb。FPGA 端预留了数字量 I/O 接口，这些接口通过高速光耦进行了光电隔离，具有较强的抗干扰能力，可用来接入有数字量输出接口的传感器，如磁钢传感器等。

2. ARM 硬件系统

ARM 控制器的主要功能包括环境监测（温度与轨道占用状态）、电源监测、采集通道增益控制、数据存储和远程数据传输等，根据功能设计 ARM 硬件系统，如图 6-15 所示。该系统主要由 ARM 芯片最小系统和系统外设组成。最小系统包括 JTAG 接口、复位电路、电源转换电路、晶振电路和系统状态指示灯。系统外设包括实时时钟（RTC）电路、状态显示电路、增益控制电路、过车检测电路、温度监测电路、网口通信电路、电源监测电路、存储电路 SD 卡+FLASH 和与 FPGA 互联的总线。

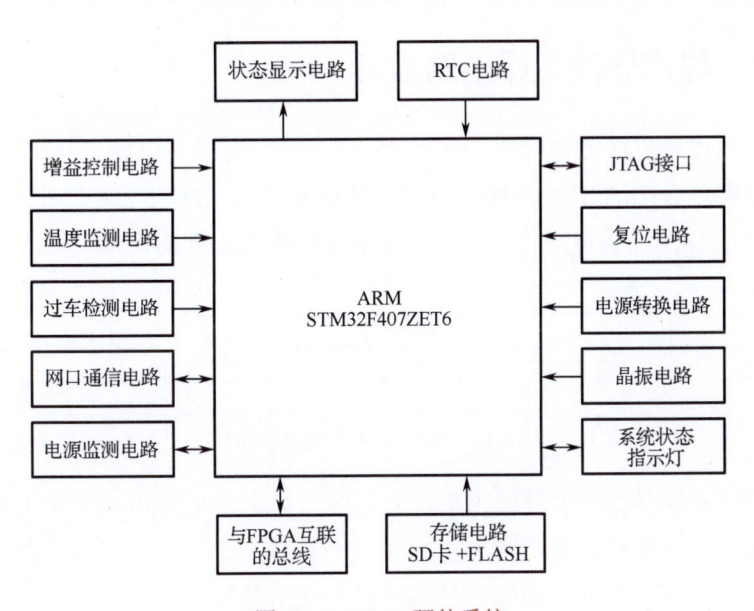

图 6-15　ARM 硬件系统

选择 ARM 芯片的型号时主要依据外设功能需求、内存需求、程序空间和 I/O 资源选型。根据系统的数模与模数转换、存储、网络通信、与 FPGA 互联和大容量数据分析需求，确定 ARM 芯片采用 STM32F407ZET6，其相关资源如表 6-4 所示。

表 6-4 STM32F407ZET6 的相关资源

资　源	指　标
CPU 位数	32bit
CPU 内核	ARM® Cortex®-M4
主频	168MHz
工作电压	1.8～3.6V
内部 FLASH	512KB
RAM	192KB
I/O 数量	114
主要外设	USB、SPI、UART、Ethernet(10/100M)、ADC、DAC 等

在 ARM 硬件系统的最小系统中，JTAG 接口的电路设计与 FPGA 调试接口一样，主要用于程序的调试和烧录。复位电路即在芯片的复位管脚处设计一个按键提供复位电位，系统为低电位复位。电源转换电路是用线性稳压器 LM1117-3.3 将 5V 的电压转换为 3.3V 的电压，来为 ARM 芯片和其外设供电。晶振电路采用 25MHz 无源晶振。系统状态指示灯选用一个 I/O 管脚驱动 LED，可用于显示程序运行状态。

6.3.3　超声导波激励电路设计

超声导波激励电路结构如图 6-16 所示，主要由信号产生电路和功率放大器组成。信号产生电路包含 D/A 转换电路、可调增益比例放大电路和无源低通滤波器。信号产生是指通过 D/A 转换电路将离散的数字信号转换为连续的模拟信号。

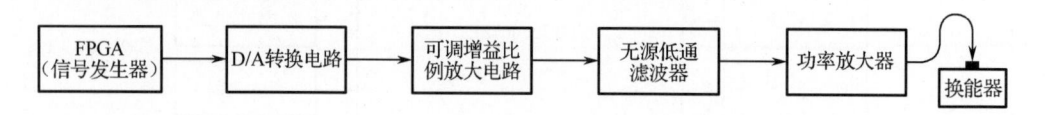

图 6-16　超声导波激励电路结构

D/A 转换电路按采样时钟输出信号的离散序列将 FPGA 转换为模拟的电流或电压信号。根据待转换的信号特性选取 D/A 芯片，D/A 芯片选型时主要参考垂直分辨率、转换速率、线性度和转换噪声等指标。要通过信号产生电路实现窄带经汉宁窗调制的正弦波，幅值在 ±5V 之间，频率调整可通过数字系统调制实现，频率范围为 20～200kHz。根据奈奎斯特定理，D/A 转换芯片采样频率不低于 400kHz，为了提升输出信号的信噪比，使输出的激励信号带宽更窄，需要简化后端的滤波电路设计，对待转换信号进行过采样。选用的 D/A 转换芯片为亚德诺半导体公司生产的双通道 D/A 转换芯片 AD9767，垂直分辨率为 14bit，转换速率最高可达 125MSPS。如图 6-17 所示。

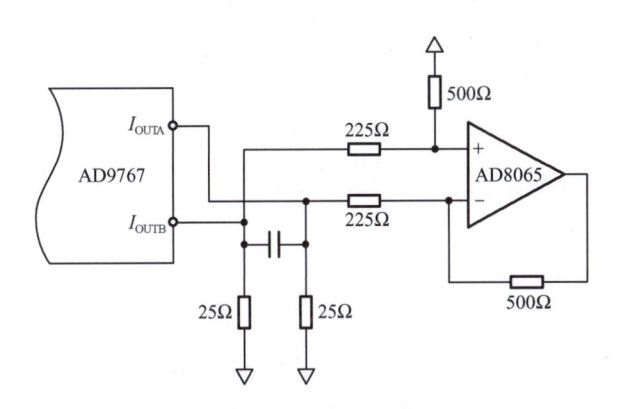

图 6-17　D/A 转换芯片 AD9767

6.3.4　超声导波采集电路设计

超声导波采集电路主要由前级信号调理电路和 A/D 转换电路组成。经调理的信号经 A/D 转换电路完成采集。采集电路原理如图 6-18 所示，其主要由阻抗匹配电路、钳位电路、带通滤波电路、程控增益放大电路、固定增益放大电路和 A/D 转换电路组成。

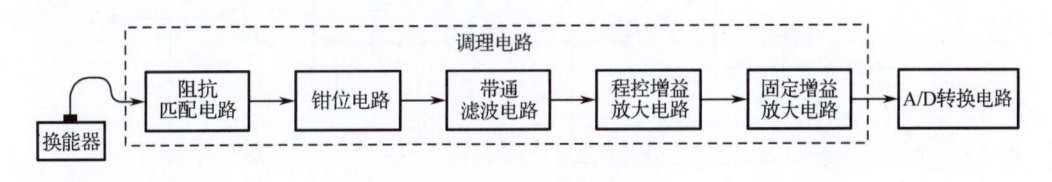

图 6-18　采集电路原理

1. 阻抗匹配电路与钳位电路

当采用回波法检测钢轨缺陷时，激励探头和接收探头之间的距离非常近，这就使近端的回波信号非常大，容易被钳位电路"削顶"，信号出现截止失真，为了保证信号的完整性，在输入端加入相匹配的电阻，使信号适量衰减，确保信号的完整性。

为了保护后级电路，在阻抗匹配电路后加入钳位电路，利用二极管正向导通压降稳定的特点限制后级电路输入的电压。钳位电路原理图如图 6-19 所示。

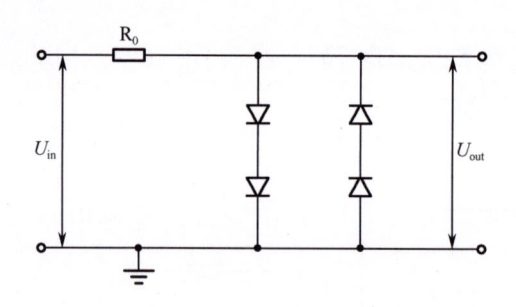

图 6-19　钳位电路原理图

2．带通滤波电路

在信号放大模块中，带通滤波器对于消除超声导波回波信号中的噪声、提高信噪比有重要的作用。常见的滤波器有巴特沃思滤波器、切比雪夫滤波器和贝塞尔滤波器，综合比较上述三种滤波器的特性，巴特沃思滤波器由于在通带的频率响应曲线平坦，阻带下降速度较好，适合作为超声导波钢轨检测系统的带通滤波器。综合考虑阻带下降速度和器件复杂度，一般认为四阶巴特沃思带通滤波器为最佳选择。四阶巴特沃思带通滤波器可以通过两个二阶巴特沃思带通滤波器串联获得，采用二级反相放大器可以保证输出信号和输入信号的极性一致。基于多重反馈拓扑结构的二级四阶巴特沃思带通滤波器电路结构如图 6-20 所示。

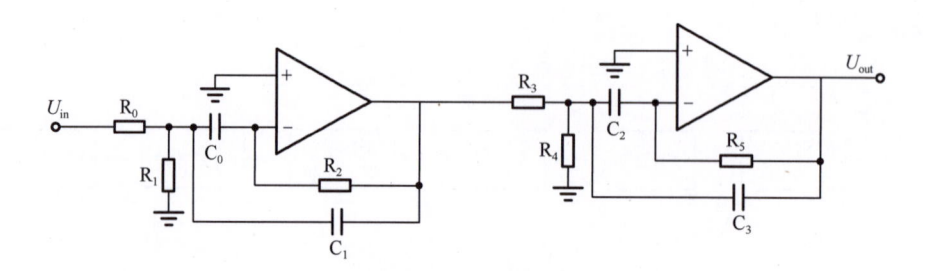

图 6-20　基于多重反馈拓扑结构的二级四阶巴特沃思带通滤波器电路结构

超声导波钢轨无损检测系统使用 30～100kHz 的超声导波，故选取的中心频率为 60kHz，带宽为 80kHz。

3．程控增益放大电路

程控增益放大电路采用宽频带、低噪声、低畸变、高增益精度的压控增益放大器（Voltage Controlled Gain Amplifier，VGA）芯片 AD603，它能够通过调整和控制管脚电压实现增益调节。AD603 增益控制电压范围为 -500～500mV，而 DAC 芯片输出电压范围为 0～3300mV，因此设计了电压转换电路，将 0～3300mV 电压转换至 -500～500mV，增益控制电路如图 6-21 所示。

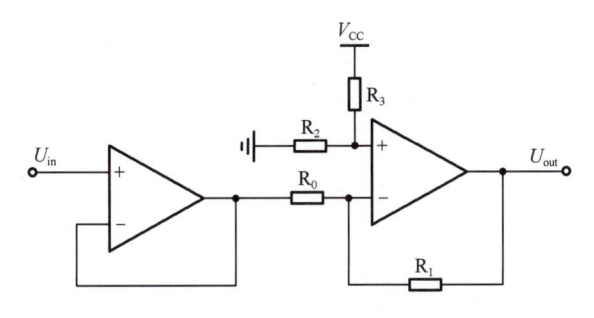

图 6-21 增益控制电路

图 6-21 中，U_{in} 为处理器 D/A 转换器外设输出管脚电压，U_{out} 连接 AD603 增益控制电压的管脚。

4．A/D 转换电路

A/D 转换电路采用单通道高速模数转换器 AD9226，采样速率高达 65MSPS，垂直分辨率有 12bit。按照奈奎斯特定理，为避免信息丢失，带宽为 f_a 的模拟信号必须以 $f_s > 2f_a$ 的采样频率进行采样，否则模拟信号带宽中将发生混叠现象，一般实际应用中的采样频率为采样信号最高频率的 2.65～4 倍。钢轨中窄带激励的超声导波信号频率范围为 20～200kHz，选用 A/D 芯片时采样频率应不低于 800kHz，可选择采样频率为 1MHz 和 10MHz。

使用 FPGA 同时驱动两片 AD9226，A/D 芯片数字电路连接示意图如图 6-22 所示。

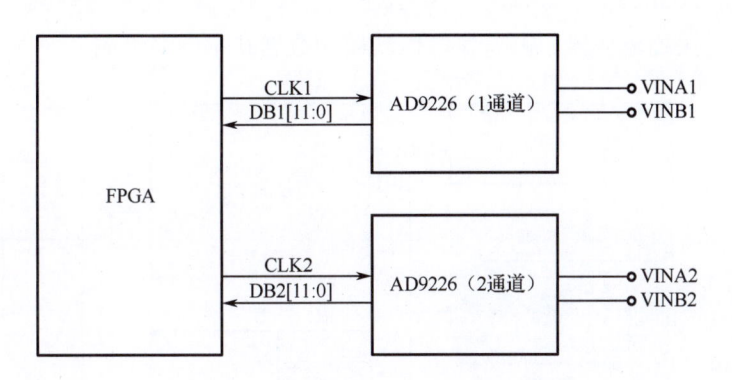

图 6-22 A/D 芯片数字电路连接示意图

AD9226 模拟信号输入方式为差分电压输入方式，应在调理电路后级加入高速差分放大器，将单端电压信号转换为差分电压信号。转换方案采用的是 AD8138 差分运算放大器的直接耦合驱动电路。

6.4 嵌入式系统软件设计

通过试验测试,基于通用仪器搭建的超声导波钢轨检测系统采样速率达到 10MSPS 时,系统能较好地分辨出反射波缺陷信号特征,而对于能量集中的透射波,当采样速率为 1MSPS 时,系统也能较好地分辨原始信号特征。因此,设计了采样速率配置寄存器,便于根据后端信号特征分析需求,选择 1MSPS 和 10MSPS 两种采样速率,增强系统钢轨裂纹检测场景的兼容性,减少系统存储和传输带宽资源。钢轨超声导波检测系统软件部分包括超声导波激励信号生成、信号采样、数据高速存取、数据共享等几大模块。

以 100m 钢轨无损检测为例,若采用反射波检测方式,由于超声导波的频散特性,因此超声导波群速度并非固定的,以钢轨中超声横波波速为 3230m/s 估计传播时间。在一端激励超声导波,传输到 100m 钢轨终点再返回,总时间为 61.9ms。以 10MSPS 采样速率、12bit 位宽采样,产生的数据量大小为 619000×16bit,约为 1.2MB。一般微处理器系统内存小,难以直接存储并计算。因此,设计 FPGA 端的缓存系统时,系统采样数据不直接传输给 ARM 芯片,而是先由 FPGA 缓存至 DDR2 内,然后 ARM 端根据算法需求从 FPGA 端获取数据。若钢轨无损检测为 1 秒检测一次,则检测频率为 1Hz,ARM 端数据吞吐速率应不低于 20Mbit/s。

根据上述需求分析,设计基于 FPGA 的超声导波高速采集与缓存架构,软件设计总体方案如图 6-23 所示。系统主要由任务逻辑调度器、同步时钟模块、激励信号发生器、信号采样驱动器、高速存取驱动器和数据共享协议组成。

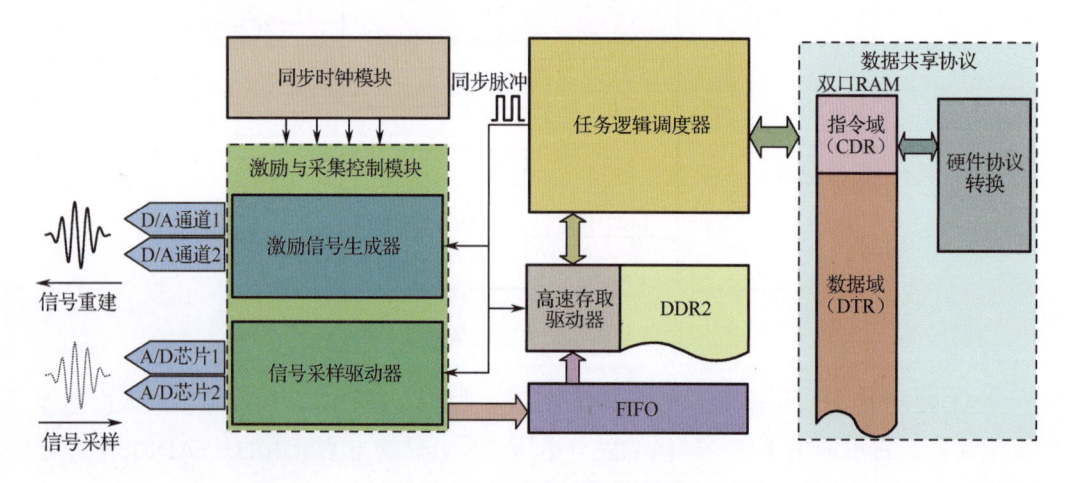

图 6-23 软件设计总体方案

任务逻辑调度器是系统的控制核心,查询由 ARM 芯片发出的控制指令,当指令为激励指令时,任务逻辑调度器获取指令域的激励周期、采样时间和采样速率等参数,同时向激励信号发生器、信号采样驱动器发出同步脉冲。它们收到同步脉冲后,激励信号发生器则根据激励周期发出对应周期数的经汉宁窗调制的正弦信号,完成超声导波激励;同时,信号采样驱动器锁存采样时间参数,选择采样时钟,开始对接收换能器的输出信号进行采样,采样数据以1MHz或10MHz的频率被送入FPGA的先进先出(FIFO)中。当高速存取驱动器检测到FIFO为非空时,自动将数据存入DDR2 SDRAM中,完成超声导波信号的采样与缓存。DDR2写入读取速度高达150×32×2Mbit/s,即9Gbit/s,存储容量为2Gbit,满足系统存储容量需求。

信号采样完成之后,任务逻辑调度器通过指令域向ARM芯片反馈采样完成,可以读取数据。任务逻辑调度器读取数据的首地址和长度,并通过高速存取驱动器将相应地址的数据转发至双口RAM中的数据域中,最终实现将超声导波数据共享给ARM芯片。基于此方案,FPGA可根据ARM芯片配置的激励参数和采样参数,完成超声导波信号的自动采集和缓存,并通过双口RAM与ARM芯片共享缓存的超声导波数据,共享速率达25×16Mbit/s,即400Mbit/s,满足系统需要的吞吐速率。

第 7 章

超声导波钢轨无损检测技术应用

与平板、管道一样，钢轨也具有声波导特性，在钢轨内部可以激发超声导波信号。超声导波比超声体波传播的距离更远，其传播过程可以覆盖整个波导介质的横截面，因此超声导波的检测效率比超声体波更高，更适用于长距离的无损检测，本章将介绍超声导波在无缝线路断轨监测和道岔尖轨缺陷检测中的应用。

7.1 无缝线路断轨监测

目前，高速铁路和重载铁路均采用无缝钢轨，以克服有接缝钢轨的弊端。重载铁路运输是中国铁路发展的重要领域之一，具有运量大和运输效率高等优点，对我国国民经济的发展产生了巨大的推动力。图 7-1 展示了国家能源集团的重载铁路运输线。确保重载铁路运输的安全和稳定对于推动铁路建设至关重要。许多因素会影响重载铁路的安全运营，其中钢轨断裂是影响行车安全的重要因素之一。因此，实时监测钢轨断裂情况，在钢轨完全断裂或部分断裂时及时发出警报信息，成为确保重载铁路线路安全运营的一项重大措施。我国的重载铁路主要采用无缝钢轨，由于其明显的热胀冷缩特性，再加上重载铁路巨大的轮轨作用力，因此钢轨容易断裂。此外，钢轨顶面磨损、钢轨核伤、钢轨夹板卡损伤及钢轨焊接质量差等也可能导致钢轨断裂的发生。

目前，国内外对钢轨断轨的检测主要分为移动式检测和固定式检测。移动式检测包括手推式钢轨探伤车或大型综合巡检车，移动式检测方式操作简便，检测灵敏度高，但存在检测距离有限、有探伤盲区等问题，且只能在轨道天窗进行作业，无法满足实时检测需求。固定式检测常用的检测方法有应力检测法、光纤检测法、超声导波检测法和利用轨道电路进行检测等。其中，应力检测法检测距离较短、抗干扰能力差；光纤检测法维护成本较高，且安装光纤较为困难；利用轨道电路监测钢轨的电压、电流等参数变化来实时检测钢轨断裂情况，具有高准确性和实时性，但无法检测钢轨发生部分断裂的情况。与上述检测手段相比，超声导波检测具有长距离传播、全面覆盖钢轨横截面、高速检测等优势，已成为钢轨无损检测领域的研究热点。

第7章 超声导波钢轨无损检测技术应用

图 7-1 国家能源集团的重载铁路运输线

攀钢研发的 U78CrV 型钢轨因耐磨、综合性能良好，从 2009 年开始在国内得到了广泛应用，成为我国重载铁路的主要轨道材料之一。下面对 U78CrV 型钢轨在无缝线路中的断裂检测展开研究。

7.1.1 频散曲线

求解钢轨中超声导波的频散曲线可以获得钢轨中超声导波各模态的相速度、群速度和波结构，它们是研究钢轨中各超声导波模态传播规律、开展断轨监测研究的前提。首先查阅行业标准了解 75kg/m 钢轨的横截面尺寸，在 SolidWorks 软件中绘制横截面图，横截面高为 192mm，轨头宽为 75mm，轨底宽为 150mm。将横截面的坐标数据导入 MATLAB 软件，绘制钢轨横截面 Ω，利用 MATLAB 的 PDE 工具箱将横截面划分为三角形网格单元 Ω_e 的形式。PDE 网格划分效果如图 7-2 所示，该网格共有 550 个单元、340 个节点。

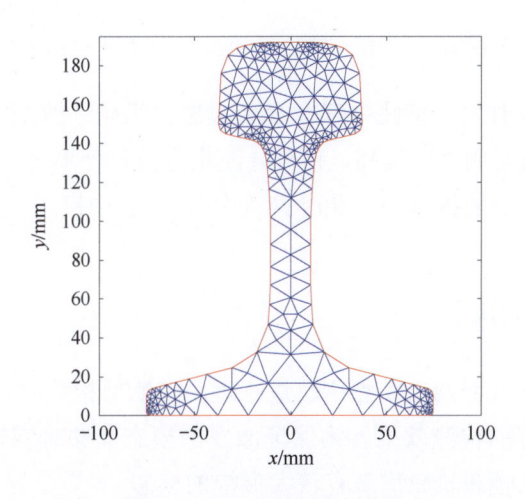

图 7-2 PDE 网格划分效果

在 MATLAB 软件中，绘制 U78CrV 型钢轨横截面中超声导波相速度和群速度的频散曲线，如图 7-3 和图 7-4 所示。

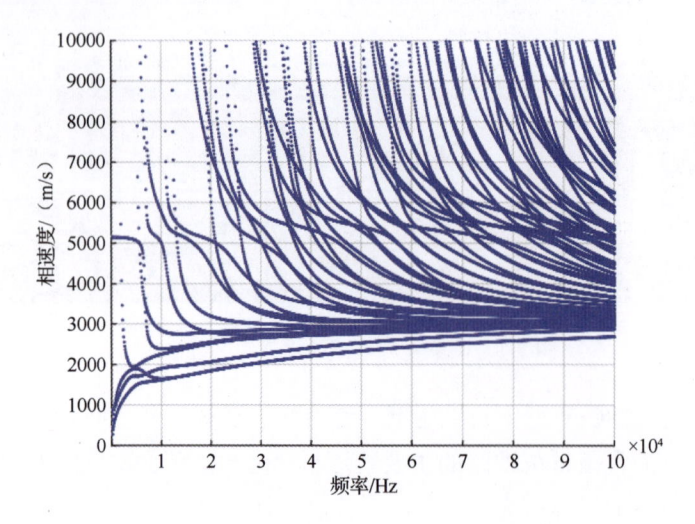

图 7-3　U78CrV 型钢轨横截面中超声导波相速度的频散曲线

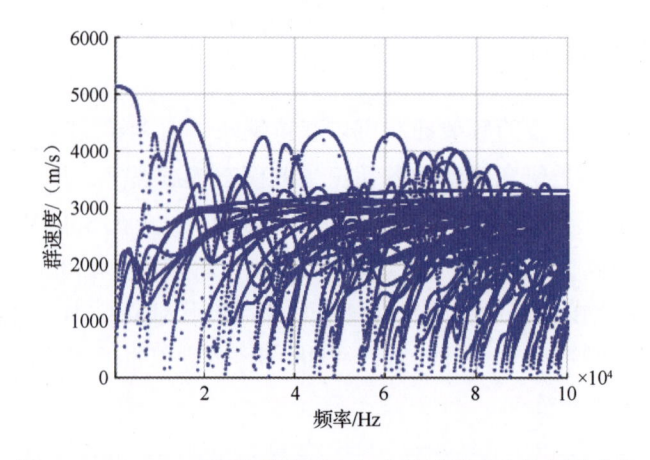

图 7-4　U78CrV 型钢轨横截面中超声导波群速度的频散曲线

由频散曲线可以看出，钢轨中存在多个模态，当频率改变时，超声导波模态数量会随之改变，且随着频率的提高，超声导波模态数量会增多。以 35kHz 频率为例，绘制所有超声导波模态的振型图。此时钢轨中共有 23 种模态，如图 7-5 所示。

7.1.2　模态选取

在利用超声导波对 U78CrV 型钢轨进行远距离断轨检测时，选取 35kHz 作为超声导波频率具有较好的检测效果。为保证激发的模态能够对钢轨全断面进行检测，需要选取在轨头、轨腰和轨底均具有较大振幅的模态。

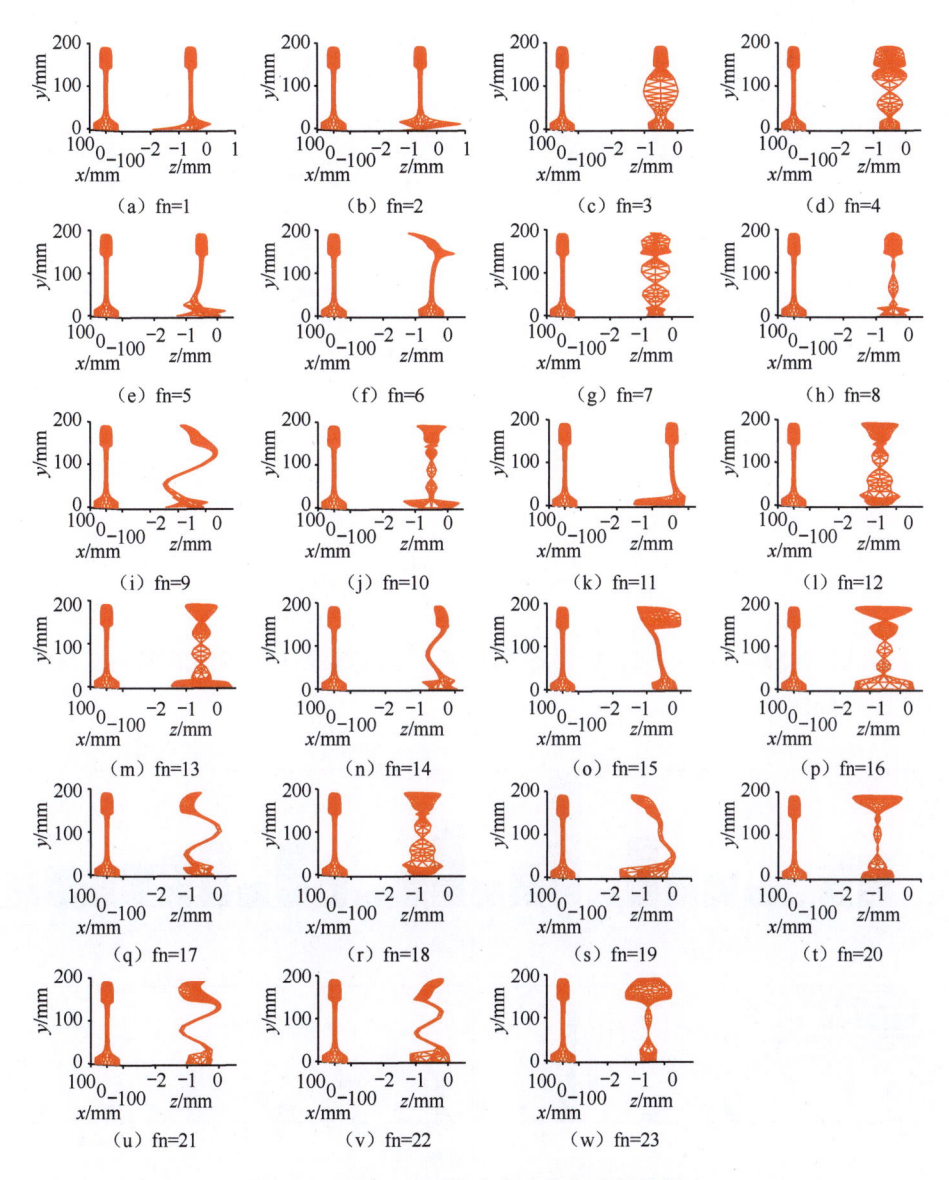

(a) fn=1 (b) fn=2 (c) fn=3 (d) fn=4
(e) fn=5 (f) fn=6 (g) fn=7 (h) fn=8
(i) fn=9 (j) fn=10 (k) fn=11 (l) fn=12
(m) fn=13 (n) fn=14 (o) fn=15 (p) fn=16
(q) fn=17 (r) fn=18 (s) fn=19 (t) fn=20
(u) fn=21 (v) fn=22 (w) fn=23

图 7-5　35kHz 时钢轨中存在的超声导波模态

定义钢轨横截面高度为 138～192mm 的区域为轨头区域、33～138mm 的区域为轨腰区域、0～33mm 的区域为轨底区域，轨头、轨腰、轨底分别包含 183 个、52 个、105 个节点。根据各区域内所有节点的振动数据，分别求出 23 个模态在轨头、轨腰、轨底的归一化振动能量，以及各模态在 x 轴、y 轴和 z 轴方向的振动能量。

对于某一模态振型，假设节点 i 在 x 轴、y 轴和 z 轴方向的位移分别为 $x(i)$、$y(i)$、$z(i)$，则轨头、轨腰、轨底的振动能量分别为

$$E_{\text{head}} = \sum_{i=1}^{183}[x(i)^2 + y(i)^2 + z(i)^2]/183$$

$$E_{\text{web}} = \sum_{i=1}^{52}[x(i)^2 + y(i)^2 + z(i)^2]/52$$

$$E_{\text{base}} = \sum_{i=1}^{105}[x(i)^2 + y(i)^2 + z(i)^2]/105 \tag{7-1}$$

模态在 x 轴、y 轴和 z 轴方向的振动能量分别为

$$E_x = \sum_{i=1}^{340} x(i)^2/340$$

$$E_y = \sum_{i=1}^{340} y(i)^2/340$$

$$E_z = \sum_{i=1}^{340} z(i)^2/340 \tag{7-2}$$

通过式（7-1）和式（7-2）可得各模态在 3 个区域及 3 个方向的振动能量，并绘制直方图，如图 7-6 所示。

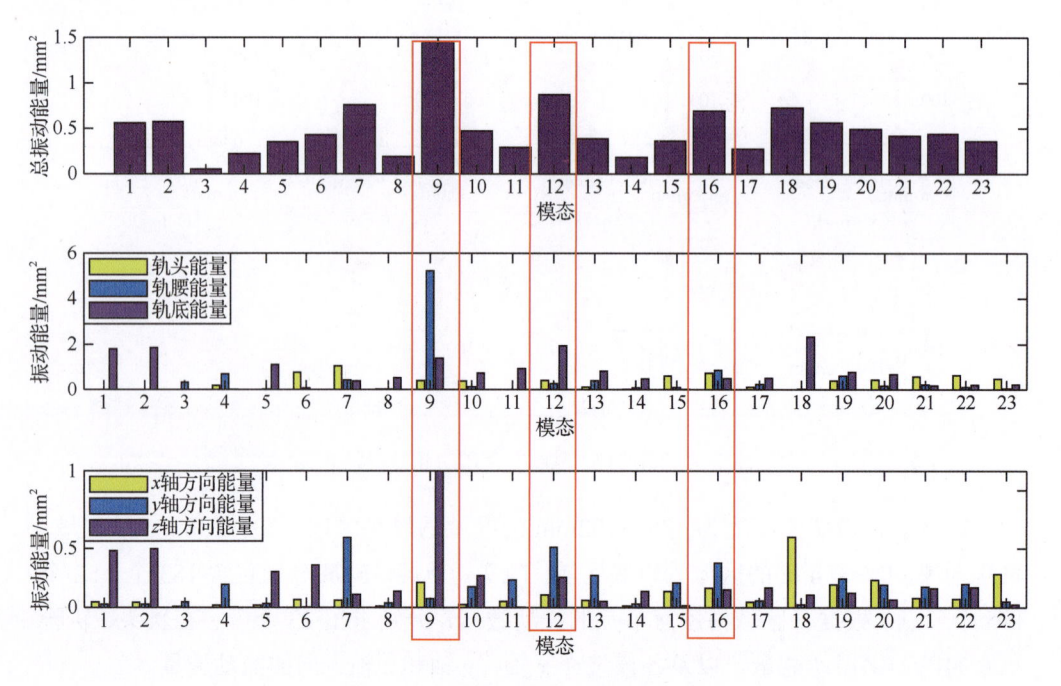

图 7-6 超声导波模态的振动能量分布

从图 7-6 中可以看出，相较于其他模态，模态 9、模态 12 和模态 16 在轨头、轨腰和轨底区域的振动能量较高，且总振动能量也较高。因此对这 3 种模态进行下一步分析。3 种模态的振型图如图 7-7 所示。

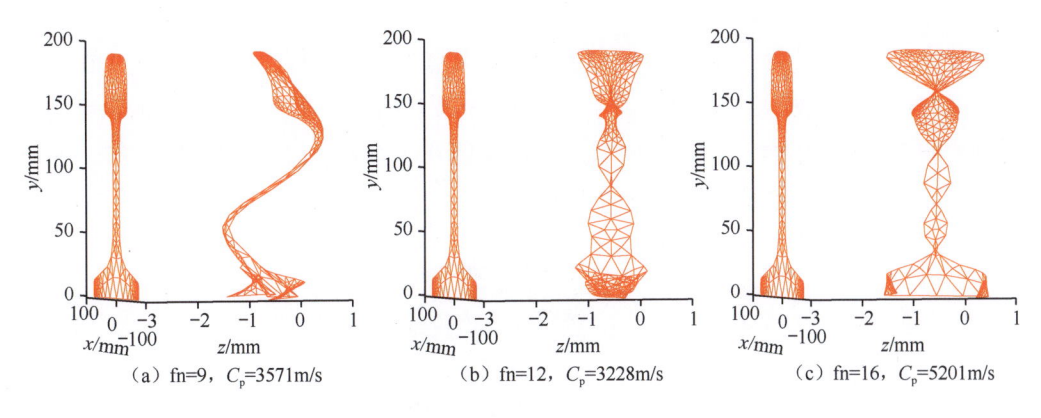

(a) fn=9, C_p=3571m/s　　(b) fn=12, C_p=3228m/s　　(c) fn=16, C_p=5201m/s

图 7-7　3 种模态的振型图

由图 7-7 可以看出，模态 12 和模态 16 具有多种扭曲形态，对于实际环境，激发这两种模态具有很高的难度，且由图 7-6 可以看出，模态 9 的振动能量最高，因此最终选择模态 9 作为激励模态。分离频散曲线中的模态，并单独画出模态 9 的相速度和群速度频散曲线，如图 7-8 所示。图 7-8 中上方曲线代表模态 9 的相速度曲线，下方曲线代表模态 9 的群速度曲线，在频率为 35kHz 时，通过半解析有限元法求解出的模态 9 的相速度和群速度分别为 3571m/s、2669m/s。

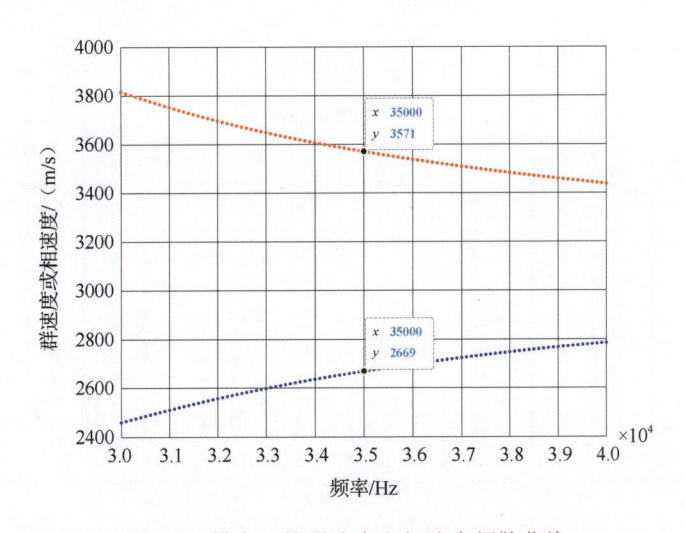

图 7-8　模态 9 的群速度和相速度频散曲线

根据现场环境挑选出钢轨横截面外表面上可安装超声导波换能器的节点号。钢轨横截面外表面上可安装超声导波换能器的节点位置如图 7-9 所示，钢轨横截面共有左右对称的 28 个节点，在这些节点处可以安装超声导波换能器。

为了挑选最佳激励点，求出了模态 9 在 28 个节点处的 x 轴、y 轴和 z 轴方向的振动能量，并将其绘制成了直方图，如图 7-10 所示。挑选在钢轨横向 x 轴方向及钢轨纵向 z 轴方向位移均较大的点作为激励点。从图 7-10 中可以看出，在 116、52、

28、119、29、53、38、8、83、9、39、86 号节点处（方框标注处），模态 9 在 x 轴和 z 轴方向的位移较大。也就是说，在这 12 个节点处，沿着 z 轴方向（钢轨纵向）激励，很有可能激发模态 9。考虑超声导波换能器的安装等问题，最终选择在 38 号节点和 53 号节点处激励，激励方向为钢轨纵向。

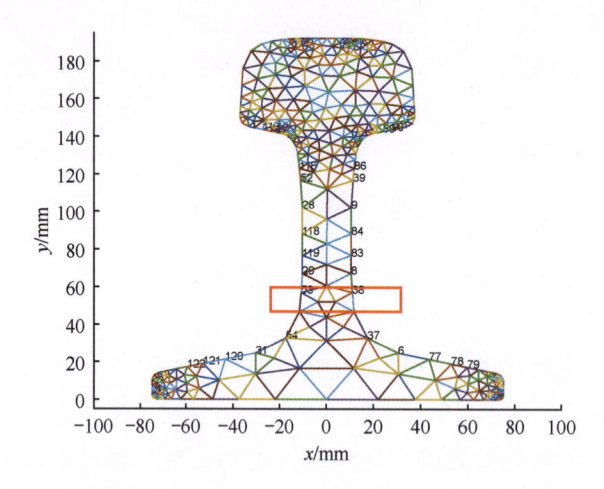

图 7-9　钢轨横截面外表面上可安装超声导波换能器的节点位置

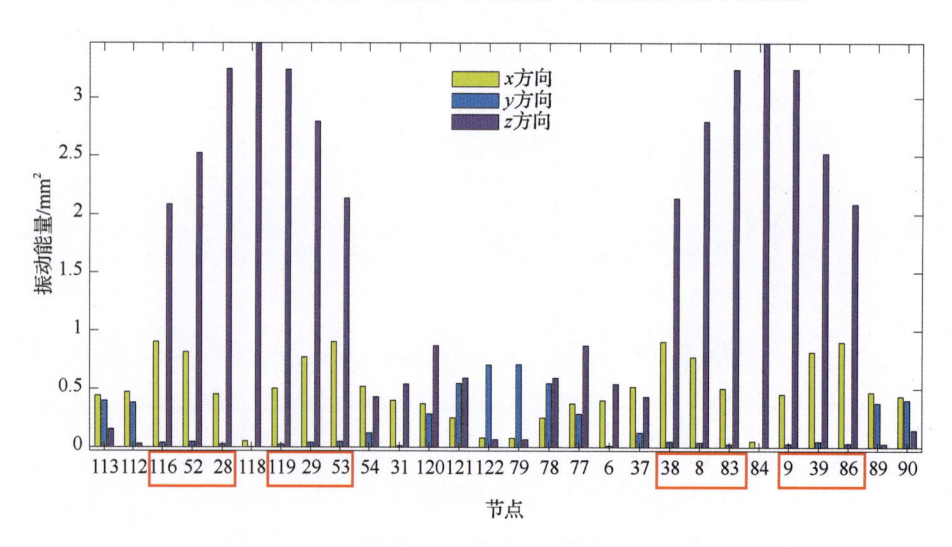

图 7-10　模态 9 在各节点位置的振动能量

7.1.3　模态验证

本节利用 ANSYS 软件的瞬态动力学仿真分析功能，验证 7.1.2 节中所确定的激励方式是否可以成功激发模态 9。

1. 三维建模仿真

利用 SolidWorks 软件,建立 5m 长的 U78CrV 型钢轨三维模型,如图 7-11 所示。再利用 HyperMesh 软件对此钢轨模型进行体网格划分,划分体网格后,每个横截面包含 480 个节点,如图 7-12 所示。

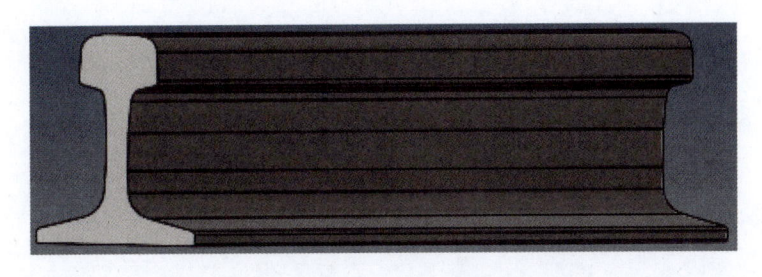

图 7-11 5m 长的 U78CrV 型钢轨三维模型

图 7-12 钢轨模型体网格划分效果

将建立好的网格模型导入 ANSYS 软件,通过瞬态动力学仿真分析功能在 38 号节点处沿着钢轨纵向施加 5 周期的经汉宁窗调制的激励信号,如图 7-13 所示。图 7-13(a)为激励点位置,图 7-13(b)为激励信号。仿真总时长为 0.003s,仿真步长为 0.000001s。

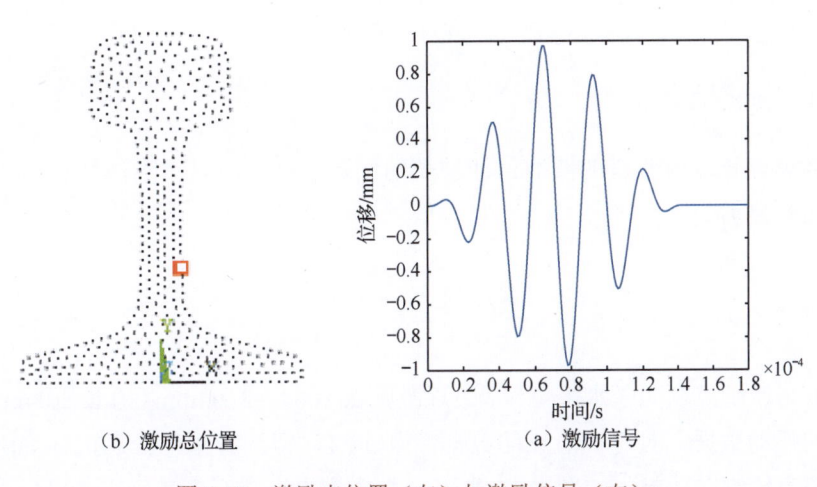

(b)激励总位置   (a)激励信号

图 7-13 激励点位置(左)与激励信号(右)

仿真完毕后,通过后处理模块得到钢轨随时间的形变过程,如图7-14所示。观察钢轨的振动变化情况,可以看出,大约在 0.0016s 时,超声导波从钢轨一端传到了另一端,因此可以估算 35kHz 时超声导波群在 U78CrV 型钢轨中的传播速度大约为 3125m/s。

图 7-14　钢轨随时间的形变过程

2. 相速度与群速度验证

1)利用 FFT 进行相速度验证

FFT 是离散傅里叶变换(DFT)的快速算法。根据 FFT 的性质,对一条时间序列的超声导波信号做 FFT 分析可以得到其频谱图;对一条空间序列的超声导波信号做 FFT 分析可以得到其波数图,而波数与相速度和频率有关;对于单一频率的波,波速又称相速,通常用 C 表示,C 的计算公式为

$$C = \lambda f \tag{7-3}$$

式中,λ 为波长(m)。

ξ 为单位长度内含有的波数,即波长的倒数。因此可以得到波数、相速度和频率之间的关系为

$$\xi = \frac{f}{C_p} \tag{7-4}$$

提取与激励点在同一水平位置,距离激励点 1064~3104mm(总长 2.04m)共 256 个节点的振动数据,对每一节点的数据都做 FFT,得到其频率信息,并将所有节点的频率信息绘制在一起,如图 7-15 所示,图中横坐标为距离激励点 1064~3104mm

的节点位置，可以理解为每个节点的顺序排序，纵坐标为在各节点采集的超声导波信号的频谱信息。从图中可以看出，在此区间内，超声导波信号的频率集中在 30～40kHz，导致频谱如此分散的原因主要有两个：第一个原因是，激励信号为经汉宁窗调制的正弦波，会有频谱泄漏；第二个原因是，超声导波具有频散特性，这一现象也正好验证了超声导波的频散特性，即超声导波在钢轨中传播时，出现了不同频率的波，这给超声导波信号的分析处理带来困难。但总体来看，频率集中在35kHz 附近。

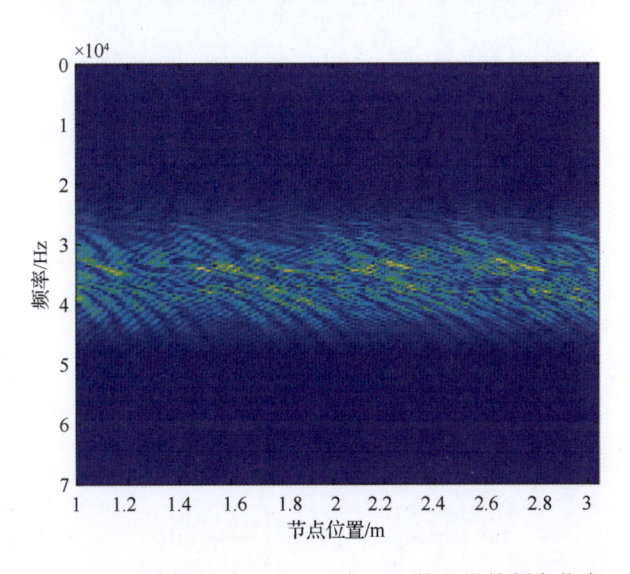

图 7-15　距离激励点 1064～3104mm 的节点的频率信息

为了求解此区间内存在的超声导波模态，还需要分析波数信息。对每一时刻的 256 个节点的超声导波信号做 FFT，得到其波数信息，并将所有时刻的波数绘制在一起，如图 7-16 所示。从图 7-16 中可以看出，约在 0.000342s 时开始出现超声导波，这说明波群的传播速度在 3100m/s 左右。波数信息从 5 到 15 均有，模态 9 的相速度为 3571m/s，如果用 35kHz 来计算，其理论波数应该约为 9.8。结合图 7-15 的频谱信息，此区间内的频谱并没有刚好为 35kHz，而是分布在其附近。因此无法准确地计算是哪种模态，如 38.5kHz 时模态 9 的相速度为 3472m/s，根据式（7-4），此时波数约为 11；40kHz 时其相速度为 3420m/s，波数约为 12；30kHz 时其相速度为 3817m/s，波数约为 7.86。因此，由于频谱较为分散，此区间内的模态众多，使用此方法不能准确验证其相速度，故不能准确说明此区间内存在的模态，但明显模态 9 是存在的。

综上，使用该方法可以证明模态 9 存在，但在模态众多且频谱过于分散的情况下，该方法并不适用，在低频或者模态数量很少的情况下，该方法才适用。

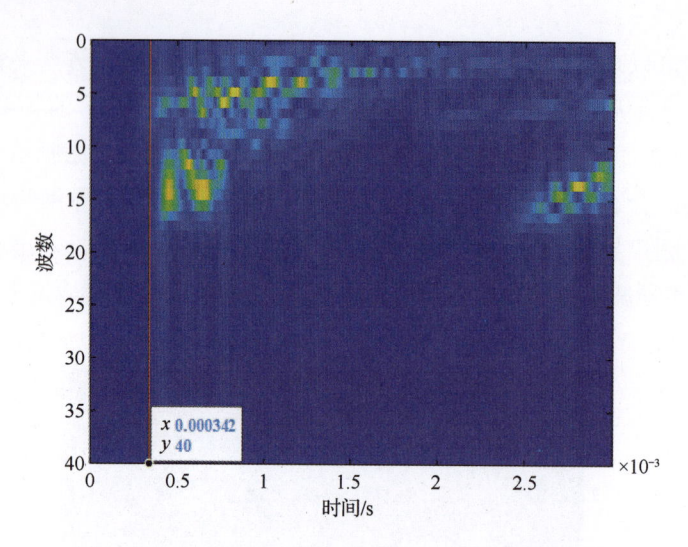

图 7-16　1064～3104mm 区间内不同时间的波数信息

2）利用小波变换进行群速度验证

小波变换是在短时傅里叶变换的基础上发展而来的，对于函数 $f(x)$，其小波变换定义为

$$w_{f^{(a,b)}} = \frac{1}{\sqrt{|a|}} \int_R f(x)\bar{\Psi}\left(\frac{x-b}{a}\right)dx \qquad (7\text{-}5)$$

式中，a 为尺度因子；b 为时间平移因子。

在时间域上，通过改变时间平移因子 b 的值，使小波在时间上移动，并与该窗口的信号进行卷积得到小波系数，用于表征小波与该窗口信号的拟合程度。在频域上，通过改变尺度因子的值，对小波进行拉伸或者压缩，改变小波的频率，得到不同频率下的小波系数。在高频时小波被压缩，时间窗变窄，时间分辨率会变高；同理，在低频时小波被拉伸，时间分辨率会变低。通过改变 a 和 b 两个参数的值，就可以同时捕捉信号在时间域（也称时域）和频域的特征，从而将时间域和频域有机结合起来。

提取与激励点在同一水平位置，距离激励点 1184～3104mm 共 240 个节点的振动数据，对数据做小波变换并进行时频域分析，小波时频域分析结果如图 7-17 所示，图中的"Dis"表示从接收节点到激励点的距离，图中标注了频率最高的点。

从图 7-17 中可以看出，信号的频率集中在 35kHz 附近，与 FFT 的分析结果一致。根据标注的信息计算超声导波能量集中点到达各节点的群速度，如表 7-1 所示，表 7-1 中的偏差指的是，超声导波能量集中点的群速度和模态 9 的群速度 2669m/s 间的偏差。从表 7-1 中可以看出，超声导波能量集中点的群速度非常接近通过半解析有限元（SAFE）方法求出的模态 9 的群速度，因此可以认为在钢轨中传播的超声导波模态主要为模态 9。

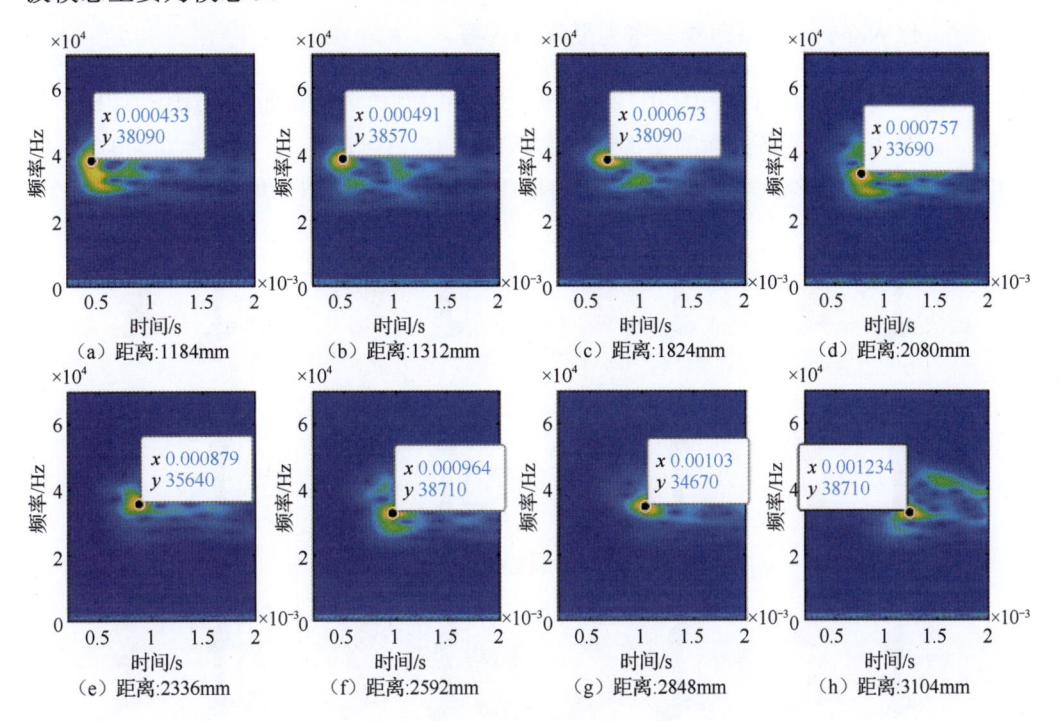

图 7-17 小波时频域分析结果

表 7-1 通过小波时频域分析计算得到的群速度

距离/mm	时间/μs	群速度/（m/s）	偏差率/%
1184	433	2734.41	2.45
1312	491	2672.10	0.12
1824	673	2710.25	1.55
2080	757	2747.69	2.95
2336	879	2657.57	−0.43
2592	964	2688.80	0.74
2848	1030	2765.05	3.60
3104	1234	2515.40	−5.75

3. 截面振型验证

选取距离激励端面 2080mm 的钢轨横截面的振型图进行分析。由于通过 SAFE 方法和 ANSYS 方法离散的钢轨横截面的节点数量不一致，通过 SAFE 方法划分的横截面（简称 SAFE 横截面）共有 340 个节点，而通过 ANSYS 方法离散的钢轨横截面（简称 ANSYS 横截面）共有 480 个节点，因此首先需要将两个横截面的模态振动数据统一到同一个横截面上。对于 SAFE 横截面上的每一个节点 Node_i，在 ANSYS 横截面上寻找与该节点的欧氏距离最小的点 Node_j 作为对应节点，并在后续做模态分析时，以 Node_j 的振动数据作为最终的数据。

根据 $t = 0.000520s$ 到 $t = 0.001120s$ 的振动数据绘制所选横截面的振型图，如图 7-18 所示，该图也显示了横截面的变形情况。从图 7-18 中可以看出，当 $t = 0.000760s$ 时[图（g）所示]，所选横截面的振型图与模态 9 的振型图相似，如图 7-19 所示。

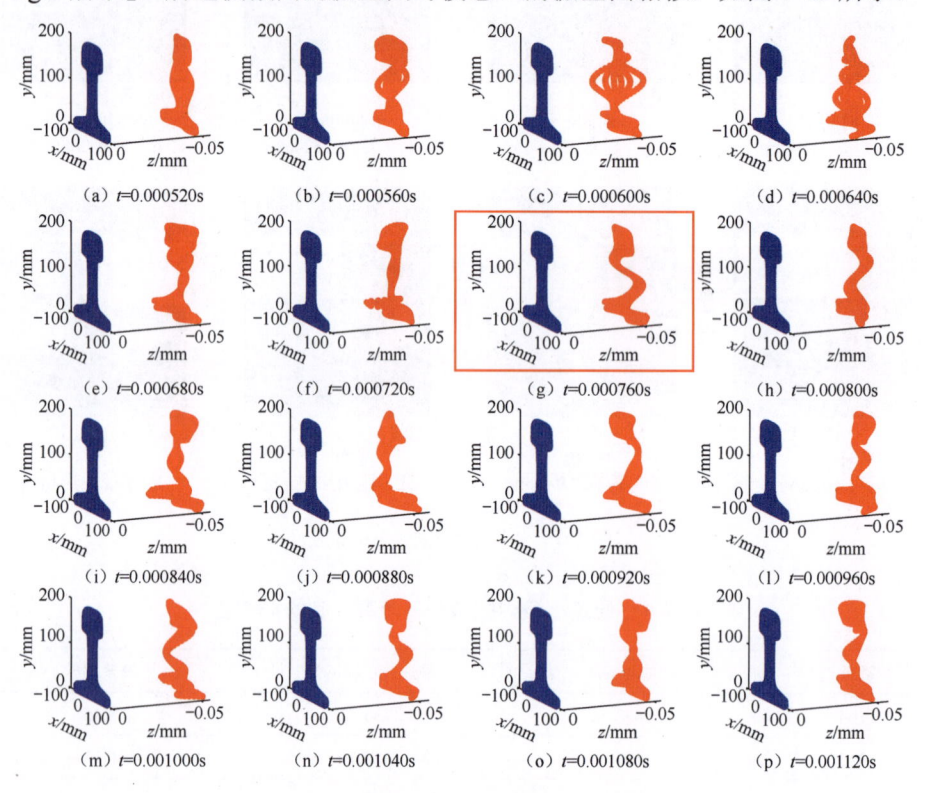

图 7-18　不同时间所选横截面的振型图

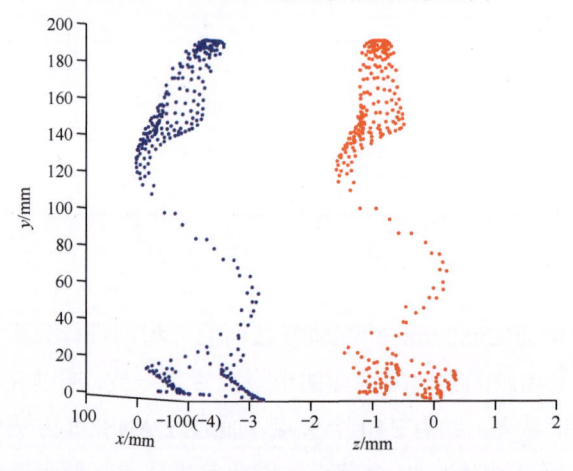

图 7-19　所选横截面的振型图与模态 9 的振型图对比

7.1.4 断轨监测应用

1. 断轨监测系统方案

基于超声导波的断轨监测系统需要在断轨开始发生断裂时给出警报信息，并在钢轨部分断裂时提供预警信息。排除系统的问题后，当激励换能器无法接收超声导波信号时，则认为钢轨完全断裂；当激励换能器接收的超声导波信号的能量衰减到设置的阈值以下时，则认为钢轨部分断裂。

断轨监测系统整体方案如图7-20所示，图中左侧FPGA受STM32微处理芯片的控制，可产生激励波形，经过D/A转换模块将数字信号转换成模拟信号，并输出激励信号，激励信号经过功率放大模块作用到激励探头上。激励探头在钢轨内部激发超声导波信号，超声导波信号在钢轨内经过长距离传播，到达接收探头处。超声导波信号经接收探头进入设备中，图中右侧，经过放大、滤波等调理电路后，由A/D转换模块采集并传输至FPGA，STM32微处理芯片通过并行I/O口读取超声导波信号，经过信号处理与分析之后，将原始数据和分析结果通过4G模块传输至计算机采集系统中，以显示钢轨状态信息等。

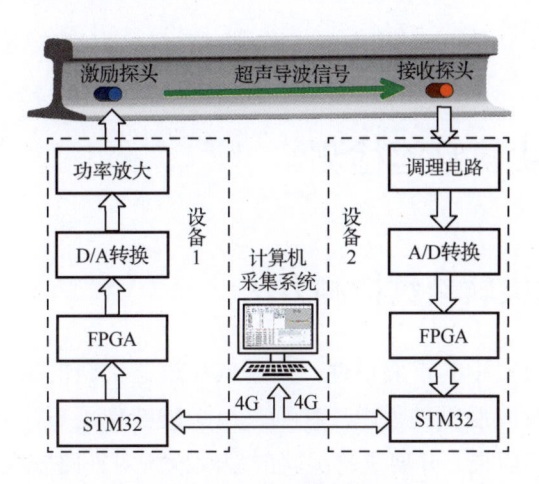

图 7-20 断轨监测系统整体方案

2. 断轨监测系统应用

BMS01A型无缝线路断轨监测系统是基于超声导波原理的无缝线路钢轨在线监测系统，它适用于重载铁路、高速铁路的无缝线路，可以实现钢轨部分断裂和完全断裂的在线预警。该系统通过现场安装数据采集装置，以及多通道、多模式通信组网方式将数据上传至服务器，可以从多个终端设备上同时查看监测结果。通过激励对轨头、轨腰、轨底等不同部位的裂纹缺陷都具有敏感性的超声导波模态，可以消除常规钢轨探伤的轨底探伤盲区。图 7-21 为 BMS01A 型无缝线路断轨监测系统在高铁钢轨中的测试。图 7-22 为 BMS01A 型无缝线路断轨监测系统在货运钢轨中的测试。

图 7-21　BMS01A 型无缝线路断轨监测系统在高铁钢轨中的测试

图 7-22　BMS01A 型无缝线路断轨监测系统在货运钢轨中的测试

7.2　道岔尖轨缺陷检测

7.2.1　道岔尖轨裂纹检测方法

道岔尖轨是转辙器中的重要部件，列车依靠道岔尖轨的扳动进入正线或侧线方向。道岔尖轨在长时间服役过程中，在列车巨大载荷作用下，容易出现裂纹，严重时将导致列车脱轨等后果。开展道岔尖轨的裂纹检测对铁路安全运行具有重大意义。现阶段，我国铁路正线钢轨检测采用以大型钢轨探伤车为主、小型手推探伤仪为辅的检测方式。对于道岔尖轨而言，当轨头顶部宽度小于 50mm 时，无法使用大型钢轨探伤车进行检测，只能用人工手持仪器进行扫查，费时费力，还存在人为差错风险。因此，需要研究一种快速、高效、准确的道岔尖轨缺陷检测方法，替代现有的人工扫查方式，提升工作效率。

对于道岔尖轨这一特殊的波导介质，由于其横截面形状不规则，因此在其内部传播的超声导波模态多、频散特性复杂。在对超声导波信号进行分析时，通常在目标信号是背景噪声的两倍以上时才方便于分析处理。但由于超声导波的多模态特性、道岔尖轨结构的复杂性，以及温度、湿度、应力等环境因素的影响，道岔尖轨裂纹产生的反射信号往往被湮灭在大量背景信号中，很难从采集到的信号中直观地分析出缺陷的回波信号。在传统的超声导波检测中，"基线减法"是一种常用的方法，获取无损伤的结构信号后，使其构成基线信号，通过测量信号数据与基线信号数据的差获得损伤信号。但基线减法受温度和环境噪声的影响较大，往往需要复杂的温度补偿算法才能获取缺陷回波的信息。

本节基于超声导波技术开展道岔尖轨裂纹检测的相关研究工作，期望找到一种能够快速检测和定位道岔尖轨缺陷的方法。首先尝试了基线减法，采集一组道岔尖轨中的超声导波信号，将其作为原始信号，以此为基准分析后续采集的数据中是否包含裂纹回波信息，通过实验发现温度对基线减法检测结果的影响较大。基线减法是一种在复杂超声导波信号背景下查找微弱裂纹回波信号的方法，在温度、环境噪声的干扰下，较小的裂纹回波信号很容易被淹没，造成裂纹检测的误报或漏报。

针对基线减法易受温度、环境噪声影响的问题，研究者提出了一种基于超声导波主导模态脉冲反射波的道岔尖轨缺陷检测方法。通过 SAFE 方法求解道岔尖轨中超声导波的频散曲线，获取振型矢量数据，通过 3σ 原则在节点振动数据集中找到离群值，从而找到该节点处振动幅值远高于其他模态的主导模态。激励此主导模态，将其作为检测波，它在缺陷处的回波清晰可见，降低了后续信号分析的复杂度和难度，提高了检测的可靠性，且不受温度和环境噪声的影响，为基于超声导波检测道岔尖轨的缺陷提供了一种新的思路和途径。

7.2.2 基于基线减法的道岔尖轨缺陷检测方法

首先尝试了通过基线减法检测道岔尖轨裂纹的可行性，采集一条完整道岔尖轨的超声导波信号，将其作为基线信号，计算现场采集的信号数据与基线信号数据的差值（作差），通过对差值进行时域分析和数学统计等，分析道岔尖轨中有无裂纹。

分别在室内 26℃环境下和室外 26~46℃环境下，通过基线减法进行了道岔尖轨缺陷检测实验。在实验时用质量块模拟裂纹缺陷，如图 7-23 所示。采集了不同道岔尖轨工况和不同温度下的信号，一共 7 组数据，每组数据有 20 个数据包。

图 7-23 质量块模拟裂纹缺陷

实验设置示意如图 7-24 所示。

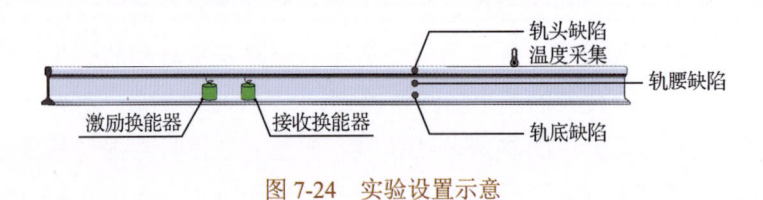

图 7-24 实验设置示意

实验数据说明如表 7-2 所示。

表 7-2 实验数据说明

组 号	数 据 包	实验设置	温度/℃
1	1～20	完整轨	26
2	21～40	预置轨头缺陷	26
3	41～60	预置轨腰缺陷	26
4	61～80	预置轨底缺陷	26
5	81～100	完整轨	36
6	101～120	完整轨	41
7	121～140	完整轨	46

图 7-25（a）为完整轨信号和轨底缺陷信号时域图，图 7-25（b）为局部放大图，二者在时域特征方面并无很大差异。

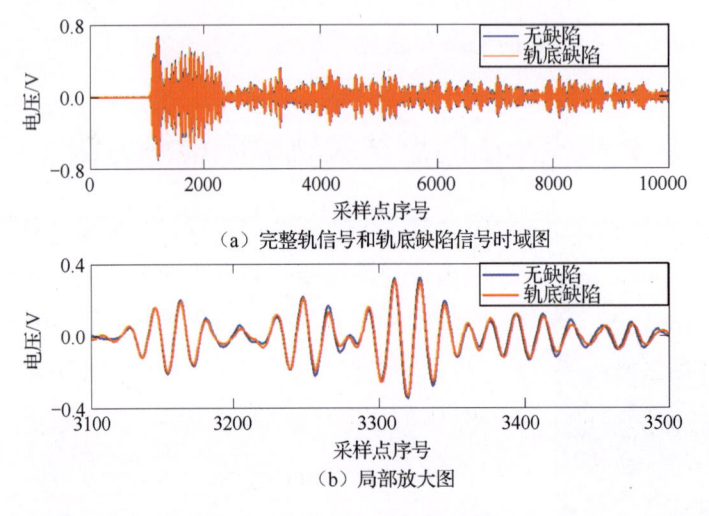

图 7-25 完整轨信号和轨底缺陷信号

完整轨信号分别与预置轨头、轨腰、轨底缺陷作差后的信号分别如图 7-26（a）、图 7-26（b）、图 7-26（c）所示。

(a) 完整轨信号和预置轨头缺陷作差后的信号

(b) 完整轨信号和预置轨腰缺陷作差后的信号

(c) 完整轨信号和预置轨底缺陷作差后的信号

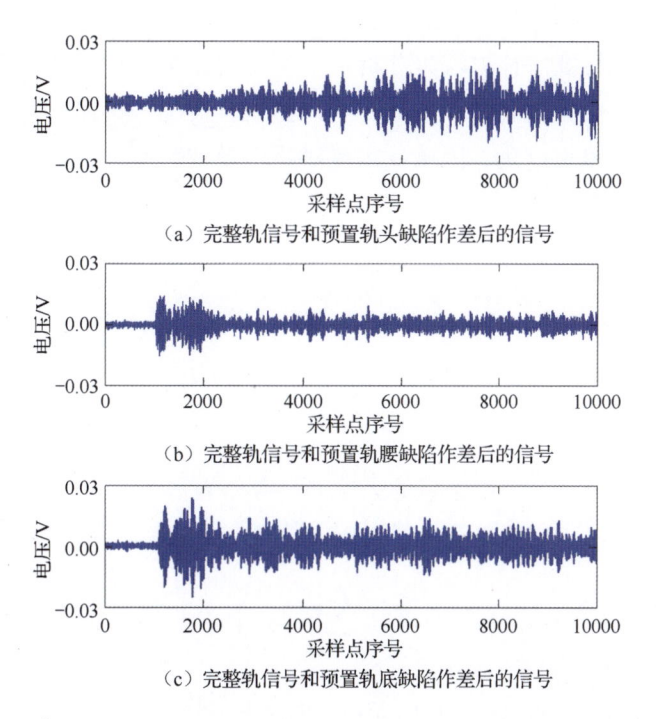

图 7-26 完整轨信号分别和预置轨头、轨腰、轨底缺陷作差后的信号

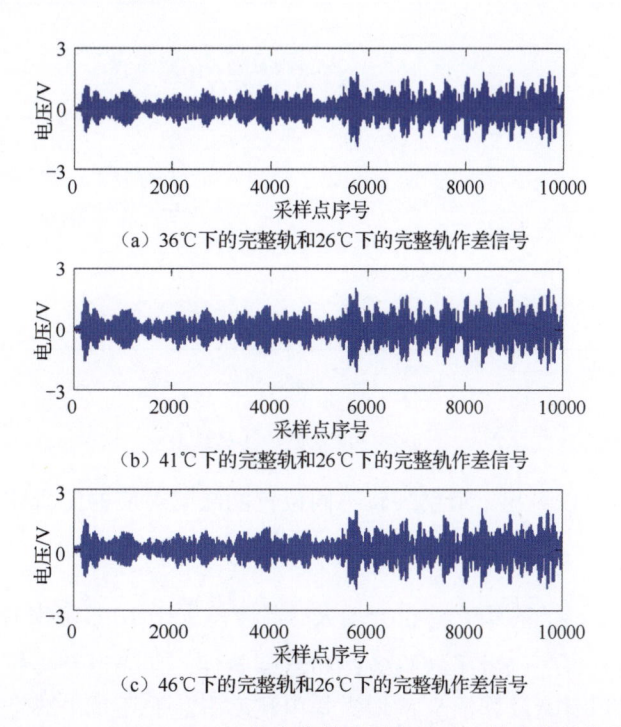

46℃、41℃、36℃下的完整轨分别和 26℃下的完整轨作差信号如图 7-27（a）、图 7-27（b）、图 7-27（c）所示。

(a) 36℃下的完整轨和26℃下的完整轨作差信号

(b) 41℃下的完整轨和26℃下的完整轨作差信号

(c) 46℃下的完整轨和26℃下的完整轨作差信号

图 7-27 46℃、41℃、36℃下的完整轨分别和 26℃下的完整轨作差信号

下面使用时域特征统计方法来分析道岔尖轨的超声导波信号是否存在缺陷。实际的超声导波数据会受到各种因素的影响，如耦合情况、扣件约束和环境噪声的影响，可能会导致结果不准确。因此，需要对超声导波数据进行归一化处理，以提高数据质量。归一化表达式为

$$x_i' = \frac{x_i - x_{\min}}{x_{\max} - x_{\min}} \tag{7-6}$$

式中，x_i' 为归一化后的超声导波数据；x_i 为归一化前的超声导波数据；$x_{\min}$ 和 $x_{\max}$ 分别为超声导波数据的最小值和最大值。

将第一组数据中第一个数据包的无缺陷信号作为基线信号，其他的 139 个数据包信号为待统计信号。定义能量算子（Energy Operator）：

$$S_n = \sum_{i=1}^{m} \left| x_i^1 - x_i^n \right| \tag{7-7}$$

式中，x_i^1 为基线信号；x_i^n 为待统计信号；m 为每个数据包信号的采样点序号。画出得到的 $S_2 \sim S_{140}$，如图 7-28 所示。其中，1～80 号采样点对应的图线为缺陷影响结果，81～140 号采样点对应的图线为温度影响结果。

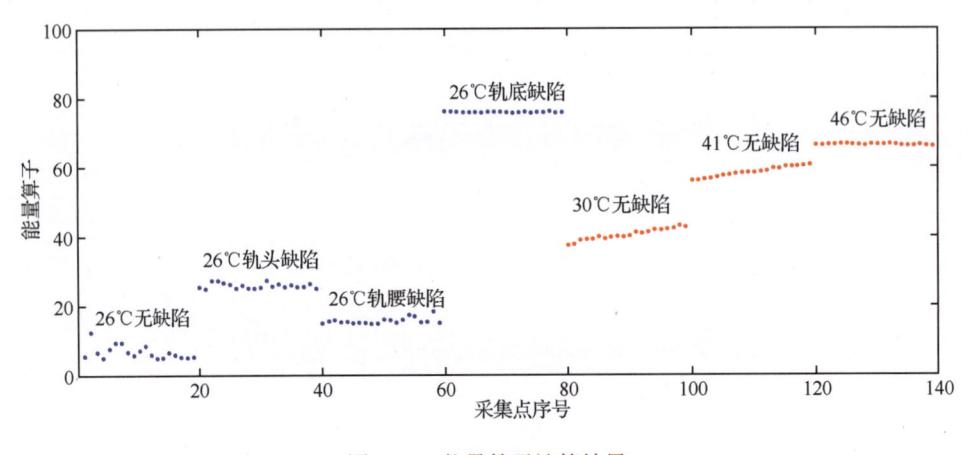

图 7-28 能量算子计算结果

从图 7-28 中可以看出，道岔尖轨不同位置的缺陷对应的能量算子 S_n 不同，且都比无缺陷时高。

当温度升高时，能量算子 S_n 也会增大。温度差大于 10℃带来的影响大于缺陷的影响。此次实验是事先预置了缺陷条件和温度条件，而当道岔尖轨状态和温度条件未知时，就无法判断能量算子 S_n 的增大是由温度引起的还是由缺陷引起的了。

通过实验可以发现，当缺陷回波信号占比较低时，基线减法受环境温度、噪声的影响较大，很容易出现漏检或者误检，因此，需要探究能够有效提升缺陷回波信号占比的道岔尖轨缺陷检测方法，提高检测的可靠性。下面对道岔尖轨内的超声导波的传播特性进行分析，选取一种振动幅度远高于其他模态的主导超声导波模态来检测缺陷，就可以利用脉冲反射法快速识别道岔尖轨的缺陷，降低温度、噪声对检测结果的影响。

7.2.3 超声导波传播特性分析

1. 频散曲线求解

要应用超声导波检测道岔尖轨缺陷，首先需要掌握道岔尖轨中超声导波的传播特性。频散曲线描述了各频率的谐波在介质中的传播特性，以及不同模态超声导波的波速与衰减。基于频散曲线信息可对介质中的超声导波模态进行选择，找到适合进行缺陷检测的超声导波模态。首先通过半解析有限元法（SAFE）求解 CNR6307-104 道岔尖轨各横截面的频散曲线，研究对象为道岔尖轨，全长 12480mm，如图 7-29 所示。

图 7-29 CNR6307-104 道岔尖轨模型

道岔尖轨共有 7 个尺寸发生变化的位置，将整个道岔尖轨分为 8 段。根据道岔尖轨的机械尺寸，选取了 8 个典型横截面来求解频散曲线，分别是距离尖端 0mm、397mm、1589mm、2781mm、3972mm、5641mm、6663mm、11880mm 的道岔尖轨横截面，分别标记为横截面①～⑧，其中横截面⑦到横截面⑧之间为等截面段，其他为尺寸渐变截面段，如图 7-30 所示。

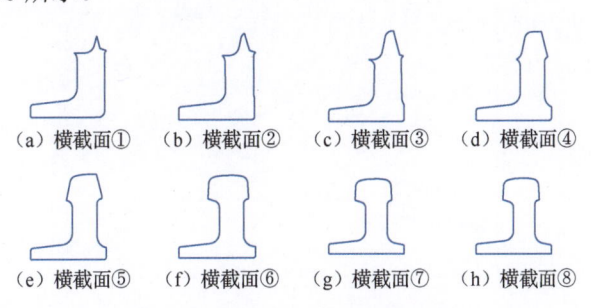

(a) 横截面①　(b) 横截面②　(c) 横截面③　(d) 横截面④

(e) 横截面⑤　(f) 横截面⑥　(g) 横截面⑦　(h) 横截面⑧

图 7-30 道岔尖轨典型截面图

半解析有限元法假设超声导波以简谐方式沿着波导介质传播，因此，只需要在波导横截面上进行有限元网格划分,在传播方向上用简谐表达式表示超声导波的传播,比半解析有限元法的计算速度更高。由于道岔尖轨是渐变横截面波导介质,每个横截面的频散曲线都存在差异,不同横截面的模态振型数量也不完全相同。通过半解析有限元法可以画出道岔尖轨任意横截面的频散曲线。

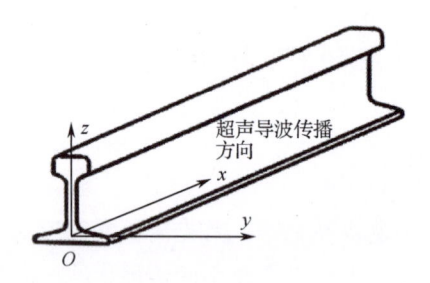

定义道岔尖轨的横截面为 y-z 平面,超声导波的传播方向为 x 轴方向,如图 7-31 所示。

图 7-31 超声导波传播的 SAFE 模型

应用 MATLAB 的 PDE 工具箱对道岔尖轨横截面进行离散,经过一系列推导,最终得到道岔尖轨中超声导波的一般均质波动方程:

$$[\boldsymbol{K}_1 + i\xi\hat{\boldsymbol{K}}_2 + \xi^2\hat{\boldsymbol{K}}_3 - \omega^2\boldsymbol{M}]_M \hat{\boldsymbol{U}} = 0 \tag{7-8}$$

式中,$\boldsymbol{K}_1$、$\hat{\boldsymbol{K}}_2$、$\hat{\boldsymbol{K}}_3$ 为刚度矩阵;$\boldsymbol{M}$ 为质量矩阵,下标 M 代表系统的自由度数。

通过求解式(7-8),可以求解波数 ξ、频率 ω 的值,得到道岔尖轨中超声导波不同模态频率和相速度的关系。以横截面①、横截面④、横截面⑦为例,绘制道岔尖轨中 3 个横截面的相速度频散曲线和群速度频散曲线,如图 7-32 所示。

(a)横截面①、横截面④、横截面⑦的相速度频散曲线

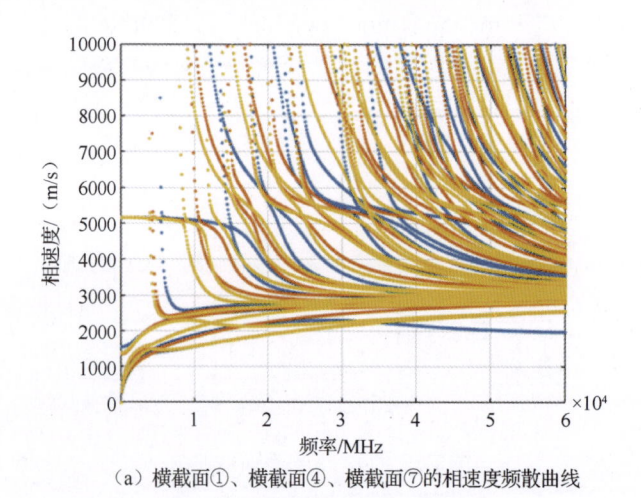

图 7-32 相速度和群速度频散曲线

(b）横截面①、横截面④、横截面⑦的群速度频散曲线

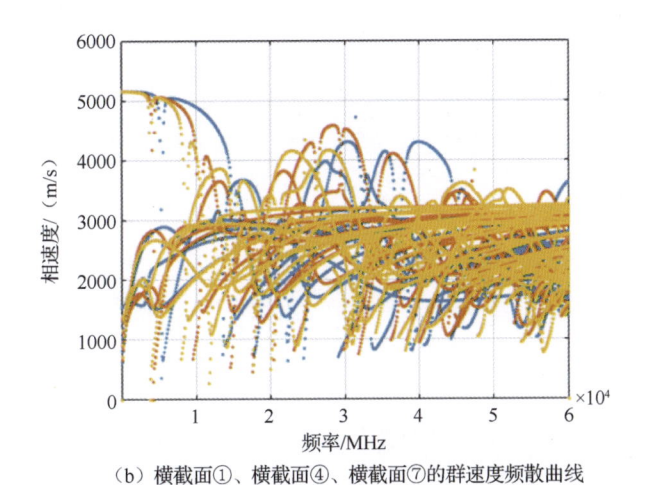

图 7-32　相速度和群速度频散曲线（续）

从图 7-32 中可以看出，在同一频率下，存在多种模态，每种模态具有不同的相速度。在低频处，模态数量较少；随着频率逐渐升高，模态数量也增多。

2. 振型求解

在分析振型数据之前，首先确定检测道岔尖轨缺陷的超声导波频率。在无损检测中，检测的缺陷的最小尺寸通常是波长的 1/2，因此，检测频率过低时，会有漏检情况发生；而在检测频率过高时，模态数量增多，造成信号分析困难，结合实际工况要求和现场测试情况，最终选择通过 35kHz 频率进行分析。式（7-8）中的波动方程消去虚数项，可得

$$[K_1 + \xi \hat{K}_2 + \xi^2 \hat{K}_3 - \omega^2 M]_M \hat{U} = 0 \qquad (7-9)$$

求解式（7-9）的特征方程，可以得到特征值波数 ξ、频率 ω，以及特征向量 $\hat{U}$，特征值波数反映了超声导波的频散特性，特征向量代表了该模态的振型，在 35kHz 频率下，得到 8 个典型横截面的模态振型，不同横截面的模态数量如表 7-3 所示。

表 7-3　不同横截面的模态数量

横截面序号	模态数量	横截面序号	模态数量	横截面序号	模态数量	横截面序号	模态数量
①	14	③	16	⑤	17	⑦	20
②	14	④	16	⑥	19	⑧	20

根据特征向量 $\hat{U}$，对 8 个横截面均选取了在轨头、轨腰、轨底和全截面有较大振幅的 4 种典型模态，按照相速度由小到大排序，画出对应的振型图，分别如图 7-33～图 7-40 所示。

(a) $C_p=2240.4293$m/s

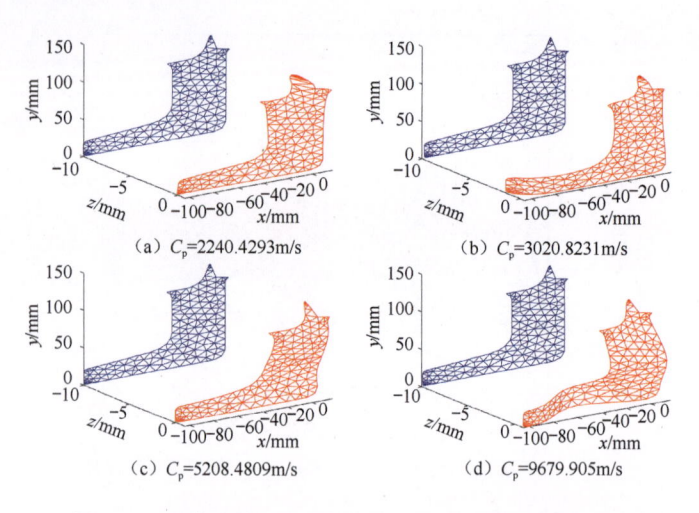

(b) $C_p=3020.8231$m/s

(c) $C_p=5208.4809$m/s

(d) $C_p=9679.905$m/s

图 7-33　距离尖端 0mm 横截面 4 种典型模态的振型图

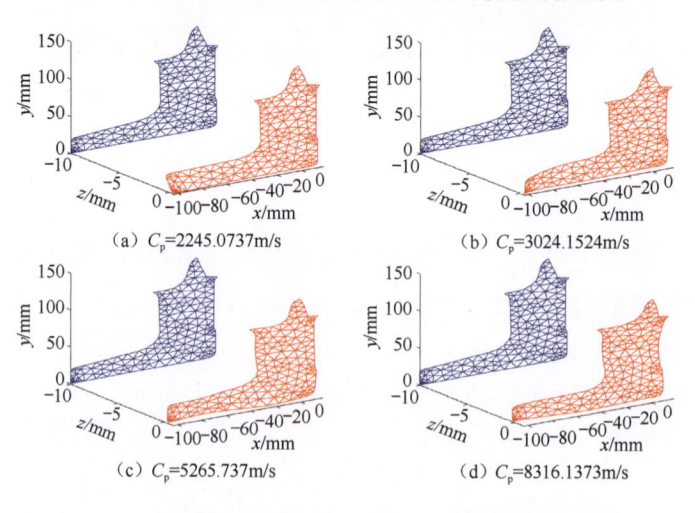

(a) $C_p=2245.0737$m/s

(b) $C_p=3024.1524$m/s

(c) $C_p=5265.737$m/s

(d) $C_p=8316.1373$m/s

图 7-34　距离尖端 397mm 横截面 4 种典型模态的振型图

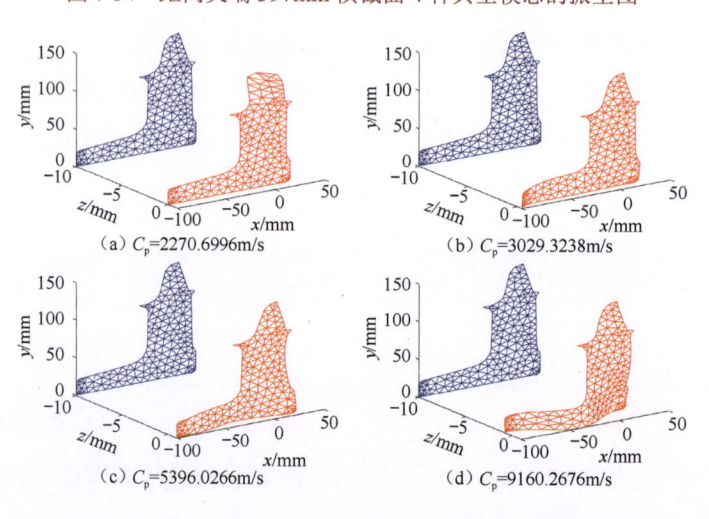

(a) $C_p=2270.6996$m/s

(b) $C_p=3029.3238$m/s

(c) $C_p=5396.0266$m/s

(d) $C_p=9160.2676$m/s

图 7-35　距离尖端 1589mm 横截面 4 种典型模态的振型图

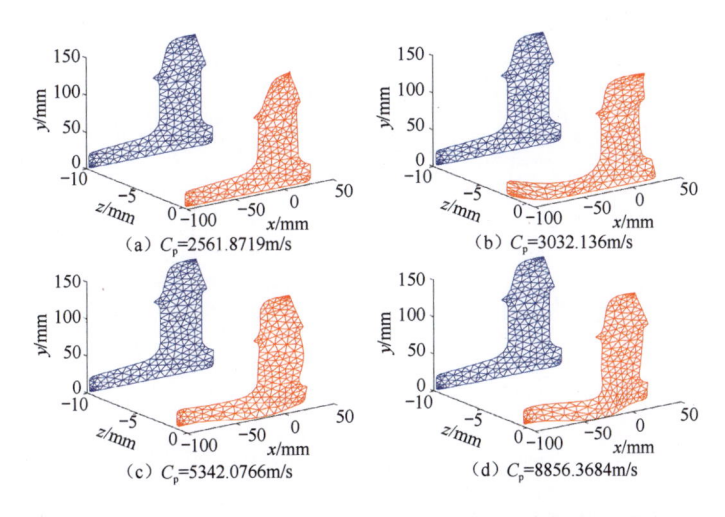

(a) $C_p=2561.8719$m/s   (b) $C_p=3032.136$m/s

(c) $C_p=5342.0766$m/s   (d) $C_p=8856.3684$m/s

图 7-36　距离尖端 2781mm 横截面 4 种典型模态的振型图

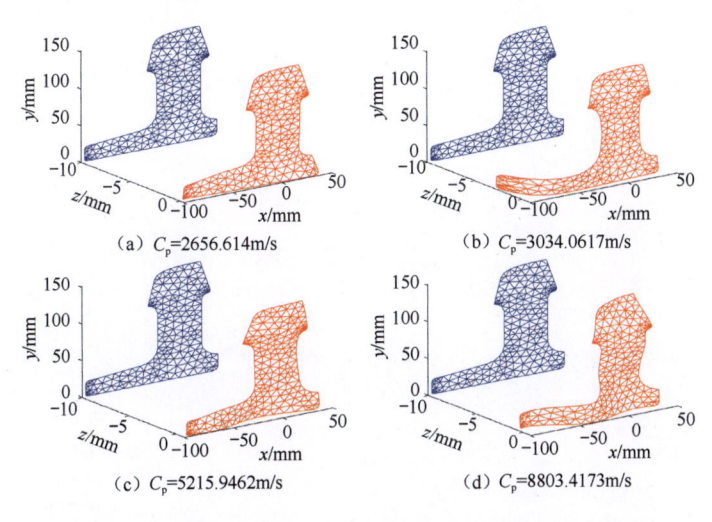

(a) $C_p=2656.614$m/s   (b) $C_p=3034.0617$m/s

(c) $C_p=5215.9462$m/s   (d) $C_p=8803.4173$m/s

图 7-37　距离尖端 3972mm 横截面 4 种典型模态的振型图

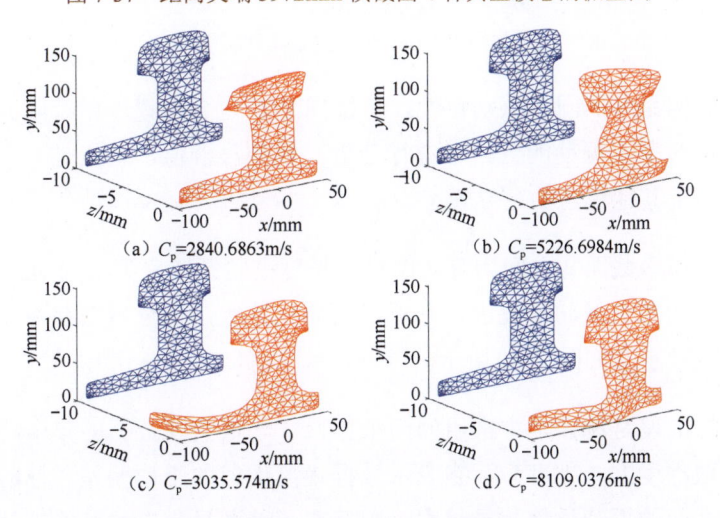

(a) $C_p=2840.6863$m/s   (b) $C_p=5226.6984$m/s

(c) $C_p=3035.574$m/s   (d) $C_p=8109.0376$m/s

图 7-38　距离尖端 5641mm 横截面 4 种典型模态的振型图

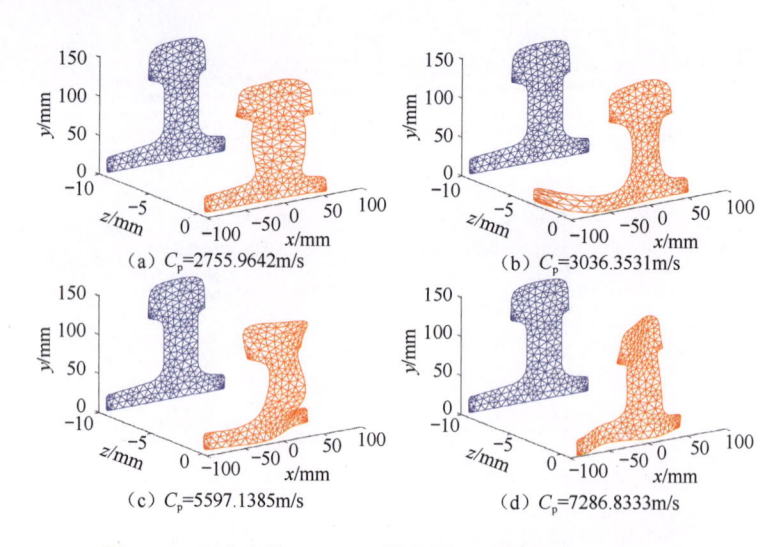

图 7-39　距离尖端 6663mm 横截面 4 种典型模态的振型图

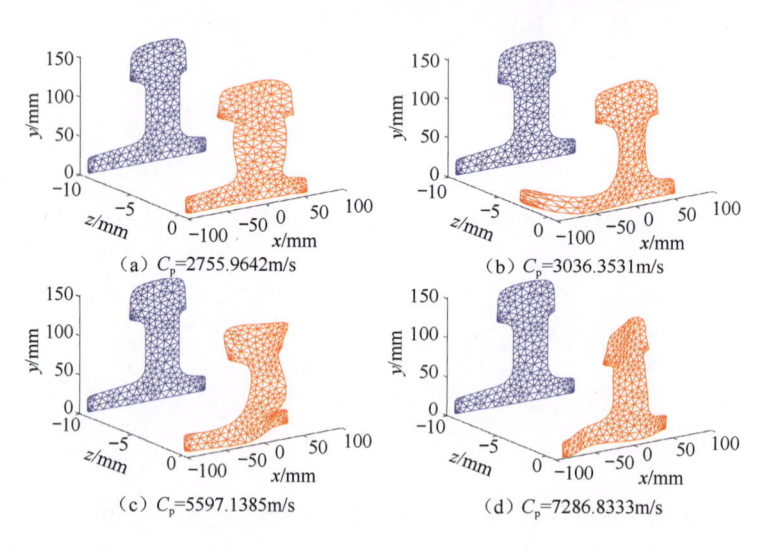

图 7-40　距离尖端 11880mm 横截面 4 种典型模态的振型图

模态是结构系统的固有振动特性，特征向量 $\hat{U}$ 包含各模态中有限元各节点的振动位移。下面对节点振动的数据集进行分析，找到离群值，查找是否存在一种节点振动幅度远高于其他模态的主导模态。

横截面⑦和横截面⑧之间为等截面段，长度占整条道岔尖轨的 42%，首先对横截面⑦各模态的节点振动情况进行分析，为简化计算，仅分析横截面边缘节点的振动数据。节点号示意如图 7-41 所示。

均值和标准差是统计学中常用的两个指标。均值代表数据的集中趋势。标准差是对数据离散程度的一种度量，它表示数据距离均值的平均偏差。标准差越大，表示不同模态之间的振动位移差异越大，则存在一种主导模态的可能性越大。横截面

⑦有 20 个模态、104 个边缘节点,计算每个节点在 20 个模态下的位移均值和标准差,计算方法如式(7-10)、式(7-11)所示。

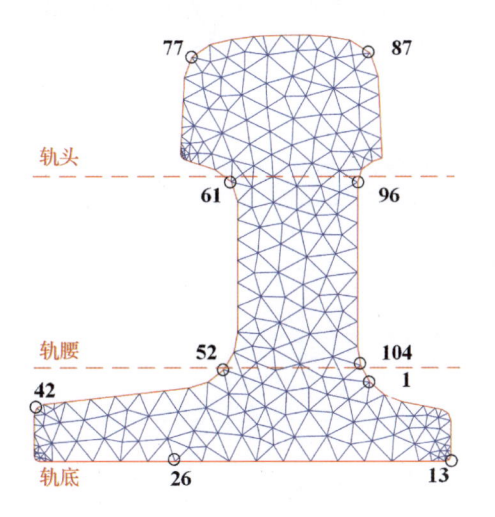

图 7-41 节点号示意

$$\overline{x}_j = \frac{\sum_{i=1}^{20} x_{ij}}{20} \tag{7-10}$$

$$\sigma_j = \sqrt{\frac{\sum_{i=1}^{20}(x_{ij} - \overline{x}_{ij})^2}{20}} \tag{7-11}$$

式中,i 为模态序号;j 为节点号。横截面⑦外围各节点的均值和标准差如表 7-4 所示。

表 7-4 横截面⑦外围各节点的均值和标准差

节点序号	x_{1j}/cm	...	x_{20j}/cm	$\overline{x}_j$/cm	σ_j/cm	$(\overline{x}_j + 3\sigma_j)$/cm
1	0.012	...	0.115	0.449	0.295	1.334
2	0.015	...	0.310	0.532	0.334	1.534
3	0.020	...	0.514	0.571	0.415	1.762
...	...	...	...	...	...	...
102	0.006	...	0.103	0.452	0.321	1.415
103	0.008	...	0.073	0.405	0.269	1.212
104	0.010	...	0.075	0.391	0.273	1.210

三倍标准差是一种常用的离群值检测原则,也称为 3σ 原则。它基于数据的标准差来判断是否存在离群值。若存在一个节点的位移 x_{ij},使

$$x_{ij} \geq \bar{x}_{ij} + 3\sigma_{ij} \tag{7-12}$$

在当前的 20 种模态中，第 i 种模态的第 j 个节点的振动位移远高于均值。经过比对，最终得到横截面⑦的第 7 种模态的 26~50 号节点遵循 3σ 原则，如表 7-5 所示。

表 7-5　横截面⑦的第 7 种模态 26~50 号节点的位移

节点序号	x_{7j}/cm	$(\bar{x}_{7j}+3\sigma_{7j})$/cm	节点号	x_{7j}/cm	$(\bar{x}_{7j}+3\sigma_{7j})$/cm
26	1.971	1.759	39	5.489	4.357
27	2.697	2.212	40	5.373	4.287
28	3.528	2.789	41	5.274	4.232
29	4.334	3.357	42	5.078	4.132
30	5.012	3.931	43	4.790	3.919
31	5.288	4.179	44	4.505	3.661
32	5.457	4.332	45	4.286	3.449
33	5.656	4.501	46	3.842	3.055
34	5.793	4.607	47	3.380	2.686
35	5.813	4.610	48	2.873	2.294
36	5.775	4.574	49	2.286	1.868
37	5.734	4.538	50	1.616	1.525
38	5.647	4.469	—	—	—

为了更直观地观察各种模态的振动位移情况，以轨底和轨腰的交界点为第一个节点，按顺时针方向标记道岔尖轨横截面外部的所有节点，依次为 1~104 号节点，如图 7-41 所示。以道岔尖轨边缘节点号为横坐标，每个节点的位移为纵坐标，画出了道岔尖轨横截面⑦各模态边缘节点的位移，如图 7-42 所示。

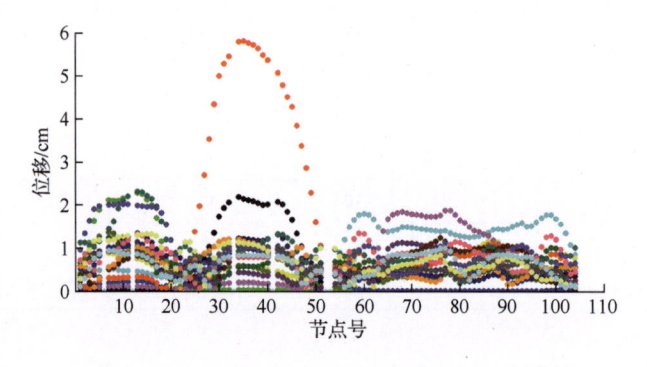

图 7-42　横截面⑦各模态边缘节点的位移

从图 7-42 中可以看出，有一条曲线所代表的模态在每个横截面的轨底处的振动幅度都较大，说明该模态对轨底区域的缺陷较为敏感，若将此模态用于道岔尖轨缺陷的检测，则可能有效检测出轨底处的缺陷。

图 7-42 中的 20 种模态中，轨底振幅最大的为模态 7，其相速度为 3036.4m/s，群速度为 3042.8m/s，下面通过频散曲线查找其他横截面中与此相速度最接近的超声导波模态，如表 7-6 所示。

表 7-6　在 8 个横截面中选取的超声导波模态的相速度

横截面序号	与尖端的距离/mm	模态序号	相速度/(m/s)
①	0	6	3020.8
②	397	6	3034.2
③	1589	7	3029.3
④	2781	6	3032.1
⑤	3972	7	3034.1
⑥	5641	8	3035.6
⑦	6663	7	3036.4
⑧	11880	7	3036.4

单独提取表 7-6 中 8 个横截面中的模态，并绘制模态的振型图，如图 7-43 所示。

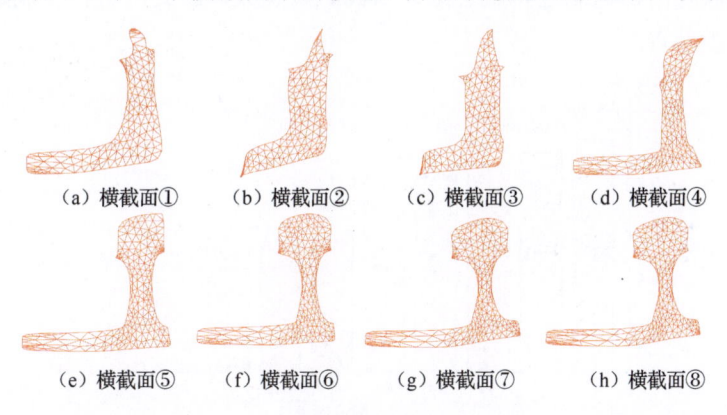

(a) 横截面①　(b) 横截面②　(c) 横截面③　(d) 横截面④

(e) 横截面⑤　(f) 横截面⑥　(g) 横截面⑦　(h) 横截面⑧

图 7-43　8 个横截面中模态的振型图

由表 7-6 和图 7-43 可知，8 个横截面中模态的相速度都集中在 3030m/s 左右，且振型基本一致，都是在轨底节点位置有较大幅度的振动。因此可以确定，通过 3σ 原则在横截面⑦选取的模态 7，在其他横截面也有与它的相速度、振型一致的模态。该模态在轨底处的振动幅度较大，在道岔尖轨中传播时，轨底能量大，缺陷处的回波也较大，可用于检测轨底处的缺陷。

下面以横截面⑦中的模态 7 为主导模态，研究该模态的激励方式，并通过仿真和实验验证利用模态 7 检测轨底缺陷的效果。

3. 基于振动位移的最佳激励点选取

首先确定所选取模态的最佳激励点。考虑现场情况，换能器只能被安装在轨底长边的几个位置上，如图 7-44 所示。

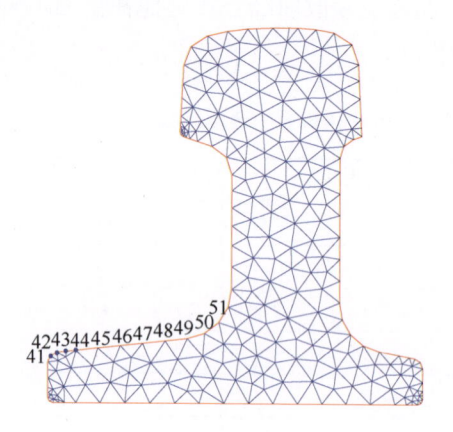

图 7-44 道岔尖轨横截面轨底长边的节点

将轨底长边上的 11 个边缘节点的位移值进行对比，如图 7-45 所示。位移越大，能量越大，这意味着在该节点激励比在其他节点激励的效果好。通过对比各节点的欧氏距离可以看出，越靠近轨底边缘，欧氏距离越大，因此，选择轨底边缘 41 号节点作为最佳激励点。

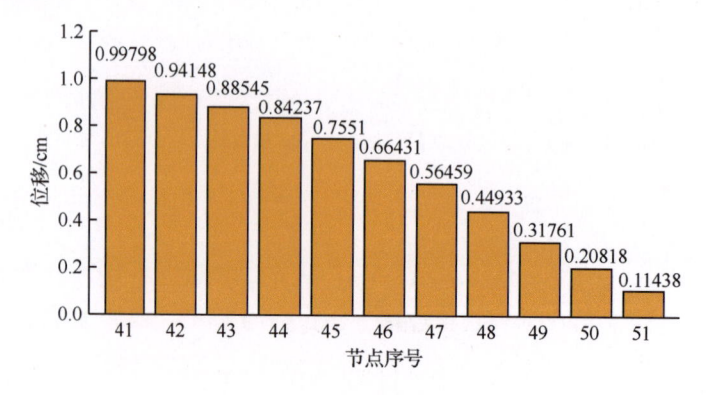

图 7-45 轨底边缘节点的欧氏距离

7.2.4 仿真分析

1. 基于仿真的模态验证

下面通过 ANSYS 软件验证，在 41 号节点能激发所选取的模态。

首先通过 SolidWorks 软件建立道岔尖轨的三维模型，将建立好的模型导入 HyperMesh 软件中进行网格划分，使网格大小满足：

$$L_e \leq \frac{\lambda_{\min}}{10} \tag{7-13}$$

式中，$\lambda_{\min}$ 为在波导介质中传播的超声导波的最小波长（m）。

前面求得 35kHz 时所有模态的最低相速度也在 2000m/s 以上，波长计算公式为

$$\lambda = \frac{C_p}{f} \tag{7-14}$$

依据式（7-13）及式（7-14）可计算得，35kHz 时超声导波的波长为 57.1mm，则网格单元大小应该不大于 5.7mm，进行网格划分时采用的是 5mm 网格。网格划分完成后，设置材料属性，材料密度为 7800 kg/m³，弹性模量 E 为 210GPa，横向应变与轴向应变的泊松比 v 为 0.25；将模型导出为 cdb 格式的文件，并通过 ANSYS 软件进行仿真分析。道岔尖轨模型如图 7-46 所示，图中箭头所指的位置为激励位置，R1～R8 为从仿真结果中提取的节点振动位移的 8 个点，它们被分布在 8 个不同的横截面上。

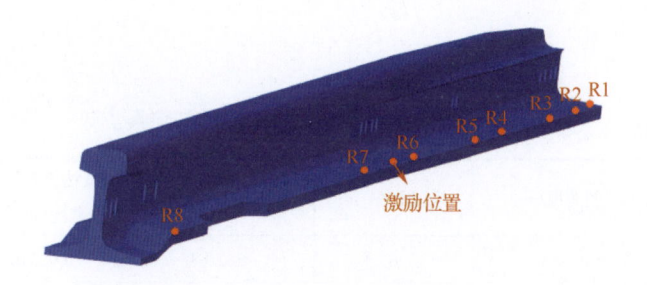

图 7-46　道岔尖轨模型

激励信号为经汉宁窗调制的 5 周期的正弦信号，采用瞬态动力学方法进行仿真。在 ANSYS 瞬态动力学分析中，时间参数非常重要。仿真总时长和仿真时间步长都会影响仿真结果。仿真时间步长设置不合理，会影响仿真计算结果的准确性。如果仿真时间步长过长，则不能保证仿真计算结果的准确性；如果仿真时间步长过短，会消耗大量的仿真时间与运算资源。因此，需要根据具体情况进行合理的时间参数设置，以保证仿真计算结果的准确性和计算效率。一般根据 Moser 准则，选择一个合适的仿真时间步长，保证既不浪费时间又能提高计算精度，积分时间步长需满足：

$$\Delta t \leq \frac{1}{20 f_{\max}} \tag{7-15}$$

式中，f_{max} 为所激励的模态的最大频率（Hz）。

当中心频率为 35kHz 时，由式(7-15)可知，积分时间步长需满足 $\Delta t \leqslant 1.43 \times 10^{-6}$s，为了使仿真数据更加贴近实际，本节选取的仿真时间步长为 8×10^{-7}s，共进行 10625 步，仿真总时长为 8.5×10^{-3}s。仿真参数设置完成、求解运算完成之后，可在 ANSYS 软件中提取单一节点的仿真位移数据或者用命令行批量提取节点数据。

通过 HyperMesh 软件查询划分网格后道岔尖轨任意节点号，在 ANSYS 软件中提取该节点的位移数据。所选的激励横截面为距尖端 6340mm 的横截面，激励点号为 224138，横截面①的模态 6 的相速度为 3020.8m/s，直达波到达横截面①的时间为

$$t_1 = \frac{6.340}{3020.8} \approx 0.00209878 \text{s} \tag{7-16}$$

每步步长为 $\Delta t = 8 \times 10^{-7}$s，则总共需要的仿真步数为

$$n_1 = \frac{t_1}{\Delta t} \approx 2625 \tag{7-17}$$

在仿真的第 2625 步，直达波到达横截面①；根据上述方法，将其他 7 个典型横截面边缘节点的仿真位移数据提取出来，并计算直达波到达各横截面的时间和仿真步数，如表 7-7 所示。

表 7-7　直达波到达各横截面的时间和仿真步数

横截面序号	与尖端的距离/mm	模态序号	相速度/(m/s)	直达波到达各横截面的时间/s	仿真步数/步
①	0	6	3020.8	0.00210	2623
②	397	6	3034.2	0.00196	2448
③	1589	7	3029.3	0.00156	1960
④	2781	6	3032.1	0.00117	1467
⑤	3972	7	3034.1	0.00078	976
⑥	5641	8	3035.6	0.00023	288
⑦	6663	7	3036.4	0.00011	132
⑧	11880	7	3036.4	0.00182	2280

根据表格数据画出 8 个典型横截面的仿真位移图，如图 7-47 所示。

第 7 章　超声导波钢轨无损检测技术应用

(a) 离尖端0mm的横截面

(b) 离尖端397mm的横截面

(c) 离尖端1589mm的横截面

(d) 离尖端2781mm的横截面

(e) 离尖端3972mm的横截面

(f) 离尖端5641mm的横截面

(g) 离尖端6663mm的横截面

(h) 离尖端11880mm的横截面

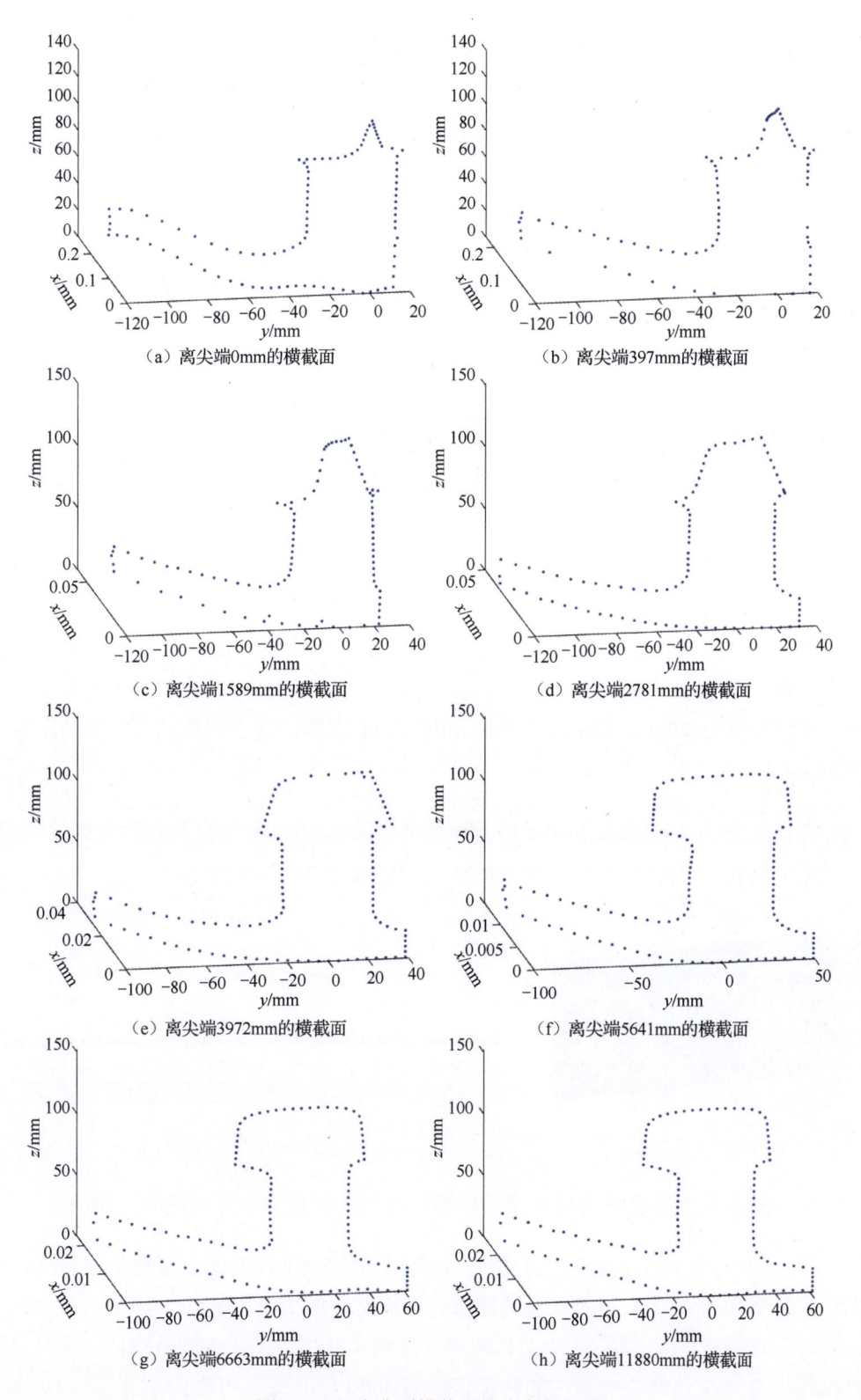

图 7-47　8个典型横截面的仿真位移图

从图 7-47 中可以看出，8 个典型横截面的仿真位移图与图 7-43 的模态振型图基本吻合，即仿真数据和通过半解析有限元法计算的模态振型高度一致，仿真分析验证了在 41 号节点可以激发所选取的主导模态。

2. 道岔尖轨缺陷的仿真分析

为了进一步验证在 41 号节点激发的主导模态是否可以用于道岔尖轨轨底的缺陷检测，使用 ANSYS 软件进行道岔尖轨缺陷仿真，共进行两次仿真，仿真条件设置如表 7-8 所示。

表 7-8　仿真条件设置

序　号	仿真条件设置	缺 陷 位 置	缺 陷 大 小
1	轨底无缺陷	—	—
2	轨底有缺陷	距离尖端 2520mm 处	40mm×10mm×5mm

激励点 T 被设置在距尖端 6340mm 的横截面轨底位置，激励点号为 224138，第一次仿真完整道岔尖轨，第二次在距尖端 2520mm 处切割一部分网格单元来模拟缺陷，缺陷大小为 40mm×10mm×5mm，如图 7-48 所示。缺陷与激励点之间的距离为 3820mm。

仿真完成后，将距尖端 6140mm 的横截面上的 225662 号节点 R 设为数据接收点，数据接收点 R 与缺陷的距离为 3620mm。仿真示意如图 7-49 所示。

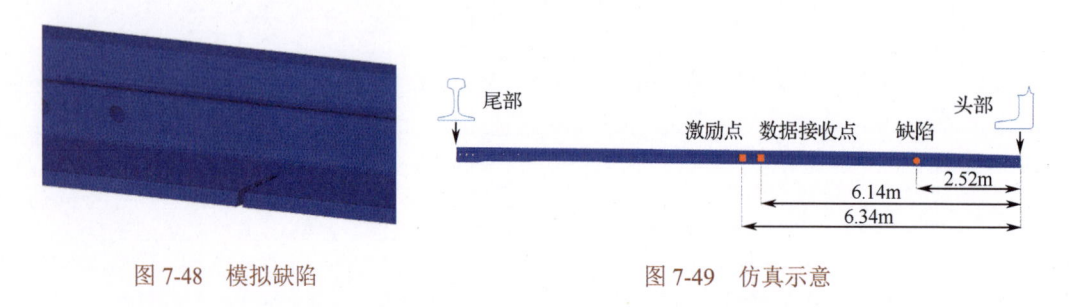

图 7-48　模拟缺陷　　　　图 7-49　仿真示意

在数据接收点提取两次仿真结果数据，得到的仿真波形图如图 7-43 所示。

图 7-50（a）是未设置缺陷的仿真波形图，图 7-50（b）是设置缺陷的仿真波形图。在图 7-50（b）中，头波波包的峰值时间点是数据接收点 R 第一次接收到激励信号的时间点，在仿真的第 54 步之后超声导波信号继续传播，遇到缺陷后，反射回数据接收点 R 的波包峰值点对应的仿真步数为 3000 步。每一步仿真时间为 8×10^{-7} s，超声导波的群速度为 3042.8m/s，通过计算可以得到，从超声导波第一次到达数据接

收点 R 开始,到遇到缺陷再返回数据接收点 R 的总距离为

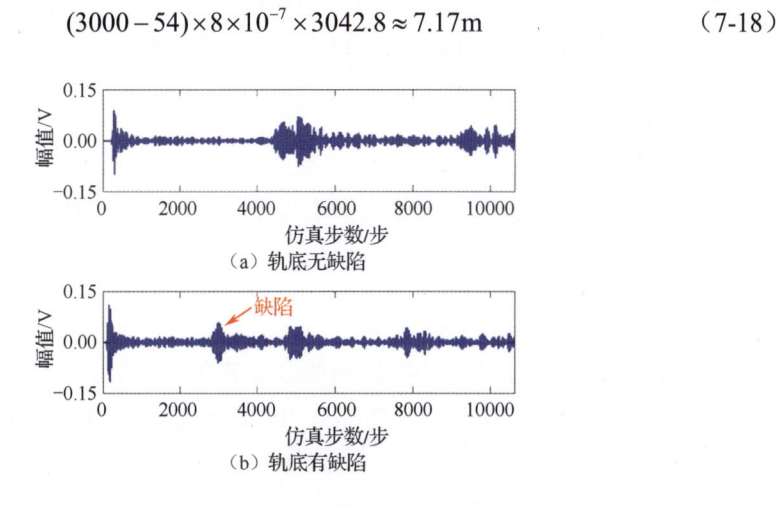

$$(3000-54)\times 8\times 10^{-7}\times 3042.8\approx 7.17\text{m} \tag{7-18}$$

图 7-50 得到的仿真波形图

通过仿真计算得到的数据接收点 R 和缺陷之间的距离为 7.17/2=3.585m。进行仿真设置的数据接收点 R 和缺陷之间的距离为 3.620m,计算误差为 0.035m。通过仿真验证了该主导模态可以用于道岔尖轨轨底的缺陷检测,相比于基线减法,基于主导模态脉冲反射法可以清晰地检测到裂纹反射波信号,后续的信号处理较为简单。

7.2.5 实验验证

下面通过现场实验进一步验证基于主导模态检测轨底缺陷的实际效果,并验证了激励位置的改变对检测效果的影响。

在距离道岔尖轨尾部 6000mm 处安装激励换能器,接收换能器距离激励换能器 200mm。通过在距离道岔尖轨尾部 7600mm 处黏贴质量块来模拟缺陷。实验布置示意如图 7-51 所示。

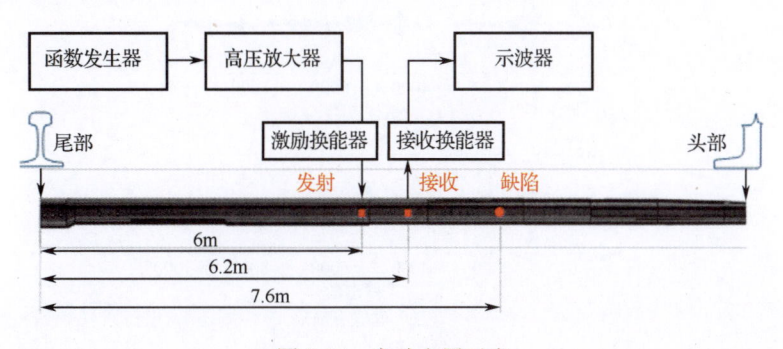

图 7-51 实验布置示意

选取中心频率为 35kHz 的换能器作为激励换能器和接收换能器，函数发生器产生经汉宁窗调制的 5 周期正弦信号，经高压放大器放大后，示波器采集接收换能器的输出信号。采样频率为 1M/s，采样点为 10^4 个，图 7-52 为实验设备图，图中从上到下依次为函数发生器、示波器和高压放大器。

在此一共设计了 3 组实验，每组实验改变一次激励换能器的位置，激励换能器安装位置如图 7-53 所示。位置 1 与仿真位置一致，在轨底边缘 41 号节点附近。位置 2、3 分别向钢轨内侧移动 15mm 和 30mm，用来验证改变激励点对轨底缺陷检测结果的影响。

首先进行第 1 组实验，将激励换能器安装在位置 1 处。通过示波器分别采集了道岔尖轨无缺陷和模拟缺陷两种情况下的时域波形图，如图 7-54 所示。横轴为采样点数，共 10^4 个点，每个采样点之间间隔 1μs。

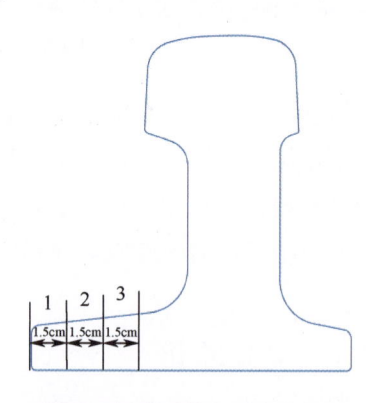

图 7-52　实验设备图　　　　图 7-53　激励换能器安装位置

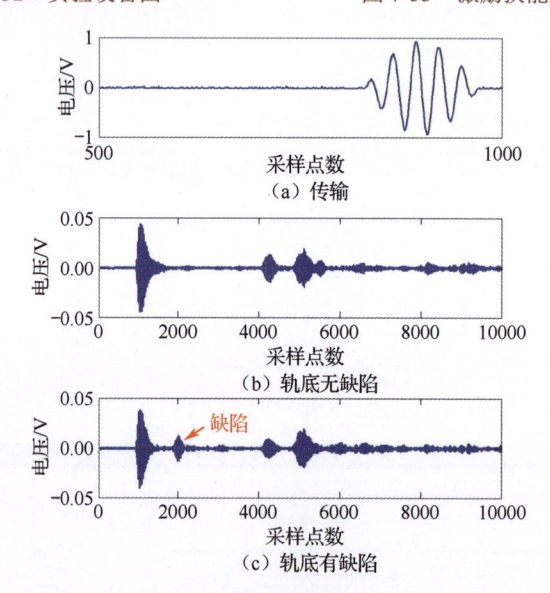

图 7-54　时域波形图 1

第7章 超声导波钢轨无损检测技术应用

在图7-54（c）中，头波峰值时间点是超声导波峰值第一次到达接收换能器的时间点，对应的采样点为第1019个采样点。超声导波继续传播，缺陷回波的峰值出现在第1993个采样点位置。采样点之间间隔1μs，超声导波的群速度为3042.8m/s，计算缺陷和接收换能器的距离为

$$[(1993-1019)\times 1\times 10^{-6} \times 3042.8]/2 \approx 1.482\text{m} \qquad (7\text{-}19)$$

实际缺陷和接收换能器的距离为1.4m，计算误差为0.082m。通过第2、3组实验分析改变激励点位置对缺陷检测结果的影响。对于位置2和位置3，均采集轨底无缺陷和轨底有缺陷时的时域波形图，如图7-55所示。

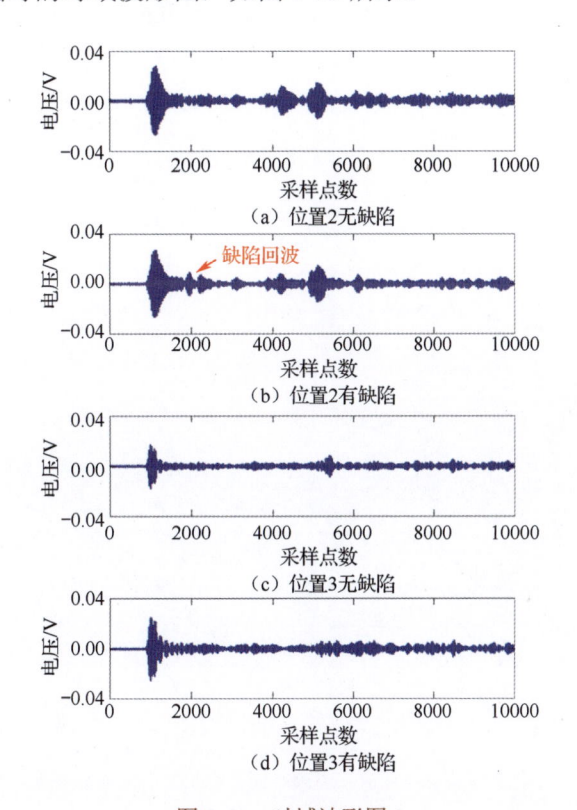

图7-55　时域波形图2

在位置2处，对比图7-55（a）中的无缺陷信号和图7-55（b）中的有缺陷信号，在图7-55（b）中的第2000个采样点处能看出一个波包，峰值略高于杂波的平均峰值，此波包为缺陷回波。由于激励换能器的位置改变，缺陷回波不再清晰可见，给后续查找、分析缺陷带来一定的困难。

在位置3处，对比图7-55（c）和图7-55（d），有、无缺陷信号在时域基本一致，二者都没有明显的缺陷回波或其他缺陷特征，很容易出现缺陷漏检现象。

综上所述，越靠近轨底边缘处，激发的主导模态占比越高，激发的超声导波模态近似于单模态在轨底传播，波结构也更简单，发生的模态转换少，超声导波模态遇到缺陷后，回波信号不会被复杂的多模态信号淹没，可以清楚地看到缺陷回波。随着激励点改变，在靠近轨底和轨腰的连接处，在钢轨横截面复杂结构的影响下，激发的超声导波模态变多，当多个模态信号混叠在一起时，缺陷回波信号的提取和分析会较为困难。

通过研究激励换能器被安装在不同位置对轨底缺陷检测结果的影响，本章最终验证了在轨底最边缘安装换能器能激励出类似单模态的主导模态，此模态可以用于检测道岔尖轨轨底的缺陷，且效果较好，和理论研究的结果相符。

第 8 章

机器学习算法在超声导波钢轨无损检测中的应用

在利用超声导波技术进行钢轨缺陷检测时，超声导波的多模态和频散特性会使检测波形变得更复杂，从中检测出微小缺陷也变得更困难了。机器学习作为一种强大的数据驱动型算法，为超声导波信号的表征、特征提取及异常检测等提供了新的解决方案。通过参数化建模方法可以有效地实现对结构状态的监测。近年来，关于将机器学习算法应用到钢轨缺陷检测领域的研究结果不断发布，在一定程度上推进了超声导波技术在钢轨无损检测中的应用。

8.1 超声导波信号分析与特征提取

利用超声导波检测钢轨裂纹时，接收信号中有很多混叠波包，包括结构反射信号和外界环境噪声，传统的降噪和分解方法不易将这些混叠在一起的信号分离，本节针对信号混叠情况，分别采用奇异值分解（Singular Value Decomposition，SVD）和独立成分分析方法，将裂纹信号从混叠信号中分离出来，并对比方法的准确性，提出改进方法。

8.1.1 基于 SVD 的钢轨裂纹信号提取

传统的时频信号处理方法大多以傅里叶变换为基础，而 SVD 则更多地侧重于矩阵分解。通过 SVD 去除钢轨噪声信号时，需考虑矩阵的结构及选择适当的奇异值个数。接下来将介绍 SVD 的原理，以及它在钢轨裂纹信号识别方面的应用。

1. SVD 基本原理

矩阵分解是将一个矩阵拆解为若干小矩阵乘积的过程，常见的方法包括三角分解、满秩分解等。这些小矩阵蕴含着原始矩阵的特征，并成功地实现了数据压缩的目标。特征分解是将矩阵分解为特征值和特征向量的乘积，特征分解仅适用于可对角化的矩阵，即矩阵需满足以下条件：

$$A = [q_1 \quad q_2 \quad \cdots \quad q_n] \begin{bmatrix} \lambda_1 & & & \\ & \lambda_2 & & \\ & & \ddots & \\ & & & \lambda_n \end{bmatrix} \begin{bmatrix} q_1^T \\ q_2^T \\ \vdots \\ q_n^T \end{bmatrix} = Q \Lambda Q^{-1} \quad (8\text{-}1)$$

式中，A 为 $n \times n$ 的方阵；q_i 为 n 个线性无关的特征向量，$i=1,\cdots,n$；λ_n 为 $n \times n$ 的方阵，且其第 i 列为 A 的特征向量；Λ 为对角矩阵，其对角线上的元素为对应的特征值，即 $\Lambda_{ii} = \lambda_i$。

然而，在实际的信号处理应用中，满足可对角化的方阵条件相对困难。因此，可以通过 SVD 进行处理。SVD 是特征分解在任意矩阵上的推广，对于任意维数的实数矩阵 $M \in R^{m \times n}$，一定存在正交矩阵 $U \in R^{m \times n}$ 和正交矩阵 $V \in R^{m \times n}$ 使式（8-2）成立：

$$M = U \Sigma V^T = [u_1 \quad u_2 \quad \ldots \quad u_m] \begin{bmatrix} \sigma_1 & & & & \\ & \ddots & & & \\ & & \sigma_r & & \\ & & & \ddots & \\ & & & & 0 \end{bmatrix} \begin{bmatrix} v_1^T \\ v_2^T \\ \vdots \\ v_n^T \end{bmatrix} \quad (8\text{-}2)$$

式中，M 为 $m \times n$ 阶矩阵；U 为 $m \times m$ 阶酉矩阵；列向量 u_m 为矩阵 M 的左奇异向量；V^T 为 V 的共轭转置，是 $n \times n$ 阶酉矩阵；列向量 v_n 为矩阵 M 的右奇异向量；Σ 为半正定 $m \times n$ 阶对角矩阵，如果矩阵中的对角元素按从大到小排列，则 Σ 可以由 M 唯一确定。

当 $m \geq n$ 时，

$$\Sigma = \begin{bmatrix} \text{diag}(\sigma_1, \sigma_2, \cdots, \sigma_n) \\ O \end{bmatrix} \in R^{m \times n} \quad (8\text{-}3)$$

当 $m \leq n$ 时，

$$\Sigma = \begin{bmatrix} \text{diag}(\sigma_1, \sigma_2, \cdots, \sigma_n) & O \end{bmatrix} \in R^{m \times n} \quad (8\text{-}4)$$

矩阵 SVD 示意图如图 8-1 所示。可以用最大的 k 个奇异值和对应的左右奇异向量来近似描绘矩阵。由于 $k<<n$，因此大矩阵 M 可以由 3 个小矩阵 $U_{m\times k}\Sigma_{k\times k}V_{k\times n}^T$ 表示，如图 8-1 所示，只需要深色部分的 3 个小矩阵即可近似描述 M 矩阵。

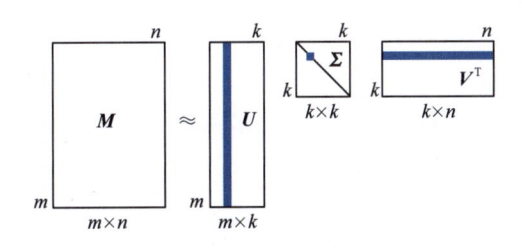

图 8-1　矩阵 SVD 示意图

Σ 中的每个奇异值 σ_n 都对应一个矩阵分量 M_n：

$$\sigma_i = \begin{pmatrix} x_i(1) & x_i(2) & \cdots & x_i(n) \\ x_i(2) & x_i(3) & \cdots & x_i(n+1) \\ \vdots & \vdots & & \vdots \\ x_i(m) & x_i(m+1) & \cdots & x_i(N) \end{pmatrix} \quad (8\text{-}5)$$

将 $x_i(1)$ 到 $x_i(N)$ 连接在一起后，可得到长度为 N 的信号序列分量 P_i，则原始信号 x 可表示为

$$x = \sum_{i=1}^{r} P_i \quad (8\text{-}6)$$

至此，SVD 以重构的矩阵为基础，将信号分解为一系列互不相干的子矩阵，每个子矩阵与相应的奇异值相乘，形成多个分量简单相加的形式。由不同信号的独立性和奇异值的差异性可知，每个分量信号代表不同的信息。通过选取有效信号的奇异值有效阶次，可以去除信号中的噪声，提取期望得到的有效信息，最终得到较为纯净的故障信号。SVD 计算流程如图 8-2 所示。

每个解析出来的奇异值均对应一个分量，为了实现裂纹信号提取，需要选取正确的分量，从而去除噪声，获得裂纹信号。

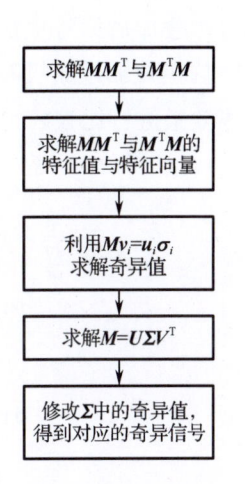

图 8-2　SVD 计算流程

2. 仿真分析与验证

在钢轨缺陷检测中接收到的回波信号呈非周期性变化，如图 8-3 所示。图中 8-3（a）和 8-3（b）分别展示了无缺陷和有缺陷钢轨的原始接收信号，肉眼难以区分

二者的差别。通过对二者进行差分运算得到残差信号，如图 8-3（c）所示，该信号反映了钢轨缺陷引起的回波信号差异。分析目标是获取残差信号。在仿真情况下，直接进行差分运算即可得到残差信号，但在实际应用中，由于外界噪声等因素的影响，会出现如幅值、相位等偏移变化情况，因此需要在叠加噪声的情况下对信号进行 SVD。

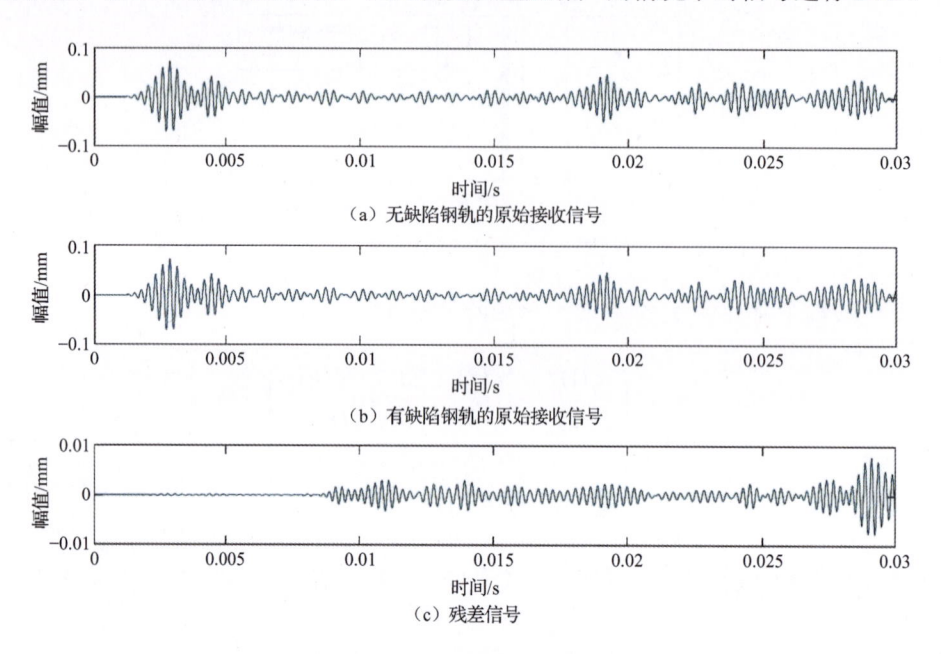

图 8-3　原始超声导波数据

图 8-4（a）和图 8-4（b）分别为叠加随机噪声后的无缺陷钢轨与有缺陷钢轨信号，叠加后信号更加杂乱，有效的裂纹回波信号更是被湮灭在了随机噪声信号中。将这些叠加过随机噪声的超声导波数据作为输入，此时可以在不同噪声情况下对分离效果进行比较。

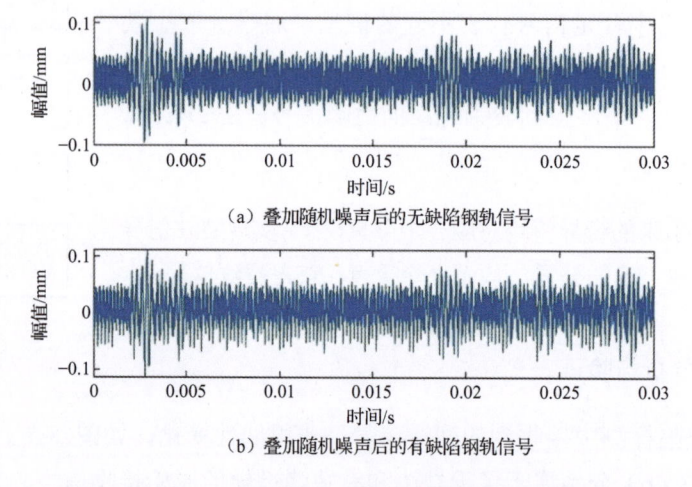

图 8-4　叠加随机噪声后的无缺陷钢轨与有缺陷钢轨信号

第8章 机器学习算法在超声导波钢轨无损检测中的应用

进行 SVD 计算后，可得到如图 8-5 所示的分离信号，通过将其与残差信号进行比较，可以确定图 8-5（d）所示的信号为裂纹反射回波信号，实现了裂纹信号的提取，其他信号是模拟环境的噪声信号和钢轨结构导致的声学噪声信号。

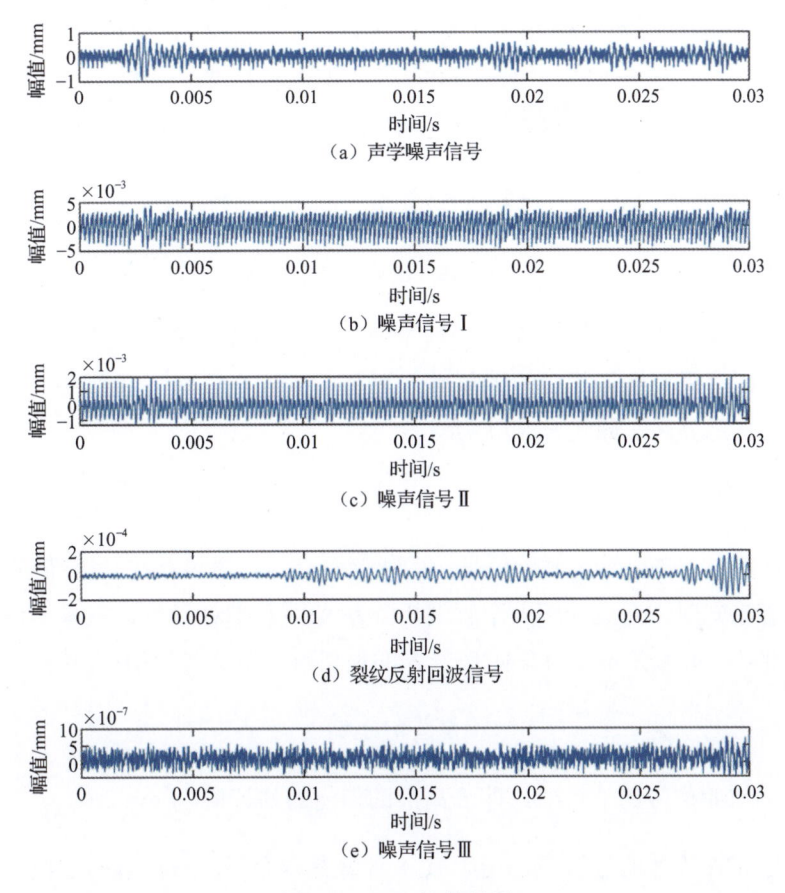

（a）声学噪声信号

（b）噪声信号Ⅰ

（c）噪声信号Ⅱ

（d）裂纹反射回波信号

（e）噪声信号Ⅲ

图 8-5　SVD 计算结果

8.1.2　基于 ICA 的钢轨裂纹识别研究

独立成分分析（Independent Component Analysis，ICA）是 20 世纪末期兴起的一种信号处理方法，也称盲源分离。其主要目标是，将相互重叠的多个独立信号转化为独立的分量。在通过 ICA 方法提取钢轨裂纹信号时，由于缺陷信号相对于由结构或外界噪声引起的钢轨探测信号是独立的，因此可以实现对裂纹信号的提取。本节介绍 ICA 的原理，并验证其在提取钢轨裂纹信号方面的准确性。

1. ICA 基本原理

ICA 源于 1953 年提出的经典的鸡尾酒会问题（Cocktail Party Problem），该问题是语音识别领域的经典问题。ICA 基本原理示意图如图 8-6 所示。

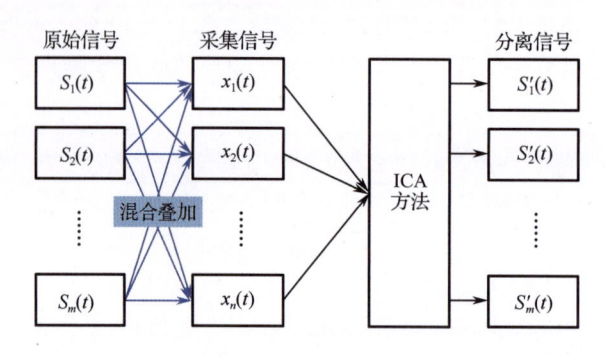

图 8-6　ICA 基本原理示意图

ICA 的主要目标在于，从测量得到的已知信号中分离出未知的原始信号。具体而言，通过处理采集信号构成的矩阵 X，希望得到混合矩阵 A 和独立成分矩阵 S，实现信号的盲源分离，如式（8-7）所示。

$$X = A \times S \tag{8-7}$$

在此过程中，需要满足原始信号之间相互独立，且最多存在一个高斯分布向量。当 A 与 S 都未知时，通过求解一个解混矩阵 W 来重构原始信号，重构的信号应当遵循一定的准则，并且是最逼近原始信号 S 的最优解，用公式说明：

$$S' = W \times X \tag{8-8}$$

式中，S' 为原始信号的估计值，即分离后的信号的估计值。

在进行 ICA 计算的过程中，由于 ICA 计算是一个寻找最优解的过程，因此涉及数据迭代和数据估计的过程。由于算法的时间复杂度与空间复杂度相对较高，对数据进行预处理不仅可以简化计算过程，还有利于算法的更快收敛。在进行 ICA 计算时，通常会在主要计算步骤之前对数据进行预处理，其中包括去均值和白化处理。去均值的目的是，使采集信号和独立分量都成为零均值变量，即用采集信号减去样本平均值：

$$x'(t)=x(t)-E[x(t)] \tag{8-9}$$

式中，$E[x(t)]$ 为采集信号的期望值，即平均值。计算后原始信号 S 与采集信号 X 都是零均值，同时进行上述操作并不会影响混合矩阵 A 的值，但能降低计算复杂度。

之后对数据进行白化滤波处理，即将信号的协方差矩阵变为对角矩阵，使各变量之间线性无关，去掉采集信号之间的相关性，简化后续提取过程，提高 ICA 计算的收敛度。对采集信号 X 进行线性变换，使 X 投影到新的子空间后成为白化向量，即

$$Z = W_0 X \tag{8-10}$$

式中，W_0 为白化矩阵；Z 为白化向量。此时经过白化滤波后的信号的协方差矩阵 R_x 为单位阵。

将式（8-10）带入式（8-7）中，有

$$Z = W_0 A \times S = BS \tag{8-11}$$

式中，$B = W_0 A$，且 B 为正交矩阵，经过白化滤波后的信号 Z 的各信号分量之间是不相关的。

此时的计算复杂度为 $O[n(n-1)/2]$，相较于白化滤波前的计算复杂度 $O(n^2)$，能够有效降低后续计算的复杂度。

在迭代优化过程中，常用的算法包括最大熵（Infomax）算法（信息最大化算法）、最小互信息（Minimum Mutual Information，MMI）算法及最大似然估计（Maximum Likelihood Estimation，MLE）算法等，特别是在处理非高斯性数据时，通常有基于峭度最大化和基于负熵最大化两种方法。

基于峭度最大化的方法：峭度（Kurtosis）是常被使用的非高斯性度量指标之一，它反映了数据分布的尖峭程度。基于峭度最大化方法及利用峭度信息来推动独立成分的分离。由于峭度的计算较为简单，这种方法在实践中得到了广泛应用。

基于负熵最大化的方法：负熵是另一种用于衡量非高斯性的指标，它测量了数据分布的非均匀性。基于负熵最大化的方法，在 Fast-ICA 算法中成为重要的关注点。负熵的最大化有助于提高 Fast-ICA 算法的鲁棒性，使其具有快速收敛性且稳定性更高。相较于基于峭度最大化的方法，基于负熵的算法在迭代过程中的表现更为稳定。

基于负熵最大化的 Fast-ICA 算法以负熵的最大化为核心，通过迭代优化的方式实现独立成分的分离。图 8-7 展示了 Fast-ICA 算法的处理过程，包括负熵最大化的迭代步骤。该算法的优势在于，它对非高斯性数据的适应性和迭代稳定性，该方法是处理独立成分、分析问题的主要选择。

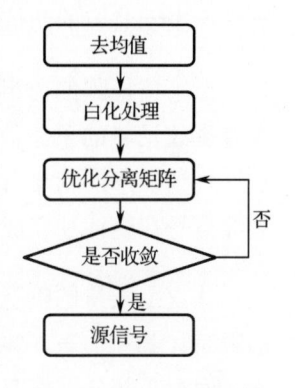

图 8-7 Fast-ICA 算法的处理过程

2. 仿真分析与验证

通过 ICA 方法处理回波信号可以有效地分离不同来源的信号成分，从而提取感兴趣的信号，如由钢轨裂纹产生的回波信号。在处理后的结果中，其中一个独立分量主要包含裂纹信号，而其他的独立分量可能包含钢轨的声学噪声和非声学噪声。使多条叠加噪声后的无缺陷钢轨数据和有裂纹钢轨的仿真数据组成采集信号矩阵作为输入，有式（8-12）：

$$X = \begin{bmatrix} x_1^b \\ x_2^b \\ \vdots \\ x_n^b \\ x_1^t \\ x_2^t \\ \vdots \\ x_m^t \end{bmatrix} = A \times S = \begin{bmatrix} ab_{11} & ab_{12} & \cdots & ab_{1j} \\ ab_{21} & ab_{22} & \cdots & ab_{2j} \\ \vdots & \vdots & & \vdots \\ ab_{n1} & ab_{n2} & \cdots & ab_{nj} \\ at_{11} & at_{12} & \cdots & at_{1j} \\ at_{21} & at_{22} & \cdots & at_{2j} \\ \vdots & \vdots & & \vdots \\ at_{m1} & at_{m2} & \cdots & ab_{mj} \end{bmatrix} \begin{bmatrix} s_1 \\ s_2 \\ \vdots \\ s_j \end{bmatrix} \quad (8-12)$$

式中，X 为矩阵中每列对应的相同时刻该信号的幅值；S 为经过分离后的独立成分，期望得到的缺陷回波信号就是 S 中的某一行，即 s_j；x_n^b 为在 n 条无缺陷钢轨上采集到的回波信号；x_m^t 为在 m 条有缺陷钢轨上采集到的回波信号。

基于 Fast-ICA 算法对多组数据进行处理，以输入 5 条无缺陷钢轨的基准信号和 5 条有缺陷钢轨信号为例，可以得到图 8-8 所示的分离结果，图 8-8（a）为从基准信号和当前的检测信号中分离出的所有源信号；图 8-8（b）为源信号对应的权重矢量，因为待分析的采集信号矩阵包含 10 条信号，因此权重矢量的横坐标轴为 10 个数，纵坐标表示对应的源信号在采集信号矩阵中所占的比例。

当采集矩阵的前半部分涉及随机选取的无裂纹钢轨的采集信号，而后半部分包含有裂纹钢轨的采集信号时，可以通过权重矢量的阶跃性变化来指示裂纹的存在。在这种情况下，前半部分的权重矢量较低，而后半部分的权重矢量较高，反映了有裂纹信号在整体独立成分分析中的显著性。

该权重矢量的阶跃性变化，即从低到高过渡，能够有效地反映裂纹对信号分布的影响。具体而言，矩阵的前半部分对应无裂纹信号，可能包含声学噪声信号等因素，而后半部分对应有裂纹钢轨的采集信号，于是通过 ICA 能够获取相应的独立成分及与其关联的权重矢量。

从图 8-8（b）中可以看出符合上述有阶跃性变化的权重矢量是第 3 条，则其对应的源信号为裂纹反射回波信号，即图 8-8（a）中的第 3 条子信号。取权重值的平均值，并做归一化处理。消除因矩阵计算而产生的信号幅值的变化，就可得到缺陷信号的真实大小，实现裂纹信号的提取。

第8章 机器学习算法在超声导波钢轨无损检测中的应用

(a) 源信号　　　　　　　　　　　(b) 源信号对应的权重矢量

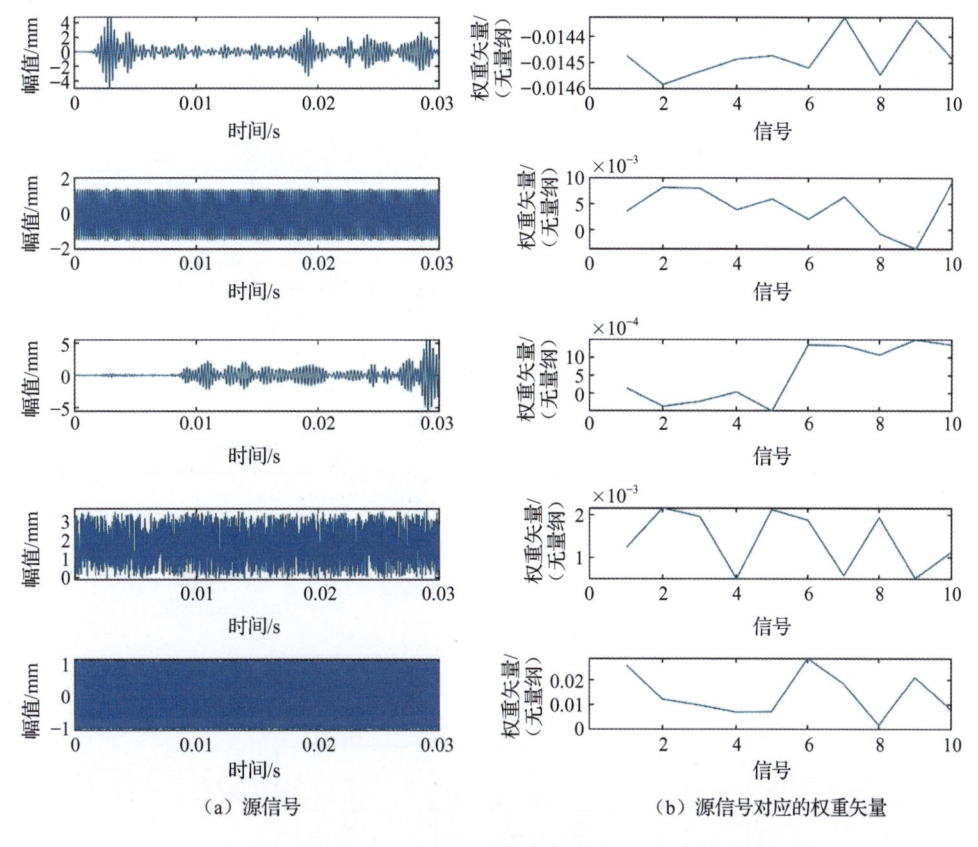

图 8-8　基于 Fast-ICA 算法分离的源信号及其对应的权重矢量

8.2　基于传统分类器的钢轨裂纹分布区域识别

8.2.1　钢轨裂纹特征选择

单独从时域上对钢轨裂纹反射回波信号进行分析，无法看出明显的差别。但在进行全截面检测时，使用阵列方式接收信号，轨头、轨腰和轨底均有换能器分布，而不同区域的裂纹反射回波信号在不同接收点的幅值不同，因此，提取各接收点的信号特征，使其组成一个特征矩阵，就有可能识别出有缺陷的区域。

针对裂纹在轨头、轨腰、轨底的情况分别进行超声导波缺陷检测，并采集反射回波信号，通过裂纹提取算法得到裂纹反射回波信号，对裂纹反射回波信号做 FFT，可以得到轨头、轨腰和轨底裂纹反射回波信号频谱，如图 8-9 所示。

— 199 —

(a) 裂纹在轨头

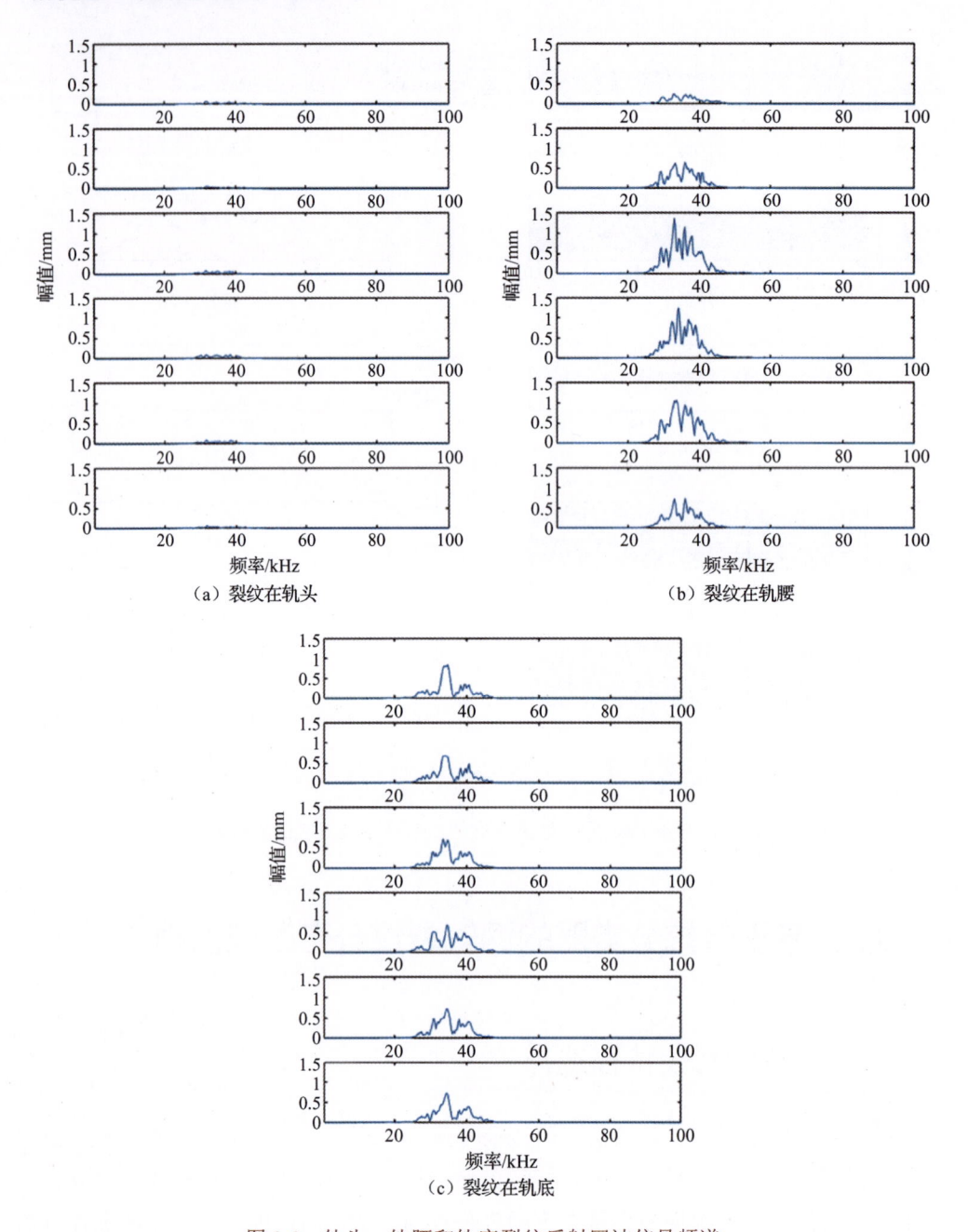

(b) 裂纹在轨腰

(c) 裂纹在轨底

图 8-9　轨头、轨腰和轨底裂纹反射回波信号频谱

图 8-9（a）～（c）中均有 6 个信号，分别为 6 个接收点的回波信号，从上到下依次为轨头的两个接收点、轨腰的两个接收点和轨底的两个接收点，记为接收点①～⑥。从图 8-9 中可以看到其峰值基本都在 35kHz 附近，但不同接收点对不同区域缺陷回波的能量响应是不同的。因此，提取信号的能量值作为其特征。

具体计算公式如下。

第8章 机器学习算法在超声导波钢轨无损检测中的应用

（1）对信号进行傅里叶变换：

$$S(f) = \int_{-\infty}^{\infty} s(t) e^{-j2\pi ft} dt \tag{8-13}$$

（2）再求积分，得到能量谱：

$$E = \int_{-\infty}^{\infty} |S(f)|^2 df \tag{8-14}$$

经过以上计算，3个区域缺陷回波在6个接收点的信号能量值如表8-1所示，可以看出在轨底和轨腰有缺陷时，接收点的信号能量值明显大于轨头缺陷对接收点的影响。

表8-1　3个区域缺陷回波在6个接收点的信号能量值

（单位：J）

裂纹位置	接收点①	接收点②	接收点③	接收点④	接收点⑤	接收点⑥
轨头	3.81	4.19	8.91	12.04	7.23	3.13
轨腰	79.69	508.65	1744.75	1417.71	1467.39	552.65
轨底	517.73	416.94	428.75	481.26	613.76	482.16

能量值的变化会受到多种因素的影响，如采集时的人为因素、耦合剂的效果等，这些因素可能导致能量值的波动。因此，仅原始的能量值可能不足以作为缺陷区域判断的可靠依据。为了克服这些影响，对信号进行了归一化处理，以确保总能量为1。这样的处理能够在保证同时接收信号的情况下，保持外部因素的一致性，使信号中仅保留接收点能量差异的特征。

归一化公式为

$$E_i' = E_i / \sum E_i \tag{8-15}$$

式中，E_i为同一横截面接收点的信号能量值；E_i'为归一化后的信号的能量值。

对裂纹在轨头、轨腰、轨底时的信号分别进行预处理，预处理步骤如图8-10所示。不同接收点归一化后的信号能量值如表8-2所示。

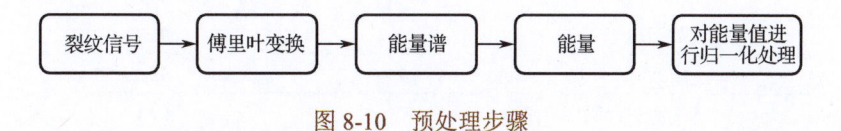

裂纹信号 → 傅里叶变换 → 能量谱 → 能量 → 对能量值进行归一化处理

图8-10　预处理步骤

表 8-2　不同接收点归一化后的信号能量值

（单位：J）

裂纹位置	接收点①	接收点②	接收点③	接收点④	接收点⑤	接收点⑥
轨头	3.810	4.190	8.910	12.036	7.226	3.130
轨腰	0.543	3.464	11.883	9.655	9.994	3.764
轨底	6.920	5.573	5.731	6.432	8.203	6.444

通过分析多组数据可知各接收点对不同区域缺陷回波的能量响应存在较为明显的差异，可以将其作为特征进行缺陷的区域识别。

8.2.2　分类结果对比

机器学习算法可以分为三类：监督学习算法、无监督学习算法和强化学习算法。已确定将同一横截面的信号接收点的能量差异提取为特征，并将其作为分类特征指标。在数据预处理阶段，还可以为训练数据集打标签，因此选择使用监督学习算法。监督学习算法涵盖了多种模型，包括线性判别分析、逻辑斯谛回归、支持向量机（Support Vector Machine，SVM）、k 近邻（kNN）、随机森林（Random Forests）等，其中线性判别分析仅限于对二分类问题进行分析，逻辑斯谛回归也在二分类问题上表现优秀。

通过采集各区域的裂纹反射回波信号，并提取其能量特征后，标定各区域形式样本库，共 204 条数据，利用上述各分类模型分别进行训练，各分类模型的分类结果如表 8-3 所示。

表 8-3　各分类模型的分类结果

分类模型	准确率/%
线性支持向量机（Linear SVM）	95.7
径向基函数支持向量机（RBF SVM）	97.1
非线性支持向量机（Non Linear SVM）	94.2
逻辑斯谛回归	95.7
随机森林	98.6
决策树	95.7
k 近邻	98.6
高斯朴素贝叶斯	97.1
神经网络	95.7

可以看出，使用随机森林和 k 近邻分类模型时，准确率最高，达 98.6%。

8.3 基于深度学习算法的钢轨裂纹分布区域识别

机器学习算法不仅包括上述传统算法，而且包括深度学习（Deep Learning，DL）算法，随着数据量的增大，深度学习算法的性能会优于传统算法。应用传统的机器学习算法时，首先需要进行特征提取与特征选择，深度学习算法则是直接从数据中获取特征，特征不表征直接的物理含义。

8.3.1 一维卷积神经网络算法

神经网络在 20 世纪 80 年代迎来了卷积结构的创新，于 1989 年诞生了第一个卷积神经网络模型 LeNet。随着计算机硬件性能的不断提升和数据受重视程度逐渐增大，2012 年，AlexNet 网络问世，卷积神经网络（CNN）开始迅速发展。这一进展从最初的对二维图像进行识别，逐渐演变为对一维数据的广泛应用。

CNN 主要由输入层（Input layer）、卷积层（Convolutional layer）、池化层（Pooling layer）、全连接层（Fully Connected layer）和输出层（Output layer）组成。卷积神经网络结构示意图如图 8-11 所示。其中，卷积层和池化层的引入使卷积神经网络能够更有效地处理图像和其他复杂的数据结构。

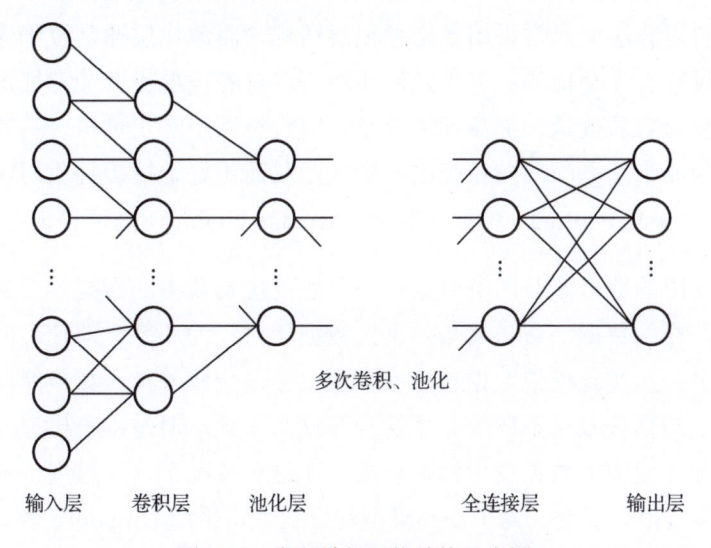

图 8-11 卷积神经网络结构示意图

应用 CNN 处理图像等数据时，通过卷积层对局部特征进行提取，并通过池化层减少计算复杂性，保留关键特征。全连接层则用于整合这些提取的特征，最终通过输出层进行分类或回归等。这种网络结构在对复杂数据进行特征提取和模式识别方面表现出色。本节使用的是一维卷积，其输入数据为 $m \times 1$ 维矩阵 $\boldsymbol{X} = [x_l^1, x_l^2, \cdots, x_l^m]^T$，通过由权重 w_l^i 组合成的卷积核与输入数据 x_l^i 进行卷积计算，并加上对应的偏执 b_l^i，得到卷积结果；每次移动一定的步长，直至遍历所有数据；多个卷积核重复以上过程，进而提取该卷积层的特征，然后使用激活函数将其映射到合理区间。图 8-12 为卷积层的运算过程示意。

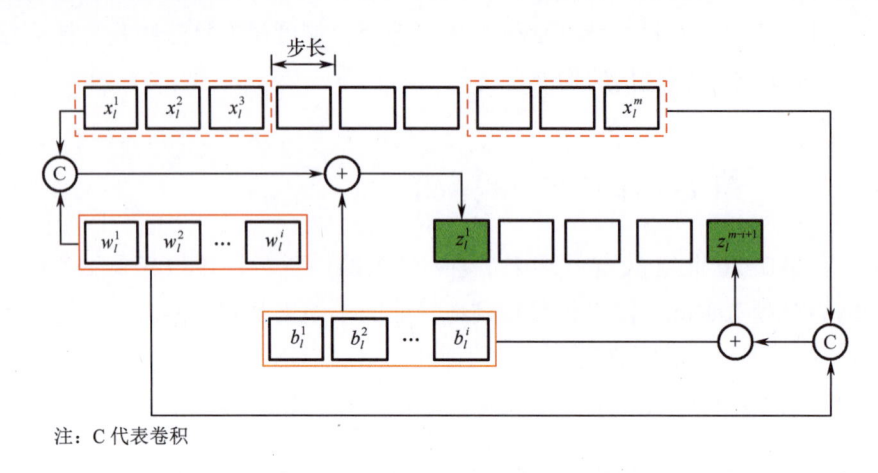

注：C 代表卷积

图 8-12　卷积层的运算过程示意

针对不同规模或不同类型的数据，卷积核的大小、数量、步长、激活函数等均会有所不同，需要根据实际输入情况进行调整。

在深度学习算法中，常采用多个卷积层结构，而池化层通常位于连续的卷积层之间。这一设计有多个优势：首先，池化层可以对卷积层提取的特征进行降采样，从而有效减少参数的数量，提高训练效率，同时有助于防止过拟合；其次，池化层可以在连续的卷积层之间保持特征的不变性，从而更好地捕捉抽象层次的信息。通常，最大池化（Max Pooling）和平均池化（Average Pooling）是两种常见的池化方法。

本节所使用的数据涉及两类数据：一是通过仿真获得的数据，二是通过实验模拟钢轨裂纹获得的数据。在仿真条件下，数据相对较为理想，即使可能添加了一些随机噪声。另外，实验模拟数据在多次实验中存在一些差异，如换能器粘贴位置的变化、耦合剂的耦合效果不同等。尽管存在这些差异，但是由于模拟的裂纹类型相对单一，因此实验模拟数据的相似性较高。在这种情况下，若过度依赖深度学习算法，容易出现过拟合问题。为了提高模型的泛化性，采用 Dropout（暂退）技术处理过拟合问题。Dropout 工作流程示意如图 8-13 所示。Dropout 在标准的神经网络基础上，在每次训练迭代过程中，随机选择部分参数进行学习更新，即舍弃掉一些参数，这样能够使模型不会过于依赖某些局部或者不重要的特征。引入 Dropout 可以增大模型的鲁棒性，使模型更好地适应各种裂纹情况，并提高它在实际应用中的性能表现。

■第8章 机器学习算法在超声导波钢轨无损检测中的应用■

(a) 标准的CNN　　　　　　(b) 应用Dropout后

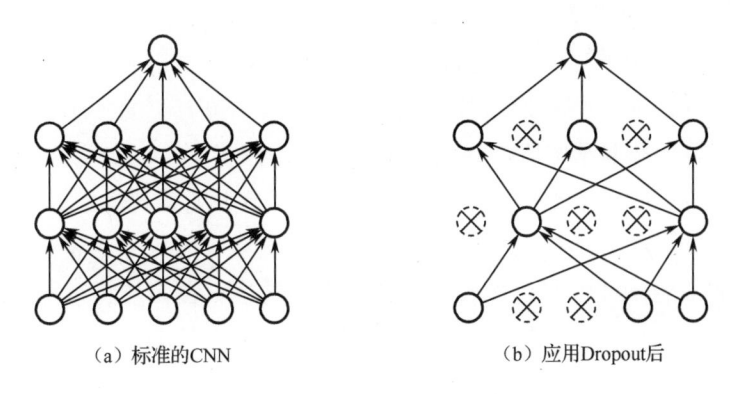

图 8-13　Dropout 工作流程示意

通过多个卷积层和池化层不断对特征进行提取后，再利用全连接层将提取到的多维度的特征向量平铺在一维上，并使用 Dropout 提高模型的泛化能力，最后根据分类的个数，利用不同的分类器进行分类，如适用于多分类的 softmax 分类器等。

8.3.2　钢轨裂纹检测算法设计

在训练阶段，数据被划分为两类：无裂纹钢轨的回波信号和有裂纹钢轨的回波信号。钢轨裂纹检测算法设计流程如图 8-14 所示，将信号按照 6∶2∶2 的比例划分为训练集、测试集和验证集。进一步进行二分类训练，在进行信号预处理、参数调优和模型训练后，利用不同位置的裂纹数据进行验证。

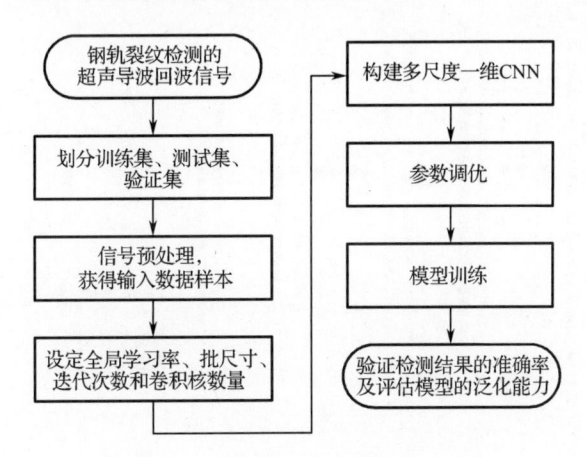

图 8-14　钢轨裂纹检测算法设计流程

在验证过程中，训练模型时使用的是裂纹距离端面 2.1m 的数据，验证时使用的是裂纹距离端面 2.4m 的数据。这种设计确保模型在验证集中未曾见过类似的信号，从而验证其泛化性能。通过这种方式可以评估模型对不同位置裂纹产生的回波信号的检测能力，并检验模型在实际应用中的鲁棒性。这种验证策略有助于确保模型能够准确、可靠地进行钢轨裂纹检测。

在钢轨裂纹检测中，回波数据是一维非周期数据，与目前应用深度学习算法进行故障诊断所涉及的一些周期性数据（如轴承、转子等）不同。对于这类周期性数据，通常采用随机截取某些段信号的方式来扩大数据样本，以实现更好的训练效果。然而，裂纹通常只会产生一个反射信号。虽然在时域上观察到信号具有多个小波包，但实际上是不同模态叠加的效果。若贸然随机截取某些段信号，并在这些不完整回波信号上提取多层特征，则可能会丢失关键性的特征。在多层特征提取和循环训练过程中，虽然可能会有较高的准确率，但也存在过拟合问题。因此，需要采用新的数据选取方式。

考虑 CNN 中各网络层的功能，卷积层能够实现对数据特征的提取。然而，如果层数过多，对于较为简单或单一的数据，过拟合的风险会增加。因此，可以先采用层数较少的网络，逐步增加复杂性，观察模型性能的变化。同时，模型中不同的超参数设置也会影响模型的泛化性能，因此需要对一些关键参数进行对比和调优。

图 8-15 为基于一维 CNN 的钢轨裂纹检测算法网络结构，最左边是信号的预处理过程，即负责完成数据集选取工作，经过多层特征提取后，最后通过 Softmax 分类器输出。关于输入的数据集，在此分别通过仿真数据和实验用示波器采集的数据做说明。

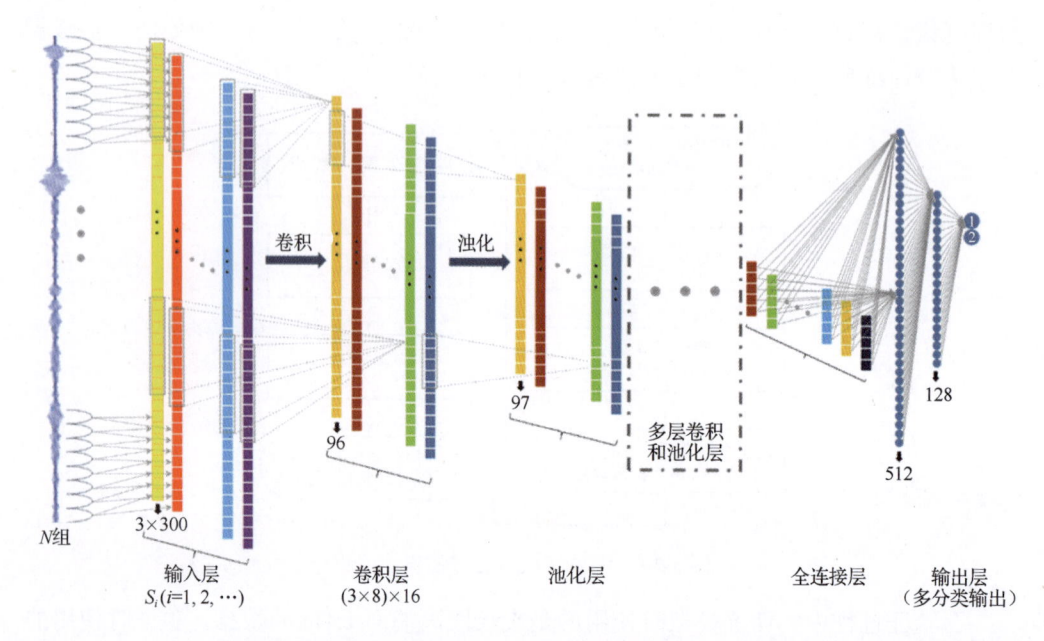

图 8-15　基于一维 CNN 的钢轨裂纹检测算法网络结构

针对仿真数据，由于信号长度为 3000 且样本量庞大，随机采样的数量相对较少，因此可以确保训练集和测试集之间不会存在数据重复的情况。对于实验数据而言，由于样本量相对较少，采用与仿真数据相同的采样方式会导致数据量大幅减少，难

第8章 机器学习算法在超声导波钢轨无损检测中的应用

以完成 CNN 的充分训练。因此，在处理通过实验采集到的信号时，采用一种新的数据处理方式。将一段信号均分为 4096 段，然后从每段信号中随机选择一个数作为一个输入样本中的一个值。通过这种方式可以分别从 4096 组数据中选择一个数，然后使这些数构成一个样本，该样本大小为 1×4096。根据原始信号的总长度可以确定输入层的总样本数。以实验中 1M/s 的示波器进行数据采集为例，原始信号长度为 100000，分为 4096 组时，每组数据量为 100000÷4096≈24。因此，共有 24^{4096} 个排列组合，按照 7∶3 的比例划分训练集和验证集，选取一定数量的样本数据进行训练。

确定输入层的样本形式后，对特征提取层的数量进行比较。由于钢轨裂纹检测的数据复杂度相对较低，因此不需要像图像识别那样提取多层特征。在特征提取阶段，使一个卷积层和一个池化层组成一个特征提取层，分别对使用一层、两层、三层和四层特征提取层的情况进行了比较，如图 8-16 所示。

(a) 特征提取层数与裂纹检测准确率的关系

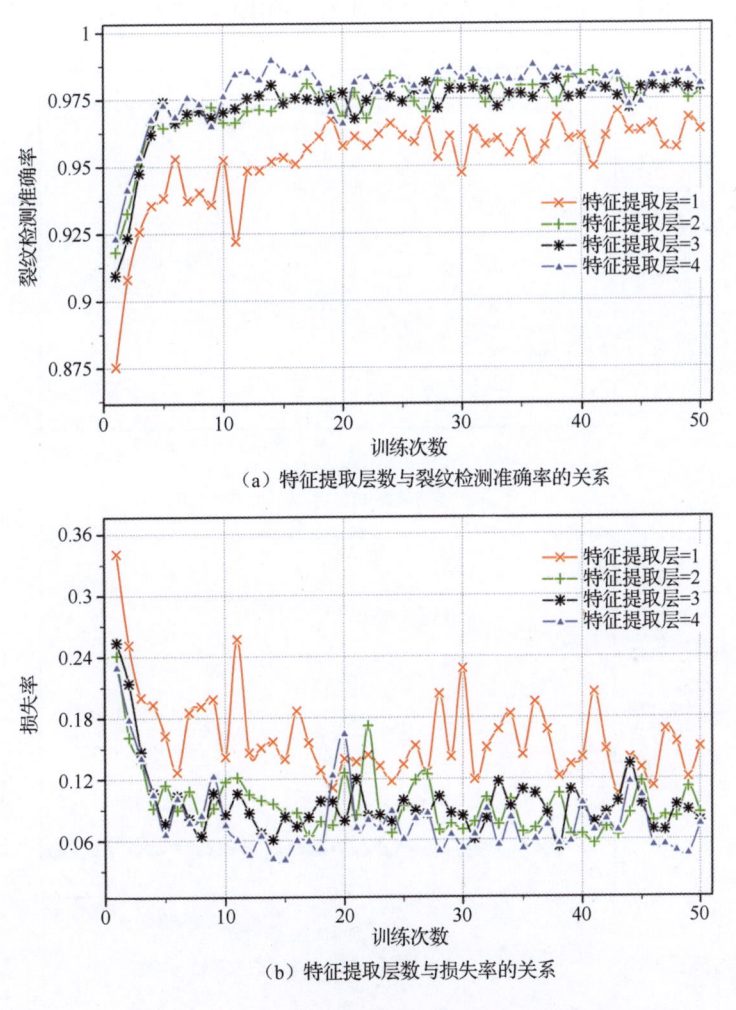

(b) 特征提取层数与损失率的关系

图 8-16 特征提取层数与裂纹检测性能的关系

裂纹检测结果显示，模型经过循环训练后，无论使用几层特征提取层，裂纹检测准确率都能够达到 95%以上。值得注意的是，使用两层以上特征提取层的裂纹检测准确率明显高于使用一层，表明进行多层特征提取能够更有效地捕捉数据中的关键信息。然而，在使用四层和两层特征提取层时，模型的稳定性较差，而使用三层特征提取层时，模型的收敛速度较快，且稳定性较高，权衡准确性和稳定性后，选择三层特征提取层是合理的。

在 CNN 中，激活函数在特征提取和分类阶段都起到了重要作用。常见的激活函数包括 Sigmoid 函数、tanh 函数和 ReLU 函数。然而，Sigmoid 函数在 CNN 中容易导致梯度消失问题的出现，而且其幂运算会增加训练时间，因此不被考虑。虽然 tanh 函数能够解决 Sigmoid 函数的输出不是 0 均值的问题，但仍不能解决梯度消失和幂运算问题。ReLU 函数的本质是取最大值，收敛速度较快，但输出不是 0 均值。鉴于这些特性，需要对使用三种函数的效果进行比较，如图 8-17 所示。

（a）激活函数与裂纹检测准确率的关系

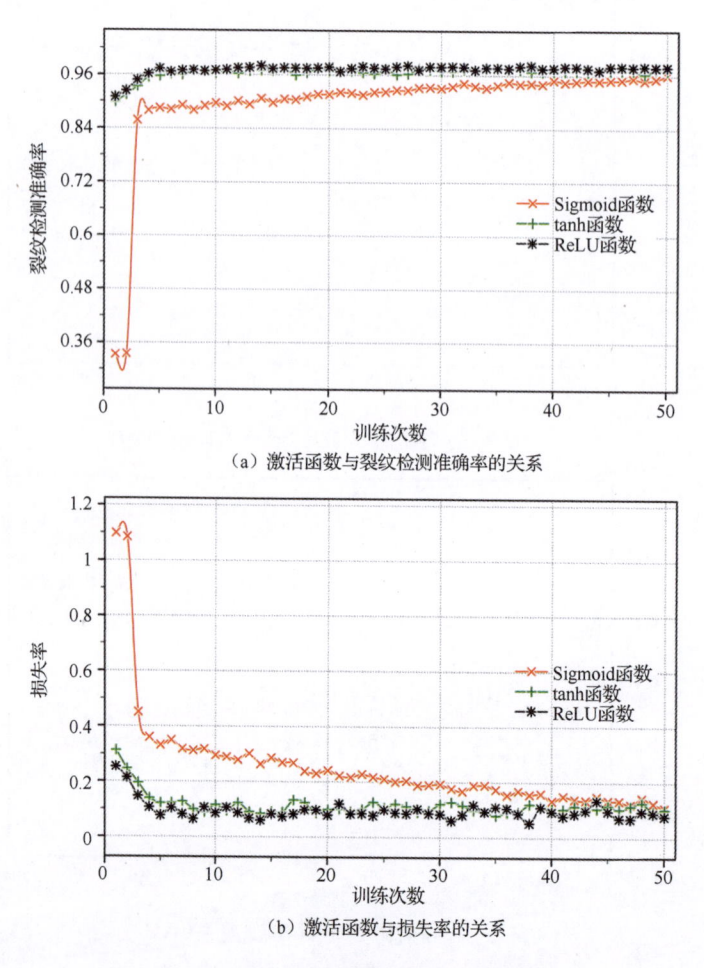

（b）激活函数与损失率的关系

图 8-17 激活函数与裂纹检测性能的关系

经过一定次数的训练后，三种激活函数都能够达到95%以上的裂纹检测准确率。然而，Sigmoid 函数的裂纹检测准确率明显低于其他两种函数，这是因为在多层神经网络中使用 Sigmoid 函数容易陷入局部最优，导致信息丢失，影响准确率。相反，当使用 ReLU 函数和 tanh 函数时，裂纹检测准确率大部分都能达到96%以上。相对而言，ReLU 函数的裂纹检测准确率稍高于 tanh 函数，并且具有较快的收敛速度。因此，选取 ReLU 函数作为模型的激活函数。

通过对一维 CNN 参数进行多次对比实验，最终确定采用 3 个卷积层、3 个池化层、2 个 Dropout 层、1 个全连接层和 1 个输出层的组合。此外，输出结果由二分类转换为了三分类，其他参数未发生变化。一维 CNN 参数设置如表 8-4 所示。这一结构的调整旨在使模型更好地适应裂纹检测任务，并提高模型的性能。

表 8-4　一维 CNN 参数设置

编号	网络层	卷积核	窗口	步长	激活函数	输出大小
1	卷积层 C1	8×16	—	3	ReLU	98×16
2	池化层 S1	—	2	1		97×16
3	卷积层 C2	5×32	—	2	ReLU	47×32
4	池化层 S2	—	2	1		46×32
5	卷积层 C3	3×64	—	1	ReLU	44×64
6	Dropout	—	—	—	—	2816
7	全连接层 FC1	—	—	—	—	512
8	Dropout	—	—	—	—	512
9	全连接层 FC2	—	—	—	—	128
10	全连接层 FC3	—	—	—	—	3

8.3.3　钢轨裂纹分布区域识别算法设计

在完成了钢轨是否存在裂纹检测任务的基础上，本节进一步研究对钢轨裂纹分布区域的识别方法。将原始信号作为输入时，识别算法的输出包括四类：无裂纹的钢轨、裂纹位于轨头的钢轨、裂纹位于轨腰的钢轨和裂纹位于轨底的钢轨。然而，如果只考虑单点接收信号，则对于裂纹位于轨头、轨腰、轨底的情况，可能存在无法准确获得裂纹反射回波信号的情况。例如，当轨头存在裂纹，使用轨底接收点的信号进行训练时，换能器接收到的裂纹反射回波信号可能过小。虽然经过多次训练也可能达到分类识别的效果，但模型的泛化能力会大大下降。

因此，在 8.3.2 节基础上，首先提取裂纹信号，然后进一步完成钢轨裂纹分布区域识别算法设计。钢轨裂纹分布区域识别算法设计流程如图 8-18 所示。这一流程旨在通过对裂纹信号进行有针对性的提取，提高模型对裂纹分布区域的准确识别能力，使其更好地适应复杂的钢轨裂纹分布情况。

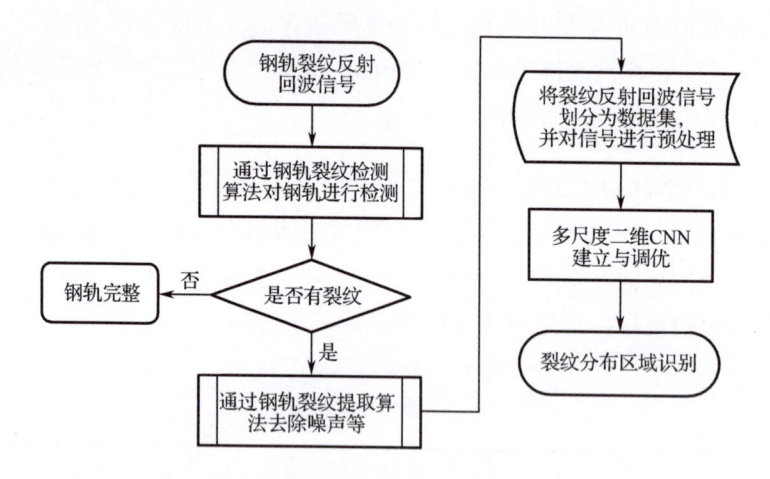

图 8-18 钢轨裂纹分布区域识别算法设计流程

在确定钢轨有裂纹后，通过钢轨裂纹提取算法可获得去除背景噪声、结构反射等之后的纯净的裂纹反射回波信号，对裂纹反射回波信号进行处理、构建模型后，即可建立针对裂纹反射回波信号的钢轨裂纹分布区域识别算法模型。

对裂纹进行检测时，采用单点信号即可完成训练识别，所以使用一维 CNN，而对裂纹分布区域进行识别时，输入为同一横截面接收的多点信号，排列后可组成二维矩阵，此时使用二维 CNN，因此需要重新对 CNN 进行改良设计，并进行参数调优。

在仿真情况下，在同一横截面设置 6 个接收点，在 6 个接收点采集的信号大小为 $1×m$，通过钢轨裂纹提取算法可获得 6 组裂纹反射回波信号，使其组成 $6×m$ 的矩阵后，通过随机采样的方法构建训练样本集，并将该训练样本集作为输入。

在多种结构对比下，采用表 8-5 所示的二维 CNN 参数。

表 8-5 二维 CNN 参数设置

编号	网络层	卷积核	窗口	步长	激活函数	输出大小
1	卷积层 C1	(8×3)×16	—	3	ReLU	(98×1)×16
2	池化层 S1	—	2	1	—	(97×1)×16
3	卷积层 C2	(5×1)×32	—	2	ReLU	(47×1)×32
4	池化层 S2	—	2	1	—	(46×1)×32

续表

编号	网络层	卷积核	窗口	步长	激活函数	输出大小
5	卷积层 C3	(3×1) ×64	—	1	ReLU	(44×1) ×64
6	Dropout	—	—	—	—	2816
7	全连接层 FC1	—	—	—	—	512
8	Dropout	—	—	—	—	512
9	全连接层 FC2	—	—	—	—	128
10	全连接层 FC3	—	—	—	—	3

在仿真数据集下,通过由本章的钢轨裂纹分布区域识别算法训练出的模型对轨头、轨腰和轨底的裂纹分布情况进行验证,得到钢轨裂纹分布区域识别准确率,如表 8-6 所示,混淆矩阵如图 8-19 所示。

表 8-6 钢轨裂纹分布区域识别准确率

裂纹分布区域	识别准确率/%
轨头	99.13
轨腰	100
轨底	95.67

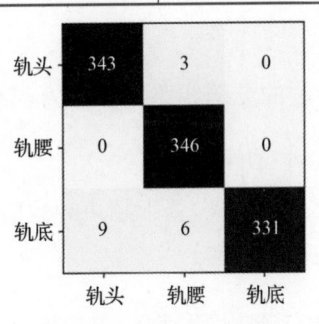

图 8-19 混淆矩阵

参考文献

[1] 卢耀荣. 无缝线路研究与应用[M]. 北京：中国铁道出版社，2004.

[2] Rose J L. 固体中的超声波[M]. 何存富，吴斌，王秀彦，译. 北京：科学出版社，2004.

[3] 何存富，郑明方，吕炎，等. 超声导波检测技术的发展、应用与挑战[J]. 仪器仪表学报，2016,37(8):1713-1735.

[4] Bartoli I, Marzani A, Matt H, et al. Modeling wave propagation in damped waveguides of arbitrary cross-section[J]. Journal of Sound and Vibration, 2006, 295(3/5): 685-707.

[5] 许西宁. 基于超声导波的无缝线路钢轨应力在线监测技术应用基础研究[D]. 北京：北京交通大学，2014.

[6] 朱力强，许西宁，余祖俊，等. 基于超声导波的钢轨完整性检测方法研究[J]. 仪器仪表学报，2016, 37(7): 1603-1609.

[7] 余祖俊，许西宁，史红梅，等. 钢轨中超声导波激励响应计算方法研究[J]. 仪器仪表学报，2015, 36(9): 2068-2075.

[8] 许西宁，郭保青，余祖俊，等. 半解析有限元法求解钢轨中超声导波频散曲线[J]. 仪器仪表学报，2014, 35(10): 2392-2398.

[9] Loveday P W. Modeling and measurement of piezoelectric ultrasonic transducers for transmitting guided waves in rails[C]. IEEE International Ultrasonics Symposium Proceedings, 2008: 410-413.

[10] Lee C M, Rose J L, Cho Y. A guided wave approach to defect detection under shelling in rail[J]. NDT&E International, 2009, 42(3): 174-180.

[11] Rose J L. A baseline and vision of ultrasonic guided wave inspection potential[J]. Journal of Pressure Vessel Technology, 2002, 124(3): 273-282.

[12] 庄露. 基于超声导波特定模态激励方法的钢轨缺陷检测技术研究[D]. 北京：北京交通大学，2020.

[13] 邢博. 基于超声导波的钢轨裂纹检测方法研究[D]. 北京：北京交通大学，2021.

[14] 赵娴雅. 基于超声导波的钢轨裂纹识别方法研究[D]. 北京：北京交通大学，2021.

[15] Loveday P W. Development of piezoelectric transducers for a railway integrity monitoring system[J]. Smart Structures and Materials 2000: Smart Systems for Bridges, Structures, and Highways, 2000, 3988: 330-338.

[16] Rose J L, Avioli M J, Mudge P, et al. Guided wave inspection potential of defects in rail[J]. NDT&E International, 2004(37): 153-161.

[17] 丁辉. 计算超声学－声场分析及应用[M]. 北京：科学出版社，2010.

[18] Hayashi T, Song W J, Rose J L. Guided wave dispersion curves for a bar with an arbitrary cross-section, a rod and rail example[J]. Ultrasonics, 2003, 41(3): 175-183.

[19] 李祥. 钢轨裂纹超声导波检测系统研究[D]. 北京：北京交通大学，2022.

[20] 倪一. 基于超声导波的重载铁路断轨监测系统研究[D]. 北京：北京交通大学，2022.

[21] 高文. 基于超声导波的重载铁路道岔尖轨裂纹监测系统研究[D]. 北京：北京交通大学，2022.

[22] Loveday P W. Simulation of piezoelectric excitation of guided waves using waveguide finite elements[J]. IEEE Transactions on Ultrasonics, Ferroelectrics, and Frequency Control, 2008, 55(9): 2038-2045.

[23] Sale M, Rizzo P, Marzani A. Semi-analytical formulation for the guided waves based reconstruction of elastic moduli[J]. Mechanical Systems and Signal Processing, 2011, 25: 2241-2256.

[24] 苏超明. 基于超声导波的道岔尖轨裂纹检测系统设计[D]. 北京：北京交通

大学，2023.

[25] Bartoli I, Coccia S, Phillips R, et al. Stress dependence of guided waves in rails[C]. Proc Spie, 2010, 7650:765021-765021-10.

[26] 林莉，李喜孟. 超声波频谱分析技术及其应用[M]. 北京：机械工业出版社，2009.

[27] 冯若. 超声手册[M]. 南京：南京大学出版社，1999.

[28] 曲志刚，武立群，安阳，等. 超声导波检测技术的发展与应用现状[J]. 天津科技大学学报，2017, 32(4): 1-8.

[29] 刘青青. 钢轨中超声导波传播特性研究[D]. 北京：北京工业大学，2013.

[30] 翟婉明，赵春发. 现代轨道交通工程科技前沿与挑战[J]. 西南交通大学学报，2016, 51(2): 209-226.

[31] 田贵云，高斌，高运来，等. 铁路钢轨缺陷伤损巡检与监测技术综述[J]. 仪器仪表学报，2016, 37(8): 1763-1780.

[32] 刘增华，颉小东，吴斌，等. 基于连续小波变换的厚壁管道周向导波扫描成像试验研究[J]. 机械工程学报，2013, 49(2): 14-19.

[33] 卢超，黎连修，涂占宽. 混合谱二维傅里叶变换法识别兰姆波模式[J]. 无损检测，2008(11): 809-812.

[34] 邢博，余祖俊，许西宁，等. 基于激光多普勒频移的钢轨缺陷监测[J]. 中国光学，2018, 11(6): 991-1000.